Kurt Scharf

Kurt Scharf

Widerstehen und Versöhnen

Rückblicke und Ausblicke

RADIUS BÜCHER

Konzeption und Lektorat: Jo Krummacher

CIP-Kurztitelaufnahme der Deutschen Bibliothek

Scharf, Kurt:
Widerstehen und Versöhnen: Rückblicke u.
Ausblicke / Kurt Scharf. – Stuttgart:
Radius-Verlag, 1987.
(Radius-Bücher)
ISBN 3-87173-740-2

ISBN 3-87173-740-2

Umschlag: Dieter Kurzyna
Gesamtherstellung: Clausen & Bosse, Leck
Printed in Germany

Inhalt

Lebendige Wahrheit	7
Krieg und Frieden	32
Widerstand im Dritten Reich	66
Die Waffe des Rechts	104
Meine Begegnungen mit Dietrich Bonhoeffer	123
Unsere Nachbarn im Osten	134
Die geringsten Brüder	159
Impulse aus dem Fernen Osten	175
Leben in der einen Welt – Verhängnis und Hoffnung des Fortschritts	201
Kirche in der Welt	211
Nachwort	231
Kurt Scharf: Zeittafel	232
Bibliographische Hinweise	233
Zu den Fotos	237
Personen- und Sachregister	239
Dokumente und Bilder	I–XXIX (nach Seite 80)

Lebendige Wahrheit

In meiner Schülerzeit bin ich auf ein Wort der Heiligen Schrift gestoßen, das mich frappiert und nachdenklich gemacht hat: »Meine Lehre ist nicht von mir«, sagt Jesus, »sondern von dem, der mich gesandt hat. Wenn jemand dessen Willen *tun* will, wird ihm klarwerden, ob diese Lehre von Gott ist oder ob ich aus mir selbst rede.« (Joh 17,7) Seitdem begleitet es mich und ist mir zu gewisser Erfahrung geworden. Das Vertrauen, in der Bibel dem lebendigen Wort Gottes, der Wahrheit, zu begegnen, kommt zum Zug, wird bewährt, wenn man sich darauf einläßt, das, was man für Gottes Wort hält, zu praktizieren. Das ist – gerade für den jungen Menschen – keineswegs leicht. Nicht unerhebliche Schwierigkeiten stellen sich dem »Tun der Wahrheit« entgegen. In solcher Lage gibt das Studium der Bibel Rückhalt, das Lesen in der Heiligen Schrift und – so habe ich es erfahren – das Gespräch mit denen, die die Bibel ernst nehmen und selbst Wegweisung aus ihr erwarten. Im Austausch mit denen, die sie so in ihr eigenes Leben und in die je gegenwärtige Situation hineinsprechen lassen, lerne ich sie als »lebendige Wahrheit« kennen.

Theoretisch läßt sich über die Wahrheit des Wortes Gottes nicht streiten, auch wenn sich da allerlei ins Feld führen ließe. Meines Erachtens ist die ganze Entwicklung unserer menschlichen Kultur ein Hinweis auf die Wahrheit, die uns in der Bibel begegnet. Daß wir aus der Zeit des Kampfes aller gegen alle, aus der Zeit des Faustrechts, in eine Epoche der Geschichte der Menschheit gelangt sind, in der es – theoretisch jedenfalls – die »große Übereinstimmung« gibt über eine verbindliche Erklärung der Menschenrechte, einstimmig verabschiedet von der Vollversammlung der Vereinten Nationen, das verdanken wir der permanenten Wirkung des Wortes Gottes in die Völkerwelt hinein. Solche und andere Argumente lassen sich aufzählen. Den einzelnen jungen Menschen wird das nicht unbedingt existentiell überzeugen. Einsicht in die Wahrheit der Heiligen Schrift und Halt, den wir an Gottes Wort haben, kann einer nur gewinnen, wenn er versucht, das Wort Gottes zu tun und angesichts der Schwierigkeiten, die sich dabei einstellen, nicht zu kapitulieren, sondern eben mit anderen, die der Heiligen Schrift – auch wenn sie sich der einzelnen Deutung nicht gewiß sind – dem Grunde nach Ähnliches zutrauen, gemeinsam die Bibel zu befragen: Was ist in der gegenwärtigen Situation nötig zu tun? Wer Einsicht und Mut gewinnt, wird sich mit seiner kleinen Kraft darum bemühen, der Antwort, die er gefunden hat, zu entsprechen, sie einzubringen in sein Leben, ja, hinein in die großen Weltverhältnisse. So wird es für den einzelnen möglich, an der Veränderung der Gesellschaft mitzuwirken.

Es ist für junge Menschen nicht gleichgültig, auf welchem Weg wir ihnen den Zugang zur Bibel öffnen. Vielen ist der Zugang verschlossen geblieben, wie die Denkschrift der EKD, »Christsein gestalten« (1986), wohl in richtiger Weise analysiert. Die Unkenntnis der Bibel ist eine Folge des Religions- und Konfirmanden-Unterrichts nach 1945.

Ich laste die darin geschehene Versäumnis unserer damaligen Kirchenleitung an. Im Gegenschlag gegen die von den bekennenden Gemeinden vertretene, lebendige und doch zugleich gefährliche Orthodoxie, die sich aus der Abwehr und dem Widerstand gegen die nationalsozialistische Ideologie entwickelt hatte, wurde im Religions- und Konfirmandenunterricht vielerorts zwar über Probleme gesprochen, nicht aber die Heilige Schrift unterwiesen. Die Frucht dieser bibelfernen Bemühungen reift in dieser Generation, wir erleben die Folgen. Jüngst auch *die* Folge, daß im kirchlichen Unterricht wieder viel stärker gewagt wird, biblische Texte zu behandeln und auf die Heilige Schrift zurückzugreifen.

Es gibt auch einen abschreckenden Umgang mit der Bibel. Wenn biblische Texte gepaukt werden, stößt man die Kinder oder Jugendlichen vor den Kopf und vergällt ihnen das Wort der Bibel. Ich wende mich damit nicht gegen ein Auswendiglernen von Bibelsprüchen. Ich halte viel davon, biblische Kernsätze auswendig zu lernen, selbst dann, wenn ihr tieferer Sinn unverstanden bleibt. Solche Worte können in bestimmten Lebenssituationen plötzlich lebendig werden. Einer meiner Religionslehrer, der Direktor unseres humanistischen Gymnasiums, ein leidenschaftlicher Altphilologe, der aber sehr gern, und sehr lebendig, Religionsunterricht gab, hat uns immer ermahnt, biblische Texte, Gesangbuchverse und den Katechismus sicher auswendig zu lernen. Er tat dies mit den Worten: »Ohne Kenntnis gibt es keine Erkenntnis.« Wenn wir nur die Kenntnis haben, kann uns unser Lebensweg und unsere Lebensführung zur lebendigen Erkenntnis des dem Gedächtnis eingeprägten Bibelwortes führen. Es lohnt, nichts unversucht zu lassen, auch der nächsten Generation das biblische Wort vertraut zu machen und die Chance zu nutzen, es denen nahezubringen, deren Unkenntnis Neugierde bewirkt hat. Dies ist jetzt vielfach gerade in den östlichen Ländern bei der jungen Generation die Überraschung, daß sie entdeckt, wie einmalig und interessant die Bibel ist.

Freilich kommt es darauf an, daß dem Lesenden Gelegenheit geboten wird, den rechten Texten in der Bibel zu begegnen und nicht gerade den mörderischen in den Geschichtsbüchern aus der Zeit des Heiligen Krieges. Wenn jemand einen unmittelbaren Einstieg in die Bibel sucht, dann sollte er bei der Bergpredigt anfangen – oder überhaupt im Neuen Testament und auch die Lektüre der Propheten des Alten Testaments üben. Dort wird er auf viele revolutionäre, bewegende Texte stoßen – revolutionär nicht nur im Blick auf die gesellschaftlichen, nationalen und politischen Verhältnisse der Zeit, in der diese Worte gesprochen und aufgeschrieben sind, revolutionär auch im Blick auf unsere eigene Gegenwart. Mit den Anstößen, die er daran nimmt, mit den Provokationen, die er diesen Weisungen des Wortes Gottes abspürt, sollte er, der Leser, dann eben in einen Kreis von Menschen gehen, die dem Wort Gottes auch etwas zutrauen und darüber diskutieren. Ich denke beim »Anstößigen« schon an so elementare Fragen wie: Können wir unsere Kinder erziehen – im Sinne der Bergpredigt? Kann und soll man einem kleinen Kind zumuten: Verzichte darauf, dich zu wehren, wenn du von einem Gleichaltrigen attackiert wirst? Oder verkrümmt man dabei nicht den Charakter eines Kleinkindes? Muß man ihm nicht sagen: Laß dir nicht alles gefallen? Das ist eine ernste Frage christlicher Pädagogik. Bei unseren eigenen Kindern waren wir uns während der Zeit des Kirchenkampfes da noch ziemlich sicher. Doch im Blick auf Enkel und Urenkel fällt mir die Antwort wesentlich schwerer. Heute sehe ich manches anders als damals, als wir es versucht haben und die Kinder sich glücklicherweise nicht ganz an unsere Ratschläge gehalten und auch gelegentlich kräftig um sich geschlagen haben. Dies sei als ein Beispiel dafür genannt, wie kritisches Lesen der Bibel beginnen und zu einem fruchtbaren Weiterfragen und -denken führen kann.

Eine andere Erfahrung habe ich im Umgang mit jungen Leuten machen können, wie sie mir regelmäßig in der »Aktion Sühnezeichen/Friedensdienste« begegnen. In jüngster Zeit hat es gewisse Rückschläge in der Friedensbewegung gegeben, in jener Bewegung, die vom Ursprung her durch Sühnezeichen vertreten wird und die sich darum müht, Geschichte nicht zu vergessen und die Vergangenheit weder auszublenden noch zu verdrängen. Die empfindlichen Rückschläge haben die jungen Leute eben den biblischen Texten wieder nähergebracht. Sie haben eingesehen: Allein Argumente der Vernunft oder auch des ethischen Empfindens reichen nicht aus. Ein stärkerer Rückhalt wird notwendig, um bei Rückschlägen durchzuhalten und mit Ausdauer und langem Atem bei der Sache zu bleiben. Solchen Rückhalt haben sie in der Bibel gefunden. Bestätigt wurde diese Beobachtung durch Berichte aus Gemeinden; ohne es überschätzen oder übertreiben zu wollen: es gibt in ihnen viele – gerade junge – Menschen, die Lebenshilfe, Orientierung und Ermutigung mit der Bibel gewinnen möchten – nicht allein für sich selbst, sondern auch und gerade für ihr deutliches Engagement um Gerechtigkeit und Frieden. Und eigentümlich: Eine entsprechende Entwicklung zeichnet sich in der DDR – sogar von ganz säkularer Seite her – ab. Wir erleben dort – wie im ganzen Ostblock – eine gewisse Liberalisierung, die schon vor Gorbatschow in Parallele zu den Helsinki-Konferenzen begonnen hat. Ich erinnere nur daran, daß bereits nach Abschluß der Konferenz für Sicherheit und Zusammenarbeit in Europa (KSZE) im Jahr 1975 mit dem Abdruck der dort verabschiedeten Vereinbarungen in der regierungsamtlichen Prawda den Menschenrechtsgruppen, auch den kleineren und größeren religiösen Gruppen, zitierfähige Texte in die Hand gegeben wurden. Nachdem diese früher schon eingeleitete Liberalisierung weiter fortgeschritten ist, haben die Künstler in der Sowjetunion verlangt, sich in den Einrichtungen der Volksbildung intensiv mit der Heiligen Schrift zu beschäftigen. Gorbatschows Administration hat diesen Impuls aufgenommen: Im Russisch-Unterricht an den Schulen sollen nun auch Bibeltexte gelesen werden. Genauso haben es DDR-Schriftsteller gefordert, und Honecker hat die Beschäftigung mit der Bibel für den Deutsch-Unterricht an den Schulen für notwendig erklärt, weil man ohne sie die deutsche Kultur nicht verstehen könne. Das Interesse an der Bibel wächst auch dort.

Angesichts solcher Entwicklungen kommt es darauf an, daß jungen Leuten – etwa im Rahmen von Bibelarbeiten oder bei Diskussionen im Predigt-Vor- oder Nachgespräch – auch Texte der Bibel angeboten werden, die unmittelbaren Bezug zur gegenwärtigen Situation haben und die auf ihre drängenden Fragen Antwort geben. Wenn jemand die bedrohliche Lage im Rüstungsbereich oder im Umgang mit Gottes Schöpfung vor Augen hat, dann wird man nicht gerade mit paulinischen Texten über das Verhältnis von Gesetz und Gnade ansetzen. Für diese Fragen kann eher ein Abschnitt aus der Bergpredigt Hilfe geben und bewirken, daß Verzweiflung, Resignation oder Relativismus eben nicht das letzte Wort behalten. Die Bergpredigt ist ein Angebot Gottes für Frieden und Gerechtigkeit auf Erden; sie ist nicht, wie Bismarck gemeint hat, die Ethik für die kommende, also für eine andere Welt. Vielmehr steht in der Bergpredigt das Vaterunser, das wir jeden Sonntag im Gottesdienst beten: »Dein Reich komme, in dem dein Wille geschieht wie im Himmel, so auf Erden.«

Doch genau daran zu glauben, zu glauben, daß diese Bitte um Frieden auf Erden sich erfüllen könnte, das wird von mancher politischen oder evangelikalen Seite als Schwärmerei abgetan. Aber ist ein Gebet noch ein echtes Gebet, wenn ich nicht an seine Verwirklichung glaube, heute und hier oder sehr bald? Ein Gebet, dessen Erfüllung ich nicht für möglich halte oder sogar nicht will (nach dem Wort Moltkes: »Der ewige Friede ist ein Traum und nicht einmal ein schöner«), ist Geplärr. Es geht nicht nur um den Einstieg in die Bibel an der rechten Stelle, sondern darum, dem Wort der Schrift etwas zuzutrauen.

Je nach Situation und Einzelschicksal wird es einen eigenen Weg geben, um der lebendigen Wahrheit in der Heiligen Schrift auf die Spur zu kommen. Die jetzt sehr aktuelle Diskussion zwischen Eberhard Jüngel und Gerhard Ebeling zur Frage der Verborgenheit Gottes führt zu einer gewissen Klärung: Die Verborgenheit Gottes dürfen wir als das Kleid seiner Offenbarung verstehen; eben die hat der Theologe aufzuspüren und die Wahrheit der Heiligen Schrift im Verhältnis der beiden zueinander vorzuweisen. Sie ist in jeder Generation und Zeitsituation neu und anders zu verkündigen. Das läßt sich schon an der Entstehungsgeschichte, auch an der Wirkungsgeschichte der Evangelien aufzeigen. So haben die Koreaner in ihrer jüngsten Geschichte im Markusevangelium die zentrale Rolle des einfachen, des ›gemeinen‹ Volkes neu entdeckt; sie haben diese Entdeckung Min-Yung-Theologie, »Theologie des Pöbels«, genannt; in ihrer Situation ist Markus *das* Evangelium. Für uns in Europa oder Nordamerika dagegen mag heute das Lukasevangelium besonders deutlich die Wahrheit zu Gehör bringen in der Form einer »Regierungserklärung« Jesu an die Völkerwelt. Lukas stellt die Geschichte Jesu, so hat es der amerikanische Theologe Yoder sehr treffend beschrieben, als die ständige Auseinandersetzung mit der Versuchung dar, die Welt durch Anwendung der Macht von oben gut werden zu lassen. Demgegenüber wurde es – nach dem Willen des Vaters – die »Politik Jesu«, den Weg des Kreuzes zu gehen und das Leiden anzunehmen. Yoder zeigt, wie nach der Darstellung des Lukasevangeliums – angefangen bei der Versuchungsgeschichte über die Geschichte vom Brotwunder bis hin zur Tempelreinigung – Jesus jedesmal die Möglichkeit gehabt hätte, das Volk Gottes von oben her Gottes Willen zu unterwerfen. Er hätte sogar bei der Tempelreinigung die Hilfe der Tempelpolizei und des Synhedriums in Anspruch nehmen können. Doch Jesus habe diesen Weg bewußt ausgeschlossen und noch in Gethsemane, als er mit dieser letzten Frage vor Gott im Gebet – ›sein Schweiß wurde wie Blut‹ – rang, ob der Kelch des Leidens nicht doch ihm erspart bleiben und der direkte Weg des Einsatzes der Macht von oben zur Befreiung der Menschheit beschritten werden könne, zu der eindeutigen Antwort gefunden: Nein, es gibt nur den unteren Weg, den Weg des Kreuzes, um Gottes Geschöpf das gute Ziel in freier Eigenentscheidung finden zu lassen. Die Entscheidung für den unteren Weg ist Jesu Angebot gerade im Blick auf die Bemühung, Frieden zwischen den Völkern zu gewinnen, und auf größere soziale und wirtschaftliche Gerechtigkeit, ein Angebot, das besonders uns in der nördlichen Hemisphäre zum Umdenken und zu konkreten Veränderungen anleiten soll.

Das Matthäusevangelium wiederum kann uns helfen, den Dialog und die Auseinandersetzung mit dem modernen Judentum zu vertiefen, und hat darum für meine Begriffe seine heutige besondere Bedeutung im jüdisch-christlichen Gespräch. Schließlich, wenn es um Lehraussagen geht, um das Geheimnis unseres Glaubens, dann scheint mir das Johannesevangelium das Evangelium zu sein, das der Wahrheit Gottes, der Personwahrheit Gottes in Jesus Christus, am klarsten Ausdruck schenkt. Mir ist das Johannesevangelium besonders lieb geworden. Wenn man als Theologe überhaupt Lieblingstexte haben darf, dann muß ich gestehen, daß mein Herz bei Johannes schlägt und ich sein Evangelium und seine weiteren Schriften mit Vorliebe ausgelegt habe. In diese Reihe gehören für mich jedoch auch die Gleichnisse und Begebenheiten aus dem Leben Jesu, wie sie in den synoptischen Evangelien überliefert sind: die Stillung des Sturms, der über dem Meer wandelnde Christus, seine Wundertaten – und eben die Gleichnisse, zuallererst die Geschichte vom verlorenen Sohn. Dabei ist es eine wesentliche Hilfe, die textkritischen Methoden, wie sie uns die biblischen Wissenschaften an die Hand geben, anzuwenden und die zeitgeschichtlichen Zusammenhänge genau zu erheben, um das Wort der Schrift zeitgetreu und zeitnah zu verstehen. Darum bin ich bis in die jüngste Zeit hinein am Fortgang der neutestamentlichen Forschung interessiert. Hatten zwischenzeitlich die maßgeblichen Neutestamentler bis hin zu Eduard Lohse während seiner Göttinger Zeit mehr und mehr die kirchlich überlieferte Verfasserschaft einzelner biblischer Schriften geglaubt, in Frage stellen zu müssen, so geht die neuere Forschung – man beachte die aufschlußreichen Ansätze des Tübinger Neutestamentlers Peter Stuhlmacher! – eher in die andere Richtung: Die von den Vätern der ersten Jahrhunderte überlieferte Urheberschaft der Bibelbücher wird in viel stärkerem Maße bejaht.

So sehr ich bei der Bibelauslegung auf die Hilfestellung der historisch-kritischen Exegese angewiesen und für alle Ausweitung des Blickfelds, aber auch für jede kritische Rückfrage dankbar bin, so deutlich muß ich dabei die Grenzen dieser Methode im Auge behalten. Während meiner Studienzeit in den zwanziger Jahren hat Ernst von Dobschütz, Neutestamentler und einer der bedeutenden

Vertreter der historisch-kritischen Methode, dies eingeräumt: Würden wir an die philosophischen Schriften von Platon und Aristoteles die gleichen strengen Maßstäbe anlegen, wie dies bei den biblischen Schriften geschehe, so würde keine vor diesen Kriterien bestehen. Wir würden zu dem Ergebnis gelangen, keiner dieser Texte sei echt. Und dennoch seien sie echt und dienten als Grundlage philosophischer Arbeit. v. Dobschütz konnte uns Studenten im Kolleg dazu einen sehr sinnfälligen Hinweis geben: »Hören Sie, ich habe heute einen Brief von einem Freund erhalten! Auf der zweiten Seite des Briefes sagt er genau das Gegenteil von dem, was auf der ersten Seite steht. Er berichtet in seinem Brief von einem historischen Geschehen, das sich gerade – noch während er am Schreiben ist – bei ihm am Ort abspielt. Ist das bei einem Paulusbrief der Fall – so v. Dobschütz –, wird sofort erklärt: Der Brief ist unecht.« Auch als Vertreter der kritischen Exegese warnte Dobschütz davor, diese Methode in starrer Prinzipientreue zu handhaben. Da Stuhlmacher mit seiner kritischen Beurteilung des historisch-kritischen Ansatzes noch viel weiter geht, würde ich gerne einmal, wenn ich Zeit dazu fände, ein Semester hindurch seine Vorlesung besuchen und eine solche Deduktion am Text verfolgen.

Auf meine Vorliebe für das johanneische Schrifttum habe ich hingewiesen. Sie erstreckt sich auch auf die Offenbarung des Johannes. Und im Blick auf dieses Buch der Bibel kann ich noch einmal konkretisieren, was ich mit der Erinnerung an meinen Lehrer Dobschütz allgemein erörtert habe. In der neutestamentlichen Wissenschaft gibt es sehr verschiedene – aus der historisch-kritischen Textbetrachtung erwachsene – Theorien und Mutmaßungen über den Verfasser der Apokalypse. Die einen sprechen von einem Presbyter Johannes der folgenden Generation, die anderen von einer Nachdichtung aus viel späterer Zeit, und wieder andere kombinieren das und nennen »Schulen« als verbindende Momente. Für mich hingegen bleibt der Jünger Johannes der Verfasser des letzten Bibelbuches, derselbe Jünger, der auch das Johannesevangelium und die Johannesbriefe geschrieben und den die kirchliche Überlieferung als Autor festgehalten hat. In dieser Überzeugung folge ich dem früheren Berner Theologen Wilhelm Hadorn, der bis in die späten zwanziger Jahre als Neutestamentler gewirkt und einen sehr lesenswerten Handkommentar über die Offenbarung des Johannes veröffentlicht hat. Weil ich annehme, daß die Entstehungszeit der Apokalypse sehr früh anzusetzen ist, kann ich auch Martin Luthers Urteil über die Offenbarung, sie sei ein seltsames und merkwürdiges Buch, das *per nefas* in den Kanon geraten sei, nicht teilen.

Der klar umrissene Kanon der Schriften des Neuen Testaments ist nach meiner Überzeugung und unabhängig davon, was aufgrund textkritischer und historisch-kritischer Einschätzung als *vox ipsissima* unmittelbar auf Jesus zurückzuführen ist, das Werk des Heiligen Geistes: In seiner Gesamtheit und in seiner heutigen Gestalt ist uns der Kanon des Neuen Testaments als »Gottes Wort in Menschenmund« überliefert. Der Kanon setzt das Maß, und wir haben uns mit diesem Kanon – in der sich darbietenden Weite, aber auch in den von ihm gezogenen Grenzen – auseinanderzusetzen. Ich halte es deshalb auch für richtig, daß man sich im Zuge der Auslegung des Wortes Gottes nicht mit Jesus-Worten beschäftigt, die nach der Überlieferung der Kirchenväter mit Sicherheit auf ihn persönlich zurückgehen, aber nicht in den biblischen Kanon durch eines der Evangelien oder durch Paulus und die übrigen Autoren des Neuen Testaments aufgenommen worden sind. Diese *agrapha* mögen für die historische oder kirchengeschichtliche Wissenschaft von Interesse sein, für die biblische Exegese sind sie ohne Belang. Kanon heißt Richtschnur. Und daran haben wir uns zu orientieren.

Die Offenbarung des Johannes, dieses für viele so fremde Buch, gehört zum Kanon des Neuen Testaments. Wie aktuell und aussagekräftig sie für uns werden kann, haben wir in der Zeit des »Dritten Reiches« in der Bekennenden Kirche erfahren; da ist uns dieses Buch unerhört nahegerückt. Genauso kann es uns ergehen, wenn wir den Blick auf die Gegenwart und die sich abzeichnenden Entwicklungen für die nahe Zukunft lenken. Ich stimme mit Carl Friedrich von Weizsäcker überein, wenn er sagt, als Atomphysiker und als Friedensforscher laufe es ihm bei der Lektüre der Johannes-Offenbarung kalt den Rücken herunter, weil in diesem Buch akkurat die Katastrophen des Atomzeitalters beschrieben würden. In solcher Weise, denke ich, dürfen wir biblische Texte schon zu uns sprechen und uns dadurch warnen lassen. Allerdings halte ich es für einen Mißbrauch dieser biblischen Schrift, wenn in manchen evangelikalen Kreisen daraus die Folgerung gezogen wird, die Katastrophen seien ja als unausweichlich angekündigt, sie seien Gottes Wille und würden darum über uns kommen, ganz gleich, wie wir uns verhalten; deshalb könne man auch getrost Kernkraftwerke bauen. Die Schilderung der Katastrophen in der Offenbarung kann ich nur so verstehen wie die Unheilsankündigungen der großen Propheten im Alten Testament: sie sind Warnungen Gottes, damit das nicht eintritt, was er als unausweichliche Folge sündigen menschlichen Verhaltens und menschlichen Größenwahns vorweist.

Um nicht mißverstanden zu werden: An dem Ernst, mit dem die Offenbarung uns drohende Katastrophen vor Augen stellt, gibt es für mich so wenig zu rütteln wie am Ernst, der uns überhaupt mit den Worten vom Gericht Gottes im Neuen Testament abgenötigt wird. Über die

Predigt des Jüngsten Gerichts habe ich eine andere Auffassung als mein Freund Heinrich Vogel, mit dem mich in den grundlegenden Fragen des Glaubens sehr viel, wenn nicht: alles – verbindet. Ich denke, daß es uns das Gewicht unserer Entscheidung gerade auch im Blick auf unser irdisches Leben, im Blick auf das Glück und die Freude an unserem Dasein *hier*, einprägt. Aber wenn mich eine Mutter fragt, wie Börries von Münchhausen das in einem seiner Gedichte schildert: »Mein Sohn hat ein Luderleben geführt. Jetzt ist er plötzlich durch einen Unfall zu Tode gekommen. Ist er in Ewigkeit verloren?«, dann würde ich nicht nur wie Münchhausen Auskunft geben: »Auch zwischen Bügel und Erde noch, im Sturz vom Pferd, als er sich das Genick brach, war Raum zur Buße.« Ich möchte darüber hinausgehen: Auch dann, wenn die Buße nicht erfolgt, könnte ich ihn nicht verloren sehen. In diesem Fragenkreis neige ich eher zu der Allversöhnungslehre des späten Karl Barth. Ich meine, daß das Gericht Gottes, auch das Jüngste Gericht, zurechtrückt. All die Worte Jesu, die von »Verwerfung« reden, sind nach dem Verständnis des griechischen Wortes zu deuten, zum Teil sogar auch zu übersetzen, als ein »Zurückstellen«. Das bedeutet in meinen Augen, daß die in der Auflehnung gegen Gottes Willen schwer Schuldiggewordenen und darum Verworfenen zuletzt doch auch ihren vollen Platz in Gottes Herrlichkeit finden werden. Der tiefere Grund dafür ist für mich die Folgerung, daß Gott, der jedes seiner Geschöpfe liebt, nicht froh sein könnte, wenn eines davon endgültig verlorenginge. (So menschlich-persönlich glaube ich Gott und weiß mich darin eins mit Elie Wiesel, dem Chassiden.) Und entsprechend meine ich, daß es auch für einen Christenmenschen, gerade für den, der es ernst mit dem Christsein meint, keine Seligkeit geben kann, wenn daneben ein anderer: ein Bruder, eine Schwester,

Kinder – und ich denke da nicht an leibliche Verwandte, sondern generell an Mitmenschen und an Angehörige der kommenden Generationen – in Ewigkeit verworfen wären. Für ein solches Verständnis der biblischen Gerichts-Botschaft spricht nach meinem Dafürhalten auch die Bedeutung jenes Begriffs in der Bibel, den wir gewöhnlich mit »Ewigkeit« übersetzen. In dem Sinne von unendlicher Dauer gibt es in der Heiligen Schrift das Wort »Ewigkeit« nicht. Im hebräischen und im griechischen Urtext ist von Zeitaltern, »Äonen«, die Rede. Aussagen, die sich damit verbinden, gelten immer nur für den betreffenden »Äon«. Deswegen kann die Schrift auch reden »von Ewigkeiten der Ewigkeiten«, von »Äonen zu Äonen«. Gericht bedeutet darum für mich: Wir verspielen unser Glück, wenn wir uns gegen Gott stellen, im Äon, und vor allem im eigenen Leben, im irdischen Leben. Aber am Ende ist Gottes Gericht ein Zurechtrücken. Heinrich Vogel würde das als eine unerlaubte Spekulation bezeichnen und mahnen, das sollten wir Gott überlassen. Im Wortlaut der Heiligen Schrift sollten wir zunächst die Warnung der Verwerfung hören. In der letztgenannten Hinsicht gehen er und ich konform.

Daß wir der Heiligen Schrift etwas zutrauen können und ihren Weisungen und Warnungen ganz konkrete Hilfestellungen verdanken, das ist eines der Grundanliegen meines Tübinger Lehrers Adolf Schlatter gewesen. Ich habe ihn in seiner redlichen Wissenschaftlichkeit und in seinem doch ganz ursprünglichen Empfinden in besonderer Erinnerung und lese auch heute bei der Predigtvorbereitung in Schlatters »Bibelauslegung für das Gemeindeglied«, die er zu sämtlichen Büchern des Neuen Testaments geschrieben hat, nie ohne Gewinn. Sehr plastisch gegenwärtig geblieben ist mir seine These aus offenen Abenden bei ihm im Haus, über die wir damals als Studenten heftig diskutiert haben, daß es für einen Christen keinen Gewissenskonflikt geben könne. In einer Situation schwieriger ethischer Entscheidung weise bei gründlicher Prüfung an der Heiligen Schrift dann doch zuletzt der Skopos, der Pfeil, eindeutig nach der einen Seite. Einen unaustragbaren Konflikt könne es für das Gewissen des Christen nicht geben. Hatten wir diese These damals im Tübingen der zwanziger Jahre noch rein theoretisch erörtert, so konnte ich mich später, in der Zeit des »Dritten Reiches«, aus konkreter Erfahrung im praktischen Umgang mit der Heiligen Schrift von ihrer Richtigkeit überzeugen. In mancher Hinsicht, glaube ich, haben wir uns in der Bekennenden Kirche sogar noch klarer entschieden als der alte Schlatter. Er war nicht dem Nationalsozialismus verfallen und verteidigte diesen in keiner Weise; aber er stand auch nicht eindeutig bei der Bekennenden Kirche. Schlatter hatte damals sein berühmtes Buch geschrieben, in dem er nachwies, daß gerade das, was die Antisemiten am Judentum vielfach zu Unrecht beanstandeten und geißelten, nunmehr in der nationalsozialistischen Ideologie in verwandelter Gestalt auftrete. Der von den Nazis so negativ gezeichnete Jude erfahre in der Nazi-Ideologie im Bild des überzeugten »vollkommenen Nationalsozialisten« seine Verwirklichung. Im Grunde sei der Nationalsozialismus nichts anderes als jener Judaismus, von dem sich das Neue Testament absetze. Schlatter stand also wohl in kritischer Distanz zu den Nazis; für die Bekennende Kirche jedoch vermochte der alte Mann sich nicht mehr eindeutig zu engagieren, während wir inzwischen in der Bekennenden Kirche seine These zu praktizieren suchten: Wir fälschten Ausweise und Lebensmittelkarten, stellten unberechtigt Taufscheine aus, hielten kirchliche Amtshandlungen gegen staatliche Anordnung, sogar gegen altes geltendes Recht wie gegen das 1874 von Bismarck erlassene Personenstandsgesetz. Wir trauten Juden kirchlich ohne vorherige standesamtliche Trauung; und später versteckten wir Juden vor der SS. Da erfuhr ich, was Schlatter uns beigebracht hatte, daß wir nach allem Abwägen schließlich von der Heiligen Schrift in eine eindeutige Richtung gewiesen werden, wie sehr auch formal-legale Bedenken und Überlegungen dagegenstehen mochten.

Diese orientierende Klarheit, die wir von der Bibel behaupten, scheint gerade ernsten Menschen fraglich, wenn sie auf jene Stücke des Alten Testaments stoßen, in denen Beispiele schrecklichen Mißverhaltens oder schlimmer Grausamkeiten im Verlauf »heiliger Kriege« als Gehorsam gegen Gottes Gebot überliefert sind. So sehr ich persönlich bei diesen Traditionsstücken Betroffenheit verspüre, weil ich sie als Christ nicht anders als unter der Perspektive des Neuen Testaments lesen kann, so sehr scheinen mir diese Texte insofern doch wieder exemplarischen Charakter zu haben, als der alttestamentliche Beter und Hörer auch dieser erschreckenden Texte – in den Geschichtsbüchern und in den aus diesen entstandenen »Rachepsalmen« – das alles dennoch auf Gott bezieht und vor Gott trägt. In seiner Verzweiflung ruft er Gott an: »Mein Gott, des Tages rufe ich, doch antwortest du nicht, und des Nachts, doch finde ich keine Ruhe.« (Ps 22,2–3) Er klagt Gott an und läßt ihn nicht los. Er bleibt in der Auseinandersetzung mit Gott und stellt sich seinem Urteil. Diese Besonderheit unterscheidet die Bibel von jeglichem säkularen Geschichtswerk, selbst dem der höchsten Kultur. Im Alten Testament gibt es keine menschliche Gestalt, die als gut geschildert wird. Am besten kommt noch Josua weg. Die großen Gottesmänner des Alten Testaments begegnen uns eigentlich nur immer wieder in ihrem Versagen; ihre Mängel liegen offen zutage, während die anderen Hochkulturen die Heroen der Vergangenheit möglichst vollkommen darstellen.

Gerade weil das so ist und wir diese Besonderheit der Bibel kennen, ist es für unser Glaubensurteil möglich, zwischen der geoffenbarten göttlichen Wahrheit und der mangelhaften Form, der fehlerhaften Wiedergabe, zu unterscheiden. In der Bibel begegnet uns eben Gottes Wort in Menschen Mund, wie wir das in der Bekennenden Kirche formuliert haben.

Jedoch: ich kann die Einwände, die unbefangene Bibelleser angesichts mancher Geschichtsdarstellungen im Alten Testament äußern, nachempfinden. Auch für mich ist es nicht leicht gewesen, etwa über einen Text zu predigen, in dem es um den Bann geht, der im Verlauf des »heiligen Krieges« über die Ureinwohner oder über die Feinde Israels verhängt wird. Aber ich habe mich dieser Aufgabe nie entzogen und bei der Auslegung versucht, solche Schilderungen mit prophetischen Texten der Zeit vor dem Exil oder der Exilzeit selbst zu konfrontieren. Dabei habe ich mich bemüht, verständlich zu machen, wie schon im Alten Bund die Wahrheit lebendige Wahrheit ist, wie sie einen Prozeß durchmacht und wie die Wahrheit in der Geschichte Gottes von Generation zu Generation anders verkündet, wie sie in die Sprache der jeweiligen Zeit übersetzt werden muß. Ein Aufspüren der lebendigen Wahrheit entdeckt tiefgreifende Veränderungen im geoffenbarten Willen Gottes, die einem wörtlich direkten und damit platten und oberflächlichen Textverständnis verborgen bleiben.

Sehr akut habe ich diese Spannung bei einem Besuch in Südafrika erfahren. Im Rahmen einer meiner Reisen in das Land der radikalen Rassentrennung wurde ich vom Polizei- und Justizminister empfangen; zu diesem Treffen war auch der Moderator der Reformierten Burischen Kirche hinzugeladen. Dieser Kirchenmann berief sich im Verlauf des Gesprächs für die Rassentrennung auf das Alte Testament, zitierte die Verbote der Vermischung und bezog sich auch auf die Anordnungen des Banns und des »heiligen Krieges«. Er schien dies besten Gewissens zu tun! Wir haben eine sehr erregte und sehr entschieden kontroverse Diskussion miteinander geführt, bei der er sich vor allem auf die Samuelbücher berief: auf Davids Verhalten und Sauls Fall. Die große Sünde Sauls sei es doch nach den Samuelbüchern gewesen, daß er den Bann an Amalek nicht vollkommen vollzogen, zwar Männer, Frauen, Kinder und Säuglinge umgebracht, aber die Schafe und Rinder verschont habe. Eine solche Argumentationslinie ist in meinen Augen Abkehr von der lebendigen Wahrheit, wie sie uns in dem Ganzen der Heiligen Schrift anvertraut ist.

Ohne das Licht des Neuen Testaments werde ich das Alte Testament nicht verstehen. Ohne die Ethik des Neuen Testaments und die der Propheten des Alten könnte das Alte Testament zu einem Steinbruch verkommen, aus dem sich beliebig Brocken herausschlagen lassen, mit denen man Machtinteressen und Gewaltausübung legitimiert. Man denke nur an die Verse, in denen um Vergeltung gebetet wird: »Vernichte meine Feinde um deiner Güte willen und bringe alle um, die mich bedrängen!« (Ps 143,12) Oder: »Laß sie aus einer Schuld in die andere fallen, daß sie nicht kommen zu deiner Gerechtigkeit. Tilge sie aus dem Buch des Lebens!« (Ps 69,[23–27]28–29) Die lebendige Wahrheit, die sich hinter solchen extremen Aussagen verbirgt, bedarf der Erhellung vom Evangelium her. Bei einer anderen Begegnung in Südafrika habe ich von einem schwarzen Bischof dazu eine wunderschöne Erklärung gehört, die zugleich einen einsichtigen Grund nennt, warum solche Verse in der Bibel stehen: »Sie sollen uns zeigen, wohin wir verführt werden können. Diese Verse sollen uns als Christen davor warnen, daß wir in solche Rachegedanken verfallen. Sie zeigen mir, in welcher Gefahr ich mich befinde etwa gegenüber meinen weißen Brüdern, den Vertretern der Apartheid, gegenüber denen, die unsere Kinder quälen und Millionen Schwarzen die Zukunft verstellen wollen. Sie zeigen mir, in welche Empfindungen ich abstürzen kann. Davor bewahre mich Jesus Christus!«

Wir dürfen als Christen jedoch nie vergessen, daß das Alte Testament zugleich die hebräische Bibel der Juden ist, ihre volle Bibel! Wir sollten das achten und unseren Respekt davor bezeugen. Hier verbindet uns ein Band, das nicht zerreißen darf, ja, das im jüdisch-christlichen Gespräch neu geknüpft werden muß. Wir haben im Dialog von ihnen zu lernen, wie sie in ihrer Tradition und ihrer kultischen Frömmigkeit das Alte Testament sehr viel lebendiger und näher empfinden und interpretieren, als wir es im allgemeinen vermögen. Der Dialog jedoch wäre mißverstanden, wenn er nur einseitigen Charakter hätte. Wir sollten im Gespräch den Juden unser Glaubensurteil nicht vorenthalten und ihnen ebenso unsere Auslegungsweise des Alten Testaments, wie wir sie im Lichte Jesu Christi gewinnen, zeigen, deuten, anbieten. Durch das Neue Testament und die christlichen Kirchen ist das Alte Testament universal bekannt, zum Buch der Menschheit geworden! Wie sinnvoll der Dialog für uns werden kann, mag ein Besuch in Israel zeigen: In der Landschaft der Bibel lernen wir das Alte Testament besser verstehen. Dazu habe ich bei meinen Besuchen dort mit großer Freude festgestellt, wie gerade die junge gläubige jüdische Generation, vor allem die Lehrer und die für Touristengruppen ausgebildeten Führer, dem christlichen Denken nahegerückt ist. Da sie sich für ihre Aufgabe sehr intensiv mit den neutestamentlichen Stätten und Texten beschäftigen müssen, hat sich ihre Interpretation des Alten Testaments verändert und ist der vom Neuen Testament herkommenden Auslegung verwandt geworden.

Über all dem habe ich erfahren, daß uns die lebendige Wahrheit im Alten Testament nicht nur in verhüllter Gestalt begegnet, sondern auch in heller Klarheit aufgeht. Ich höre die Verse des 23. Psalms vom guten Hirten und vergegenwärtige mir, was es für uns in der Zeit des Kirchenkampfes und der Verfolgung bedeutet hat, wenn wir gebetet haben: »Du bereitest vor mir einen Tisch im Angesicht meiner Feinde...« Schon Wilhelm Lütgert hatte uns während des Studiums berichtet, wie er in den Tagen der Revolution von 1918 und der Spartakistenkämpfe in Halle/Saale 1919, als Theologieprofessor in seinem Haus von den Beauftragten der Räte überwacht wurde. Da saßen sie zu Tisch, der gläubige Professor mit seiner Familie, im Hintergrund des Eßzimmers die Bewacher mit dem Gewehr auf den Knien –, und die Familie betete dieses Wort aus dem 23. Psalm! Es gibt Situationen, in denen die Bibel im Wortlaut, nicht nur die Bibel des Neuen Testaments, zur tröstenden Wahrheit wird, ohne daß wir irgend etwas hinzusagen oder erklären müßten.

Vielleicht ist es wirklich so, daß wir in besonders dunklen Momenten, in Grenzsituationen, in Augenblicken der Gefahr oder der Anfechtung empfänglicher sind für das Hören auf Gottes Wort. Wir haben es ja in Deutschland erlebt, damals 1945, nach Kriegsende. Die Kirchen waren nie so voll wie in der Zeit, als die Flüchtlingsströme über unser Land fluteten und Armut und Not in unseren Gemeinden herrschte. Trotz der gewaltigen Anstrengungen für den Wiederaufbau war es für die Menschen seinerzeit keine Zumutung, sich im Gottesdienst zu versammeln. Im Gegenteil: Man verlangte nach Weisung aus dem Wort Gottes und bezog von dorther Kraft und Trost. Persönlich ist es mir auch – immer wieder – so ergangen, daß sich die Regel Martin Luthers in meinem Leben bewahrheitet hat: »Anfechtung lehrt auf das Wort merken.« In bedrückenden Situationen wurde das Wort Gottes lebendig. Im Kirchenkampf geschah es, daß wir in besonders schwierigen Augenblicken auf ein Wort der Schrift stießen, das für uns die Lage klärte und es uns erlaubte, in innerer Gewißheit und Zuversicht auch Entscheidungen zu treffen, von denen wir annehmen mußten, daß sie sich arg negativ für die Person des einzelnen auswirken würden. Es mag sein, daß es die Jugend einer – oberflächlich gesehen – satten und saturierten Gesellschaft schwerer hat, hinter diesen Zusammenhang von Bibel und Leben, von Hören und Tun zu kommen. Doch denke ich, daß diejenigen, die sich durch glitzernde Wohlstandsfassaden nicht so leicht täuschen lassen und die dahinter verborgene Not und Gefahr entdekken, aus gutem Grund Interesse und Neugierde an der Bibel entwickeln.

Wo die Fassaden nicht so groß und blendend sind, daß sie das Massenelend und elementarste Nöte verstellen, in Asien, in Südafrika oder Lateinamerika, entsteht von der Bibel her Bewegung. Während ich auf die koreanische Situation noch ausführlich in einem besonderen Kapitel eingehen werde, möchte ich in diesem Zusammenhang kurz die meines Erachtens beispielhafte Bildung von Basisgruppen und -gemeinden erwähnen in einem anderen Kontinent. Mitten im katholischen Lateinamerika zeichnen sie sich durch einen protestantischen Einschlag aus – und zwar so, daß die junge Priestergeneration sagt: Unsere Gemeinden werden jetzt erst christlich. Vorher war es eine christliche Tünche über den alten Naturreligionen, über Religionen, die eine teils mystische, teils bis ins Obszöne hinein sexuelle Ausrichtung haben. Aber nun verlangen die Basisgruppen nach mehr, sie wollen die Bibel selbst lesen, das Wort Gottes hören und darüber miteinander sprechen. Und daraus ist ein regelrechter Aufbruch entstanden und eine Bewegung vom Evangelium her zu spüren, die gegen Unterdrückung, von welcher Seite sie auch über das

Volk gebracht wird, kämpft und sich gegen jede Form von Diktatur, ob rechts oder kommunistisch, wehrt. Wobei ich anmerken möchte, daß Kommunismus in Lateinamerika nicht prinzipiell ein antichristliches Vorzeichen hat. Eine solche Kennzeichnung ist eine typische Eintragung von Vorurteilen der nördlichen Hemisphäre, die sich im Ost-West-Gegensatz herausgebildet haben, die aber in der vollkommen anders gelagerten Situation lateinamerikanischer Wirklichkeit fehl am Platze sind. Wenn die Sandinisten in Nicaragua in die Nähe eines antichristlichen Kommunismus gerückt werden, entspringt das weniger der nüchternen Prüfung der Anliegen der Sandinisten als dem Feindbild, das die amerikanische Administration für ihre Politik in diesem Raum braucht. Ähnliche Vorurteile begegnen ja auch den Christen in Südafrika und in vielen anderen Weltregionen, wenn sie die biblische Botschaft ernst nehmen und in Widerspruch zu den Machtgruppen geraten. Ich habe aus der Zeit der Bekennenden Kirche noch gut im Ohr, wie uns damals von den Nationalsozialisten vorgehalten wurde, wir machten mit dem Bolschewismus gemeinsame Sache.

Wir haben Grund, uns zu freuen, daß von der Bibel her immer wieder Aufbrüche möglich werden. Ich hatte Gelegenheit, bei den Konferenzen der Weltbibelgesellschaft aus allen Teilen der Welt Berichte darüber zu hören, wie nach der Bibel gerade dort verlangt wird, wo die Christen Minderheiten oder unterdrückt sind. Es bleibt erstaunlich, wie das Verlangen nach der Bibel ständig, unaufhörlich wächst und ihre Verbreitung zugenommen hat: in islamischen Gebieten ebenso wie in den Gebieten der Naturreligionen des reinen Heidentums, aber nun auch, wie schon gesagt, im Ostblock. Unter welchen Risiken die Verbreitung von Bibeldrucken in manchen Gegenden der Welt erfolgt, auf welchen Kanälen das Wort der Schrift zu Menschen gebracht wird, ist höchst bewundernswert: illegale Radiosender diktieren Wort für Wort langsam Bibeltexte, die irgendwo in Sibirien oder anderswo im gesamten Ostblock nachgeschrieben und vervielfältigt werden. Welche Mühen sehr verschiedene Menschen auf sich nehmen, um die Bibel zu erhalten oder weiterzugeben, kann uns nachdenklich machen.

Diese Mühen zeichnen auch die Vorhaben aus, die Bibel in möglichst viele Sprachen und Dialekte zu übersetzen, teilweise sogar in Idiome, für die es bislang weder eine Schrift noch eine Grammatik gab. Im Rahmen meiner Mitverantwortung für die Weltbibelgesellschaft habe ich vor Jahren an einem Bibelübersetzungs-Kurs teilnehmen können und dabei die mir völlig neuen Übersetzungsmethoden des amerikanischen Nida-Instituts kennengelernt. Der hoch sprachbegabte Eugene A. Nida hat Möglichkeiten entwickelt, ohne ein kompliziertes wissenschaftliches Sprachstudium – eher nach Martin Luthers Regel, den Leuten aufs Maul zu schauen – noch unbekannte Sprachen zu analysieren, den grammatischen Bau, soweit vorhanden, kennenzulernen und die alltägliche Sprachebene anzuheben. Durch die Reduktion auf Kernsätze und die Herstellung von Beziehungen zwischen diesen Sätzen gelingt es auf verblüffende Weise, Übersetzungen in die neuwerdende Sprache zu erarbeiten, wobei es für mich ein bewegendes Erlebnis war, wie im Zuge des Übersetzens in vollkommen andere Lebensverhältnisse und -gewohnheiten, in eine anders geartete kulturelle Umgebung hinein die Berichte der Bibel einen ganz neuen Glanz bekamen und ungeahnte Perspektiven freigaben. Sehr unmittelbar habe ich diesen Weg des Übersetzens bei einem Besuch in Swaziland miterfahren. Eine unserer Diakonieschwestern aus Berlin arbeitete dort an einer Übersetzung für bestimmte schwarze Dialekte, für die sie ein Organ hatte. Die Berliner Missionsgesellschaft und der Diakonie-Verein hatten sie dorthin entsandt, nach einer zwischenzeitlichen schweren Erkrankung ist sie vor kurzem zu einer weiteren Übersetzungsphase nach Swaziland aufgebrochen. Dadurch, daß die Bibel sich zu den »Primitiven« begibt und ihre Ausdrucksweise annimmt, verbessert sie deren Lebensformen und bringt für viele Befreiung auch aus dem Analphabetismus. Bibelübersetzung leistet an jenen Sprachen und Idiomen, was Luthers »Neues Testament Deutsch« für eine einheitliche deutsche Schriftsprache an unserer Nation gewirkt hat. Das biblische Sprachdenken hat generell die Kultursprachen Europas geformt, sie alle, in die die biblischen Bücher übertragen worden sind. Deren Ursprachen, das Hebräische und Griechische, haben einander beeinflußt: der begriffliche Sprachcharakter des Griechischen empfing vom dynamischen des Hebräischen, der Sprache der Tätigkeitsworte, Impulse, und das hebräische Denken wurde durch die griechische Begriffs-Abstraktion »philosophie=reif«. Über die lateinische Bibel, die Vulgata, wurden die Sprachen Europas, auch das Russische, einander verwandt. Bibelübersetzung hilft, die babylonische Sprachverwirrung zu überwinden – heute über die Erdteile hin!

Vielleicht habe ich mit diesen Hinweisen auf die Bewegung, die von der Bibel her in allen Teilen der Welt entstanden ist, etwas andeuten können von dem lebendigen Zusammenhang, in den Gottes Wort Menschen stellt, wenn sie sich auf es einlassen. Damit sei eine andere Seite der »Bibelmission« in den Blick gerückt: ich bin sehr zuversichtlich, wenn junge Menschen, wie die Freiwilligen in der »Aktion Sühnezeichen« oder die Mitglieder in den Basis- und Regionalgruppen der Friedensbewegung, die Frage nach der Bibel zunächst nur unmittelbar im Zusammenhang mit der Ethik der Bergpredigt äußern. Sie werden von dort aus weiterfragen, und die Beschäftigung mit anderen Texten des Neuen und Alten Testaments wird zunehmen. Alle, die selbst mit dem lebendigen Wort der Bibel umgehen und dort Rückhalt gefunden haben, sind gefordert, denen die eigenen Erfahrungen weiterzugeben, die damit beginnen, und sich mit diesen auf den Weg zu machen. Die das – miteinander – tun, werden die Verhältnisse, wie sie sind, mit ihrer kleinen Kraft verändern. Sie werden sich öffnen für das Kommen des Gottesreiches, sie werden fähig, dem Bösen zu widerstehen und aus der Versöhnung zu leben, aus der Versöhnung auch mit erbitterten Gegnern!

Krieg und Frieden

Ein Historiker, der eine bestimmte Epoche der nationalen Geschichte erforscht, muß – um sie zutreffend und lebendig darstellen zu können – erstens ein Dichter sein, dem auch widersprüchliche Einzelangaben sich zu einem Gesamtbild zusammenfügen, und muß zweitens in einer ähnlichen Situation wie die, die er schildern will, einmal, wenn auch nur kurze Zeit, gelebt haben, damit er sie aus ihrer besonderen Atmosphäre gerecht und differenziert zu beurteilen vermag. Ohne den Wert der Einzeldaten gering zu achten, ihre Summe, die Summe der Dokumente über Vorkommnisse, Vorgänge, Fakten und Zahlen, reicht nicht aus, ein Geschichtsbild entstehen zu lassen, das sich mit den Empfindungen und Erfahrungen derer, die diese Epoche erlebt haben, im Wesen deckt. Gerade weil ich an den Ergebnissen der Geschichtswissenschaften, besonders der Kirchengeschichtsschreibung, seit der Schülerzeit interessiert bin, sind mir aufgrund meiner Erfahrungen in den letzten Jahren die Gewichtungen und Urteile fraglich geworden, zu denen Autoren wissenschaftlicher Werke über ferne und nahe Epochen kommen. Als einer, der die Zeit des Kirchenkampfes unmittelbar miterlebt hat, bin ich erstaunt über Arbeiten zu dieser Zeit, die von Historikern der mittleren Generation stammen. Die Arbeiten zeigen meines Erachtens, daß die Verfasser sich in diese Epoche und – eben – ihre Atmosphäre nicht haben hineinfühlen können. Ich will in einem späteren Kapitel auf einige Tatsachen und Zusammenhänge aus der Zeit des Kirchenkampfes hinweisen, die für mein Urteil den kirchlichen Widerstand gegen den Nationalsozialismus in einem etwas anderen Licht zeigen als in dem gängig negativen der Historiker.

Vielleicht hängt es mit der Auffassung von Geschichte im Sinne Leopold von Rankes zusammen, daß ich über ein starkes Interesse für die historischen Wissenschaften hinaus eine ausgesprochene Vorliebe für historische Romane habe. Kann sich deren Autor – mit Phantasie – einfühlen in das Geschick einzelner Personen in einer Zeit, kann er aus dem eigenen Zeiterleben die Umstände der ähnlichen Epoche an Einzelheiten beschreiben, dann wird in seiner Dichtung Geschichte lebendig. Ein Beispiel dafür ist mir der Roman der amerikanischen Schriftstellerin Margaret Mitchell »Vom Winde verweht«, den ich in den dreißiger Jahren gelesen habe. Die Verfasserin hatte den Ersten Weltkrieg aus der Nähe beobachtet; sie wußte aus eigenem Mitempfinden, was Krieg bedeutet. Auf der Basis solcher Erfahrungen ist es ihr gelungen, die Zeit des amerikanischen Bürgerkriegs, die Jahre von 1860 bis 1870 in Georgia, so zu behandeln, daß ich darin den Umschwung der Empfindungen vom anfänglichen Siegesrausch zum entsetzten Widerwillen gegen jeden Krieg aus der eigenen Erfahrung des zurückliegenden Weltkrieges wiederfand, auch den Umschwung aus Ethos zu niedriger Eigensucht. Wir, die wir eine schreckliche Epoche Weltgeschichte mitgetragen und mitdurchstanden haben, müssen uns darum mühen, daß ihre Einzelheiten nicht in Vergessenheit geraten, auch und gerade deshalb nicht, weil sie das schwierigste Kapitel deutscher Geschichte ist.

Aus Anlaß der Gedenktage bin ich von jüngeren Journalisten einiger Tages- und Wochenzeitungen interviewt worden. Obwohl sie sich auf diese Gespräche durch Lektüre der Berichte über die Zeitabschnitte vor 50, 40, 30 und 20 Jahren gründlich vorbereitet hatten, war ich doch erschrocken über die Ahnungslosigkeit der ganz Jungen unter ihnen und über ein Mißverstehen von Überlieferung aus jenen Epochen. Dazu konnte es doch wohl nur kommen, weil Eltern oder Großeltern die Erinnerung an die Zeit der Herrschaft der Nationalsozialisten verdrängt haben, vielleicht, um sich nicht Selbstvorwürfe machen zu müssen. Es liegt aber auch daran, daß im Geschichtsunterricht unserer Schulen vieles versäumt worden ist. Von meinen Kindern, vor allem von meinen Enkeln habe ich gehört: Bis zur Moderne gelangt der Geschichtsunterricht in der Regel nicht. Daraus erklärt sich auch die weithin bei der studierenden Jugend zu beobachtende ›Geschichtslosigkeit‹, die im Vergleich etwa zu der Offenheit, mit der in anderen Teilen der Welt das Kapitel Widerstand im Dritten Reich und Kampf der Kirche gegen den Nationalsozialismus zur Kenntnis genommen wird, ein Armutszeugnis unserer Nachwachsenden beim Umgang mit wesentlichen Elementen der eigenen Tradition darstellt.

Es mag darum sinnvoll oder doch verständlich sein, wenn ich bewußt ganz subjektiv Geschichte, so wie ich sie erlebt habe, erzähle. Dabei wird sich manches etwas anders ausnehmen als das Bild, das Historiker von diesem Wegstück zeichnen. Doch meine ich, daß eben die Eindrücke und Empfindungen eines Teilnehmers am Gang auf diesem Weg, auch sehr subjektive Eindrücke, Wahrheitsmomente enthalten, die zum besseren Verstehen dessen, was geschah und wie man sich entschied, beitragen können.

Als der Erste Weltkrieg ausbrach, war ich Quartaner. Wir waren am Ende der großen Ferien bei den Großeltern in Weimar (Thüringen) zu Besuch, unsere Mutter, mein jüngerer Bruder und ich. Der Vater kam, um uns abzuholen. Am 2. VIII. 1914 (oder war es der 1. VIII., der Tag der Kriegserklärung an Rußland?) kamen wir von einem Spaziergang nach Belvedère zurück zur Wohnung der Großeltern; da hörten wir von erregten Passanten auf der Straße: »Der Krieg ist ausgebrochen!« Für uns Kinder war die Nachricht so herrlich, daß wir den Kummer über das Ferienende darüber vergaßen. Unsere Phantasie malte sich Siegesfeiern aus. Wir waren sicher, die Deutschen würden alle Gegner schlagen. Wir begriffen nicht, warum die Eltern anders reagierten: sie schienen sehr bedrückt.

Wir fuhren anderntags sofort nach Hause, nach Landsberg an der Warthe. In Landsberg bin ich 1902 geboren und habe dort bis zum Abitur meine Jugend verbracht. Noch als Student bin ich während der Semesterferien immer in Landsberg gewesen und habe dort auch als Werkstudent in der Jutefabrik in der Lohnabteilung gearbeitet. Bei der Fahrt von Weimar über Halle nach Berlin waren die Züge total überfüllt, die Leute standen auf den Trittbrettern und saßen auf den Dächern der Waggons, aber man nahm Rücksicht aufeinander. Alle Reisenden waren von einem Gefühl der Solidarität beherrscht. Ich erinnere mich, wie unsere älteren Schulkameraden voller Erwartung waren, möglichst schnell zum Militär eingezogen zu werden. Sie meldeten sich freiwillig und drängten zur Front. Als der Unterricht wieder eingesetzt hatte, kam die Kette der Siegesmeldungen. Die Serie von Siegen bescherte uns Kindern anfangs jede Woche einen schulfreien Tag. Wir waren stolz und freuten uns am Krieg. Wir geleiteten die älteren Schüler und vor allem die Lehrer, die Reserveoffiziere waren, in regelrechten Triumphzügen zum Bahnhof: sie durften ja an die Front.

Am Morgen des 2. Oktober 1914 erzählte uns der Vater beim Frühstück, er habe in der Nacht einen bedrückenden Traum gehabt. Ihm habe geträumt, er sei ermordet worden. Wenige Tage später erhielten die Eltern die Nachricht, daß der jüngste Bruder meines Vaters als Regimentskommandeur im Westen gefallen war, just zu der Stunde, da der Vater diesen Traum gehabt hatte. In die Trauer um den geliebten Onkel mischte sich der Stolz auf ihn. Wir lasen in einer Soldatenzeitung, wie er in den ersten Kriegstagen das Eiserne Kreuz erster Klasse erworben hatte. Im Februar 1915, am 2. Februar morgens, erzählte der Vater wieder von einem so bedrückenden Traum. Kurz danach kam die Nachricht, daß der jüngste Bruder meiner Mutter im Osten gefallen war, als Bataillonsführer ebenfalls bei der Infanterie. Diese schmerzenden Verluste stimmten auch uns Kinder sehr viel ernster gegenüber dem Kriegsgeschehen.

Als wir nach meiner Konfirmation am 22. III. 1918 aus der Kirche kamen, lasen wir auf Extrablättern: »Paris wird beschossen!« Die legendäre deutsche »Dicke Berta«, ein 42-Zentimeter-Geschütz der Krupp-Werke, war noch einmal zum Einsatz gekommen. Da der älteste Bruder meines Vaters Major bei der Artillerie war und ein Bataillon mit schweren Mörsern österreichischer Herkunft kommandierte, waren wir Kinder – wir fühlten uns sachkundig – wieder voller Siegeshoffnung. Die war gedämpft gewesen seit dem Friedensangebot des Kaisers im Dezember 1916. Wir Jungen, wie unsere ganze Schulklasse und einige Lehrer, hatten es als Schande empfunden, daß eine deutsche Regierung Friedensofferten gemacht hatte, wo doch der Feind besiegt werden mußte, die Devise also ›Kampf bis zum letzten Mann‹ hätte heißen müssen. Unsere Schul-

Meinung deckte sich mit der vorherrschenden Atmosphäre in unserer Stadt, in der Bürger, Kaufleute, Akademiker der wissenschaftlichen Institute und die Inhaber einer kleineren und mittleren Industrie, darunter nicht wenige Juden, die ernste, glühende Patrioten waren, den Ton angaben. Man war sich darüber einig: Der Krieg muß enden mit der Besitzergreifung des Erz-Beckens von Longwy Brie durch Deutschland und mit der endgültigen Zerschlagung Frankreichs sowie auch mit Annektionen an den östlichen Grenzen.

Anders dachten die Familien in unserem Haus, die einem alldeutschen Patriotismus sehr kritisch gegenüberstanden. Die Familie Scharf ist eine alte protestantische Pastorenfamilie. Einer meiner Vorfahren war schon unmittelbar nach der Reformationszeit in Wittenberg Professor für Logik und Ethik, Johannes Scharfius (1595–1660); dessen Eintrag in einem Album »Diligentibus Deum omnia cooperant in bonum« (Denen, die Gott lieben, müssen alle Dinge zum besten dienen) ist zu unserem Familienwahlspruch geworden. Dieses Wort, auf dem Originalalbumblatt von ihm geschrieben, hängt eingerahmt in meinem Arbeitszimmer. Auch mein Vater wollte ursprünglich Theologe werden. Weil er als Kind eine Mittelohrentzündung gehabt hatte, in deren Folge er schwerhörig geworden war, war sein Vater als Pfarrer der Meinung, mit diesem Leiden könne er nicht Seelsorger werden: »Du mußt als Pfarrer auf die schwache Stimme Sterbender bei ihrer Beichte hören können.« So wurde er Buchhändler, war zunächst Lehrling im Sortiment in Halle/Saale und dann Angestellter im S. Fischer-Verlag in Jena, dem Jena der Sozialreformer und Sozialunternehmer Carl Zeiss und Ernst Abbe (diese haben sein politisches Denken auf Dauer bestimmt). Dort leitete er auch den Buchhändler-Verein. Ab 1900 war er gemeinsam mit seinem besten Freund Wilhelm Ogoleit Inhaber einer Buch-

und Kunsthandlung in der Hauptstraße Landsbergs. Wilhelm Ogoleit, mein Patenonkel, ein Junggeselle, war ostpreußischer Gutsbesitzerssohn, in klassischer Atmosphäre aufgewachsen; er wollte ursprünglich Schauspieler werden; er hatte eine umfangreiche, die größte private Goethe-Sammlung, die viele Besucher nach Landsberg zog. Er beschäftigte sich intensiv mit Goethes Werk. Er wohnte mit uns im Haus, ebenso meine Tante, seine Schwester. Da sie, er und mein Vater, für den städtischen Theater- und Musikverein die Veranstaltungen arrangierten, herrschte in unserem Hause Offenheit gegenüber Kunst und Philosophie im Geiste des Humanismus, aber auch ein deutliches kirchlich-theologisches Interesse. So wurde Friedrich Naumann verehrt, seine Andachten lernte ich früh kennen. Vater und Onkel waren, wie gesagt, keine alldeutschen Patrioten.

Als mein Vater trotz seines Gehörleidens eingezogen worden war, kam er in die Schreibstube des Kreiswehrkommandos und lernte dort die Stimmung bei seinen Kameraden kennen, bei den Verwundeten und Genesenden. Mein Vater war Freimaurer; in seiner Loge war er Bruder Redner. Aufgrund seiner Erfahrungen mit dem einfachen Mann beim Militär hielt er zum Jahresfest der Loge im Jahr 1917 eine sehr ernste Rede zur Kriegssituation. In diesem Kreis der Gebildeten stießen seine mahnenden Worte nicht nur auf taube Ohren; er erfuhr eine tiefe Ablehnung; es kam zu einem regelrechten Eklat. Die Folge war: Mein Vater mußte sein Amt als Bruder Redner niederlegen, weil der Meister vom Stuhl, ja, seine guten Freunde, die Rechtsanwälte, Ärzte und wer noch zu diesem Kreise gehörte, seine Worte für Defätismus hielten und empört waren, wie man am Sieg zweifeln konnte. Nach dem Krieg wurde er wieder mit dem Amt des ›Redners‹ betraut.

Wir Gymnasiasten der älteren Jahrgänge wurden in den

letzten Kriegsjahren zur Landarbeit eingezogen, schon bei der Frühjahrsbestellung 1917, und dann auch wieder zur Kartoffel- und Kohlrübenernte im Herbst 1917 und 1918 auf den Gütern ringsum. Dort arbeiteten wir zusammen mit deutschen Soldaten, die, leicht oder mittelschwer verwundet, von der Front zurückgekommen waren und nach einer Zeit der Genesung wieder ›nach vorn‹ sollten. Im Gespräch mit diesen Soldaten erhielten wir so realistische und erschütternde Berichte von dem, was Krieg ist, daß ich von nun an meinen alldeutschen Schüler-Patriotismus endgültig verlor und prinzipieller Pazifist wurde.

Trotzdem bin ich nach dem 1. Weltkrieg als Student in den »Verein Deutscher Studenten« (VDSt) eingetreten, der von Heinrich von Treitschke her eine sehr nationale, patriotische Komponente besaß, daneben sogar eine antisemitische Richtung, die auf Adolf Stoecker zurückging, aber doch gab es auch, von Friedrich Naumann herkommend, innerhalb des Gesamtverbandes der Vereine deutscher Studenten, des ›Kyffhäuser-Verbandes‹, eine starke Gruppierung religiöser Sozialisten. Während der Jahrgang vor mir noch an die Front gekommen war, gehörte ich als Angehöriger des Jahrgangs 02 zum ersten Jahrgang, der nicht mehr zum Heer eingezogen worden war. Ein großer Teil meiner Kommilitonen im VDSt, Mediziner, Philologen, Theologen oder Volkswirte, gehörte zu den Kriegsteilnehmern, die gerade aus dem Krieg zurückgekehrt waren. Mit ihnen führten wir Jüngeren leidenschaftliche Diskussionen über den Pazifismus. Im Gegensatz zu der Einstellung jener einfachen Soldaten, die ich bei der Feldarbeit kennengelernt hatte, hielten – für mich ein Grund zum Staunen – die akademischen Kriegsteilnehmer trotz allem, was sie durchgestanden hatten, an einem preußischen Patriotismus und ›militärischer Tugend‹ fest. Sie hielten mir das alte Moltke-Wort entgegen: »Der ewige Frieden ist ein

Traum und nicht einmal ein schöner. Im ewigen Frieden erschlafft die männliche Tugend.« Das sagten wie der fromme Moltke auch die Theologen unter jenen!

Hatten wir als Schüler bereits während des 1. Weltkrieges eine vormilitärische Ausbildung absolviert, so mußten wir 1921 auch von der Universität aus an militärischen Übungen teilnehmen. Unsere Korporation beteiligte sich ›offiziell‹, pflichtgemäß daran. Meine grundpazifistische Überzeugung hat mich nicht daran gehindert, bei dieser Ausbildung mitzutun. Als ich im vierten Semester in Halle studierte, besuchte Generalfeldmarschall Ludendorff die Universität. Der damalige Rektor der Universität war der Neutestamentler Ernst von Dobschütz, den ich menschlich und als wissenschaftlichen Lehrer hoch schätzte. Er war konservativ deutsch-national eingestellt. Die Gesamtstudentenschaft – alle Korporationen, farbentragende und schlagende, wir als ›schwarze‹ und schlagende Korporation, aber auch die ›nicht-schlagenden‹ und die »Finken«, die Nichtkorporierten – paradierte vor ihnen. Ludendorff, der Feldherr des 1. Weltkrieges, und ein Begleiter sowie von Dobschütz standen auf dem Marktplatz auf einem erhöhten Podest und nahmen die Parade ab. Mit pazifistischer Grundhaltung war dies, die Achtung vor einem bedeutenden deutschen Soldaten, für mich vereinbar.

Noch von Tübingen aus zogen 1921 diejenigen unter uns, die als Soldaten ausgebildet waren, in Freicorps gegen Polen, in die ›Schlacht am Annaberg‹, um durch den Versailler Vertrag verlorengegangenes deutsches Gebiet zurückzuerobern. Aus solchem Anlaß gab es bei den offenen Abenden unserer Professoren, des Neutestamentlers Adolf Schlatter und Karl Heim und des Kirchenhistorikers Karl Müller, erregte Debatten über die Verpflichtung zum vaterländischen Krieg, über den ›gerechten Krieg‹ und den Pazifismus. Unsere Universitätsdozenten verneinten den

Krieg nicht, sondern bejahten – verhalten – die Möglichkeit eines Verteidigungskrieges. Ich selbst neigte zu den Grundthesen des Pazifismus, wie sie von religiös-sozialistischer Seite formuliert waren. Mir war damals, 1921, als ich zu studieren begann, die Gruppe der religiösen Sozialisten in der theologischen Ausrichtung Vorbild, zu der ursprünglich Karl Barth, neben Leonhard Ragaz und Eduard Thurneysen, gehörte; sie alle stammten aus der Schweiz. (Karl Barth hat sich später vom religiösen Sozialismus getrennt und ist auch kein prinzipieller Pazifist geblieben.) Dementsprechend neigte ich damals zu den Sozialdemokraten. Freilich, als ich später selbst wahlberechtigt war, habe ich nie SPD gewählt, sondern als älterer Student, als Vikar und als junger Pastor Gustav Stresemanns Deutsche Volkspartei. Der war bereits 1921/22 für eine nicht ganz kleine Gruppe von Kommilitonen im Tübinger VDSt »unser Politiker«.

Stresemann ist ursprünglich – in der Zeit des 1. Weltkrieges – ein Alldeutscher gewesen. Doch er hatte aus dem 1. Weltkrieg gründlich gelernt und wurde der herausragende Staatsmann der Verständigungspolitik. Das bejahten wir. Nach seinem Tode habe ich, um gegen die Deutschnationalen zu votieren, bei der Wahl meine Stimme für den Grafen Westarp und für Treviranus abgegeben, für die von den Deutsch-Nationalen abgesplitterte, für eine Verständigungspolitik eintretende Gruppe der Volkskonservativen. Treviranus habe ich persönlich auf einer Veranstaltung der Apologetischen Zentrale im Berliner Johannesstift kennengelernt; dorthin hatte ihn Professor Brunstaed zu einem Referat eingeladen.

Habe ich mit diesem Hin und Her des Verhaltens deutlich gemacht, daß Pazifismus für mich keine Glaubenshaltung gewesen ist? Er war für mich eine Frage ethischer Natur und eine Sache politischer Ermessensentscheidung.

Diejenigen, die in Sachen Krieg und Frieden anders dachten, konnte ich nicht als Verlorene oder zu Verwerfende einstufen. Vielmehr suchte ich mit ihnen das kontroverse Gespräch und sah den Problembereich als ein Gebiet an, mit dem man sich engagiert auseinanderzusetzen, aber in dem man auch auf die Argumente der anderen zu hören hatte. Pazifismus als eine Ideologie war mir fremd.

Ich bin sicher, daß meine eigenen Wahrnehmungen und politischen Neigungen vom Elternhaus her, von den Einstellungen meines Vaters und meines Patenonkels, beeinflußt worden sind. Mein Vater hat uns Kindern viel von sich und seinen Brüdern erzählt. Seine beiden Brüder waren Offiziere und gehörten damit zu einem Berufsstand, der in seiner Jugend die Spitze der gesellschaftlichen Hierarchie bildete. Nach den Offizieren kamen die Juristen, danach allenfalls Philologen, Künstler oder Buchhändler. Im Protest gegen diese soziale Schichtung sei er als junger Buchhändler in Jena, auch unter dem Einfluß der Ideen von Ernst Abbe, Sozialdemokrat geworden, ohne daß das seiner innigen Beziehung besonders zu seinem jüngeren Bruder irgendwelchen Abbruch getan hätte. Sie hätten sich dennoch bestens verstanden. In seiner Landsberger Zeit rechnete er sich, ebenso wie mein Patenonkel, zu den Nationalliberalen. Beide gehörten also, wenn man nach der Parteienstruktur aus der Zeit der Monarchie einteilt, nie zu den konservativen Parteien. Weil aber die Liberalen zu wenig kirchlich waren, wählten sie die Gruppe dazwischen: die Nationalliberalen, die später nach dem Krieg in Stresemanns Volkspartei aufgingen. Das war der familiäre Hintergrund in Sachen Politik.

In ganz anderer Weise hat sich mir Jahre später die Frage des Pazifismus neu gestellt. Nachdem ich 1941 Soldat geworden war und als Wachmann des Wachbataillons bei der Kommandantur Berlin Dienst tat, bekam ich zum erstenmal intensive Verbindung zu Ernsten Bibelforschern, den Zeugen Jehovas, wie sie heute heißen, und zu Adventisten. Da die Kriegsrichter wußten, daß ich im Zivilberuf Pfarrer war, schickten sie mich zu den Kriegsdienstverweigerern in die Zellen. Ich sollte diese dazu bewegen, doch den Eid auf Adolf Hitler zu leisten, und ihnen anbieten, daß die Richter dafür sorgen wollten, daß sie als Sanitäter eingesetzt würden und keinen Dienst mit der Waffe zu leisten hätten. Mir wurde sogar erlaubt, ihnen den Eid im Sinne der Eidesbelehrung der Bekennenden Kirche zu interpretieren, die eine wesentliche Einschränkung enthielt: der Eid könne zu nichts verpflichten, was gegen Gottes Willen ist! Unter dieser Bedingung – so das Angebot, das ich weitergeben durfte – sollten sie doch bereit sein, den Eid abzulegen. Ich habe versucht, ihnen das nahezubringen. Was die Ernsten Bibelforscher betrifft, so war es nicht selten, daß in den Gefängnissen der Staatspolizei, in den Konzentrationslagern und Militärgefängnissen des ›Dritten Reiches‹ Großvater, Vater und Sohn einer Familie zugleich wegen ihrer christlich-sektiererischen Überzeugung inhaftiert waren.

In besonderer Erinnerung sind mir die Gespräche mit einem jungen Adventisten. Ich hatte mich darum bemüht, ihm deutlich zu machen, daß das Wort Jesu »Du sollst nicht schwören« nicht generell den Schwur verbiete, sondern nur den Schwur *bei* etwas, über das wir als Menschen nicht verfügen dürften. Wie Jesus in der Bergpredigt sage, dürften wir nicht beim Himmel, er ist Gottes Thron, oder bei der Erde, sie ist der Schemel seiner Füße, oder bei der eigenen Seligkeit schwören. Ich persönlich hätte auch vor Gericht als Zeuge nie mit der Formel geschworen: »So wahr mir Gott helfe!«, weil ich nicht die eigene Seligkeit zum Pfand setzen könne, sondern nur mit der zivilen, nicht-religiösen Form des Eides, allerdings verbunden mit der Erklärung an die Richter, daß dies nicht aus freidenkerischem Motiv erfolge, sondern gerade aus Glaubensgründen – im Gehorsam gegen die Bergpredigt. Er solle doch bedenken, daß auch der Apostel Paulus geschworen habe, wenn er in seinen Briefen mehrfach schreibe: »Gott ist mein Zeuge, daß ich euch aufsuchen wollte...« und ähnliches; dies seien Schwurformeln gewesen. Zunächst leuchtete dem jungen Adventisten meine Argumentation ein; ja, sie machte ihm Eindruck. Als ich jedoch das nächste Mal wieder zu ihm kam, sagte er, er habe hin und her überlegt – vermutlich hatte er in der Zwischenzeit auch noch mit seinem adventistischen Prediger gesprochen –, aber einen Eid leisten auf diesen Verbrecher, das könne er nicht mit seinem Gewissen vereinbaren. Für diese seine Überzeugung ist er, wie die anderen auch, im Zuchthaus Brandenburg unter die Guillotine gegangen. Als Mitglieder des Wachbataillons hatten wir die verurteilten Kriegsdienstverweigerer dorthin zu begleiten. Ich habe eine solche Hinrichtung miterlebt. Ein Major, Kommandeur eines Wehrkreisbezirks, hatte einen Freund vom Militärdienst freigestellt, obwohl der militärtauglich war. Dafür wurde er hingerichtet.

Höchsten Respekt abgenötigt hat mir ein junger Oberprimaner. Er erzählte mir, wie er mit Begeisterung an die Front gegangen sei, dort aber mitbekommen habe, was hinter der Front durch die »Goldfasanen« – so nannte man die Leute von der NSDAP bei der Verwaltung im Hinterland –, aber auch durch das deutsche Militär an der Zivilbevölkerung angerichtet wurde. Daraufhin habe er den weiteren Wehrdienst verweigert. Er kam vors Kriegsgericht in Berlin und wurde zum Tode verurteilt. In seiner letzten Nacht war ich eine Stunde bei ihm. Er war kein Ernster Bibelforscher oder Adventist. Er war ein ganz normaler Kirchenchrist. Er übergab mir einen Brief an seine Mutter, in dem er ihr schrieb: »Sei nicht traurig! Es ist besser, ich sterbe auf diese Weise als Zeuge unseres Heilands, als daß ich an der Front mein Leben für dieses System lasse.« Und er ist leuchtenden Auges in den Tod gegangen.

Heute, im Rückblick, muß ich sagen, daß es *die* Schuld der Bekennenden Kirche, ihr entscheidendes Versagen war, daß wir im Jahre 1939 nicht gewagt haben, zur Kriegsdienstverweigerung aufzurufen. Sehr lebhaft erinnere ich mich an die Diskussionen im erweiterten preußischen Bruderrat u. a. mit Dietrich Bonhoeffer. Wir waren uns einig: Dieser Krieg ist kein gerechter Krieg. Selbst wenn man einen ›gerechten Krieg‹ christlich für möglich halte, müßte man nach den Kriterien des *bellum iustum*, wie sie Augustinus und Martin Luther definiert haben, zur Kriegsdienstverweigerung aufrufen. Ein Christ dürfe sich an diesem verbrecherischen Krieg nicht beteiligen. Aber wir kamen zu dem Ergebnis: Wir wagen es nicht. – Helmut Gollwitzer hat formuliert: Ich habe mich nicht zur Kriegstdienstverweigerung entschließen können, weil ich Furcht vor der Hinrichtung hatte. Uns ging es bei dieser Beratung damals – zu einem Zeitpunkt, da wir Älteren noch gar nicht wußten, daß auch wir noch eingezogen werden würden – vor allem um die illegalen Studenten, Hilfsprediger und Vikare der Bekennenden Kirche; diese hörten wirklich auf das Wort der Bruderräte. Hätten wir zur Kriegsdienstverweigerung aufgerufen, hätten wir damit – wenn nicht den gesamten Nachwuchs, so doch – einen großen Teil der jungen Theologen an die Kriegsgerichte ausgeliefert. Man muß dabei bedenken, daß seinerzeit der theologische Nachwuchs zu 85 Prozent bei der Bekennenden Kirche und nicht bei den staatskirchlichen Behörden stand. Sicher, im Vergleich zur Gesamtzahl der Mitglieder der Deutschen Evangelischen Kirche ist die Bekennende Kirche nur eine kleine Gruppierung gewesen; doch fast die gesamte nachwachsende Theologengeneration hielt sich zu ihr – bis hinein in die intakten Kirchen Bayerns und Württembergs, wo die Bruderräte und die Sozietät maßgeblichen Einfluß bei der Pfarrerschaft und auch in den Gemeinden, vornehmlich den Studentengemeinden, ausübten. Den Mut zu einer Entscheidung mit so weitreichenden Folgen für so viele junge Menschen haben wir nicht besessen. Ich meine, daß dies das entscheidende Versagen der Bekennenden Kirche war.

Um so wichtiger war es, daß – nach dem Ende des 2. Weltkrieges – mit der Konstituierung der ökumenischen Bewegung als dem offiziellen Zusammenschluß christlicher Kirchen in der ganzen Welt die Sicht der Kirche Jesu Christi als einer Friedenskirche bestimmend wurde. Willem A. Visser't Hooft, der erste Generalsekretär des Ökumenischen Rates der Kirchen, hatte schon vor dem 2. Weltkrieg gegenüber dem anglikanischen Erzbischof von Canterbury mit prophetischem Weitblick erklärt, daß das Zeitalter der klassischen Friedenskirchen – der Mennoniten, der Methodisten, der Quäker und Brüderkirchen – gekommen sei und sich damit für den Christen die Frage der unbedingten Kriegsdienstverweigerung stelle. Bei der ökumenischen Vollversammlung 1948 in Amsterdam wurde eindeutig formuliert: »Die Rolle, die der Krieg im heutigen internationalen Leben spielt, ist Sünde wider Gott und eine Entwürdigung des Menschen.« In diesem Sinne haben sich auch noch die frühen Synoden der EKD, herausragend das Wort der EKD-Synode von Weißensee (1950), einmütig geäußert, bis wir mit der Diskussion über die Wiederbewaffnung und den Militärseelsorgevertrag zu verschiedenen Positionen kamen. Bis dahin hatten wir um der Einheit der Evangelischen Kirche in Deutschland willen – anfangs in den vier Besatzungszonen und ab 1949 für den Bereich der zunächst gegründeten Bundesrepublik und der darauf gebildeten DDR – an der Verwerfung einer Wiederbewaffnung der Deutschen festgehalten, weil die Einheit der Kirche und der Nation durch eine Aufrüstung in beiden Teilen gefährdet würde.

Aber in breiten Bevölkerungskreisen, und damit auch innerhalb der Kirche, herrschte die Meinung vor, daß man es im Osten mit einem militant-aggressiven Bolschewismus zu tun habe, der sein Ziel, die Weltrevolution, mit jedem nur denkbaren – auch militärischen – Mittel verfolge. Allein ein starkes Westbündnis mit den Amerikanern könnte den Bolschewismus von einer Aggression abhalten; ein wehrhaftes Westeuropa sei darum unumgänglich. Die Bundesrepublik dürfe sich dieser Verteidigungspflicht nicht entziehen. Daneben gab es die – auch über diesen Krieg hinaus bewahrte – typisch preußische Mentalität, die sich in folgender kleiner Begebenheit spiegelt: Bischof Otto Dibelius erzählte mir – ich glaube, es war nach der EKD-Synode von 1952, auf der über die Frage der Remilitarisierung bereits leidenschaftlich diskutiert worden war –, daß im Anschluß an diese Tagung ein paar Pfarrer vom bruderrätlich entschiedenen Flügel der Bekennenden Kirche in Berlin zu ihm gekommen seien, um ihm zu sagen: »Es ist gut, daß wir wieder eine Wehrmacht bekommen. Das braucht unsere Jugend, damit sie wieder Zucht lernt.« Das entsprach überlieferter Tradition: Das Heer ist der große Schulmeister der Nation; da lernen die Abiturienten und die Arbeiter sich kennen, üben Gehorsam und ›kriegen Manieren‹!

Etwa 60 Prozent der Mitglieder in der Kirchenkonferenz der EKD und in der EKD-Synode tendierten in diese Richtung, während nur etwa 20 Prozent die Wiederbewaffnung der beiden deutschen Staaten ablehnten und eindeutig zur Kriegsdienstverweigerung aufriefen. Neben Heinrich Vogel und Martin Niemöller gehörte ich zu dieser Minderheit; als Mitglied der Kirchenkonferenz war ich freilich in der Synode nicht stimmberechtigt, während Dibelius und Niemöller als Mitglieder der Synode an den Abstimmungen zum Militärseelsorgevertrag beteiligt waren. Aus der Sicht eines aktuellen Pazifismus war es eine historische Chance, daß ehedem kriegerische Nationen wie Japan und die beiden deutschen Staaten Muster einer nichtmilitärischen friedlichen Existenz hätten werden können, ohne daß ihre wirtschaftliche oder politische Rolle darunter leiden mußte. Da Dibelius den Militärseelsorgevertrag bereits vor der synodalen Beratung paraphiert hatte und Niemöller tiefe grundsätzliche Bedenken gegen das Vertragswerk hatte und das Verfahren des Ratsvorsitzenden als illoyal kritisierte, war es ein Zeichen selbstüberwindender Loyalität gegenüber der Synode, daß Niemöller dennoch – nachdem eine grundsätzliche Zustimmung durch die Mehrheit der Synode erfolgt war – an der weiteren Beratung des Vertrages mitgewirkt und dadurch wenigstens einige – geringe – Änderungen an ihm durchgesetzt hat. Die Zustimmung zu diesem Vertrag wäre durch die EKD-Synode wahrscheinlich nicht erfolgt, hätten nicht die DDR-Synodalen unter dem Eindruck der stalinistischen antikirchlichen Maßnahmen in der DDR den Vertragsabschluß befürwortet – auch in der Hoffnung, nach dem Vorbild des West-Vertrags einen ähnlichen Seelsorgevertrag für die Volksarmee durchsetzen zu können. Ich selbst war der Ansicht, daß man die Soldaten nicht ohne seelsorgerliche Betreuung lassen dürfe; über die Gestaltung dieser Seelsorge aber war ich anderer Auffassung als Otto Dibelius oder mein Freund Hermann Kunst. Da die Gegensätze in den heiß geführten Debatten hart aufeinandergeprallt waren, die Einheit der EKiD darunter aber nicht Schaden nehmen sollte, kam es zu der später als »Ohnmachtsformel« bezeichneten Aussage, daß wir bei allen grundsätzlich unterschiedenen Positionen in dieser Frage dennoch ›unter dem Evangelium‹ beieinander bleiben wollten. Auf der Grundlage dieser Formel sind von Carl Friedrich von Weizsäcker die »Heidelberger Thesen« entworfen worden, die dem Dienst mit der Waffe *noch* eine Berechtigung zusprachen, aber ganz deutlich einen Abrüstungs- und Demilitarisierungsprozeß intendierten – und zwar innerhalb einer bald zuendegehenden ›Gnadenfrist‹! Diese Frist ist nunmehr verstrichen. Die Heidelberger Thesen dürfen nicht statisch interpretiert werden als ein gleichwertiges und dauerndes Ja zum Friedensdienst mit und ohne Waffen. Eine solche Interpretation verkennt ihre dynamische Tendenz. Leider wirkt sich in unserer evangelischen Kirche nach wie vor eine mißverstandene lutherische Zweireichelehre aus, die bestimmte Bereiche staatlichen Handelns als separate Räume ausgrenzt, die eigener Logik folgen. Kurzschlüssig wird so aus der Lehre vom »gerechten Krieg«, die ja eigentlich Kriterien für die Kriegsverhütung benennt, von Kreisen konservativer oder evangelikaler Provinienz eine Lehre zur Rechtfertigung von Kriegen gemacht. Luther dagegen hat über den Krieg gelehrt: ein Christ darf sich nur am Krieg beteiligen, wenn es sich um keinen Angriffskrieg handelt, wenn die Zivilbevölkerung nicht durch Kriegshandlungen in irgendeiner Weise in Mitleidenschaft gezogen wird und wenn keinerlei Fernwaffen zum Einsatz kommen. Kein mit Massenvernichtungswaffen geführter Krieg kann vor diesen Kriterien bestehen. Luther bezog sich bei seinen politisch-ethischen Aussagen auf ein mittelalterliches christliches Gesamtkonzil, das die Verwendung von Fernwaffen verboten hatte. Durch den Papst war es bestätigt und dahin ausgelegt worden, daß der Gebrauch der Armbrust bei Kriegen zwischen Christen untersagt, nur etwa gegenüber den muselmanischen Türken statthaft sei.

Doch, wie schon gesagt, die Lehre vom gerechten Krieg nennt – und das ist ihre originale Absicht – Kriterien zur Verhütung von Kriegen. Sie kommt von der Ethik der Bergpredigt her. Wer die Bergpredigt für diese Erde ernst nimmt, hat einen Teststab zur Hand, zu erkennen, wo der Mißbrauch der Lehre vom gerechten Krieg einsetzt.

Auch wenn die von Visser't Hooft in ökumenischer Weite angesagte Entwicklung der Christenheit, Friedenskirche zu werden, wieder und wieder Rückschläge erleidet und Kreise, die von den Götzen Wachstum und Sicherheit bestimmt werden, neue Gefahren für die gesamte Menschheit heraufbeschwören, bin ich zuversichtlich, daß begehbare, überraschende Wege sich auftun werden, den Frieden zu gestalten und Krieg zu verhüten. Gerade bei uns in Deutschland, auf dessen Boden die beiden Machtblöcke aufeinandertreffen, haben die Kirchen einen außerordentlich wichtigen Friedensdienst zu leisten. Die besondere historische Situation gilt es als Aufgabe für die deutsche Christenheit und als Chance – für die Völkerwelt – zu begreifen, als *die* Chance, über die innerdeutsche Grenze hinweg sowohl nach Westeuropa als auch nach Osteuropa an Entspannung, Verständigung und neuen Formen gemeinsamer Partnerschaft mitzuwirken. Menschenrechtsgruppen in der Tschechoslowakei, wie die Charta 77, und in Polen und die verschiedenen Helsinki-Gruppen, die es überall in Osteuropa gibt, warten auf Initiativen der Kirchen. Dazu verstärken sich demokratische Liberalisierungstendenzen, die darauf deuten, daß eine Zustimmung der breiten Bevölkerung in den östlichen Ländern bei allen Vorstößen in diese Richtung sich schnell einstellen wird. Hier zeichnen sich Konvergenzen ab, die wir nicht hoch genug einschätzen können.

In der Sowjetunion sind in der jüngsten Zeit Entwicklungen offen zutage getreten, die bereits vor dem Tode Stalins vorhanden waren. Noch während der Regierungszeit Stalins haben sich oppositionelle Kräfte geregt; Chrustschow war nach Stalins Tod der Sprecher, der dies eingeräumt und eine Abkehr vom Stalinismus offiziell proklamiert hat. Danach gab es Rückfälle, bis der Helsinki-Prozeß sich durchsetzte, der für die weitere Reformdiskussion von entscheidender Bedeutung werden sollte. Weithin unbekannt ist der Einfluß, den die Kirchen auf das Zustandekommen und die Verhandlungen der Helsinki-Konferenz für Sicherheit und Zusammenarbeit in Europa gehabt haben. Aus dem nordisch-deutschen Kirchenkonvent, dem britisch-deutschen, dem französisch-deutschen und dem niederländisch-deutschen Bruderrat war die Konferenz Europäischer Kirchen (KEK) entstanden. Wiederholt hatte diese europäische Kirchenkonferenz auf eine Konferenz der europäischen Staaten aus Ost und West hinzuwirken versucht, sie gefordert und vorbereitet. Als es zur Helsinki-Konferenz gekommen war, hat die KEK mit eigenen Tagungen den KSZE-Prozeß ständig begleitet, die Ergebnisse der einzelnen KSZE-Nachfolgekonferenzen diskutiert und Vorschläge für die je nächste KSZE-Tagung erarbeitet. An dem Beratungsvorgang waren die Kirchen aus der Sowjetunion stark beteiligt, wobei die Vertretung der russisch-orthodoxen Kirche nie ganz einheitlich war: es gab eine dem System angepaßte Mehrheit in ihrer Delegation, aber auch eine tapfere Minderheit. Die Vertreter der Lutheraner, der Baptisten, der Methodisten, der Mennoniten und der Quäker aus der Sowjetunion, ebenso die Abgesandten der lutherischen, reformierten und orthodoxen Kirchen Polens sprachen relativ offen und couragiert. So haben wir die Einrichtung übergreifender Friedensforschungsinstitute in der DDR und Polen gefordert, die dem SIPRI-Institut in Stockholm oder dem zu jener Zeit noch bestehenden Starnberger Friedensinstitut der Max-

Planck-Gesellschaft entsprechen sollten. Wir haben so auf die jeweils nächste KSZE-Runde Einfluß nehmen können und dabei von kirchlicher Seite konkreten Friedensdienst und mehr als nur allgemein appellative Verständigungshilfen angeboten.

Der KSZE-Prozeß hat geholfen, die Liberalisierung in der Sowjetunion zu beschleunigen. Michail Gorbatschow hat eine Linie aufgenommen, die sich bereits abgezeichnet hatte, und die nach der Besetzung Afghanistans und den Reaktionen darauf in der sowjetischen Bevölkerung, besonders bei den Moslems in den östlichen Teilrepubliken, die nicht gegen ihre afghanischen Glaubensbrüder kämpfen wollen, verstärkt öffentlich wahrgenommen wird. Es ist unstreitig Gorbatschows großes Verdienst, ein neues Denken, eine Öffnung sowohl nach innen als auch nach außen, entworfen und formuliert und die Folgerungen daraus für sein Land benannt zu haben. Mit viel Mut setzt er sich gegen eine Mehrheit durch. Wenn ich es richtig einschätze, hat er sich mit alten Mehrheiten in der KPdSU, im Zentralkomitee, im Kreml und vor allem beim Militär auseinanderzusetzen, hat mit ihnen hart zu streiten. Sein Kampf gegen Korruption und Vetternwirtschaft, sein Eintreten für mehr Demokratie in Partei und Wirtschaft, sein deutliches Ja zu einer Beteiligung der Basis an den Entscheidungen in den Sowjetrepubliken findet nicht nur ein freundliches Echo in breiten Kreisen der Bevölkerung, bei jüngeren Parteikadern und in der Intelligenz, es stößt auch auf den Widerstand besonders jener Funktionäre, die bis dato Nutznießer der straffen Ordnung von oben waren und die sich in den alten Machtstrukturen mästen konnten. Weil Gorbatschow zahlreiche und mächtige Gegner hat, denke ich, muß man die Warnung des Stockholmer Friedensinstitutes ernst nehmen, daß bei einem Scheitern seiner außen- und abrüstungspolitischen Bemühungen sein

Sturz oder gar seine Ermordung zu befürchten ist. Der Westen, besonders Amerika, darf nicht weiterhin blind, unzugänglich und mißtrauisch gegenüber seinen Angeboten bleiben. Es sei denn, man riskiert einen ungeheuren Rückfall in die schlimmste Eiszeit der zwischenstaatlichen Beziehungen und will den Falken im Kreml das Übergewicht zurückgeben; die könnten sich dann darauf berufen, daß der Westen ja unbelehrbar sei. Es bekümmert mich, wenn bestimmte westeuropäische Gruppierungen und Regierungen sich den östlichen Abrüstungsofferten entgegenstellen.

Gleichwohl beurteile ich die Chancen für Abrüstungserfolge im Augenblick positiv, zumal in den USA der Einfluß des nationalen Kirchenrates und der Anwälte der Entspannung wächst. Dazu beurteile ich die Rolle, welche die Vereinten Nationen im Diskussions- und Verhandlungsprozeß um Entspannung und Abrüstung spielen, als relativ gewichtig. Hoffnungsvoll stimmt mich, daß der Generalsekretär der UN, Xavier Pérez de Cuellar – nachdem er 1986 auf eine Wiederkandidatur verzichten wollte – nun doch bereit ist, dieses Amt für eine weitere Amtsperiode auszuüben. Er und seine Direktoren in den Vereinten Nationen haben eine Reihe sehr konkreter Konzepte für eine verbindliche Weltfriedens- und Weltwirtschaftsordnung ausgearbeitet und zur Diskussion gestellt. Sie rechnen dabei auf eine Unterstützung des Ökumenischen Rates in Genf und der christlichen Kirchen, auch auf die Hilfe bestimmter katholischer Bischofskonferenzen in den Vereinigten Staaten und in Lateinamerika. Die Vorschläge bieten nach meiner Ansicht eine einmalige Gelegenheit zu einer Konvergenz in der Weltpolitik, zu Annäherungen zwischen Ost und West. Mir scheint es eine unumgängliche Aufgabe für unsere Kirche zu sein, diesen Prozeß zu fördern, und für die Basisgruppen, gegenüber den Leitungen in der Kirche Feuer von unten zu entfachen, damit eben diese Fragen am Kochen gehalten werden.

Im Rahmen der Sondersitzung der Vereinten Nationen über Abrüstung hatte ich als Vertreter der »Aktion Sühnezeichen/Friedensdienste« am 24. Juni 1982 Gelegenheit, zu den Delegierten aus aller Welt – vor dem Hintergrund der damaligen Weltlage – über die notwendigen Friedensbemühungen zu sprechen:

»Hohe Versammlung der Repräsentanten der Völker der Welt!

Sehr verehrte Damen und Herren!

Liebe Geschwister auf dieser einen Erde!

Friede sei mit Euch und Gnade von dem Gott, an den ich glaube! Ich spreche zu Ihnen als Christ. Ich spreche zu Ihnen als Deutscher. Ich komme aus dem Land, das in diesem Jahrhundert in zwei Weltkriegen große Schuld auf sich geladen hat. Ich habe erlebt, wie schwer Kriegsschuld, Schuld an Holocaust und Genocid, auf einem Volk als ganzem lastet, und wie furchtbar sie sich rächt bis in die dritte und vierte Generation. Ich habe auch erlebt, daß Kriege, lange bevor sie auf dem Schlachtfeld ausgetragen werden, in den Köpfen und Herzen der Menschen beginnen. Ich weiß, was Rassenwahn, sogenanntes Herrenmenschentum und Stereotypen von Feindbildern in der Geschichte meines Volkes und auch in der Geschichte der christlichen Kirchen angerichtet haben: vor vier Jahrzehnten hat diese Vergiftung des Denkens den Versuch ausgelöst, das europäische Judentum auszurotten, es hat 20 Millionen Sowjetbürgern, vielen Millionen Polen, mehr als 50 Millionen Menschen auf dieser Erde das Leben und vielen Millionen dazu ihre Heimat gekostet.

Ich darf das Wort an Sie, die Vertreter der Völker der Erde, richten – eingeladen als Vorsitzender der ›Aktion Sühnezeichen/Friedensdienste‹.

Diese Organisation wurde – nach dem Zweiten Weltkrieg – von Christen gegründet, die ›der Bitterkeit, dem Haß und der Selbstrechtfertigung eine Kraft entgegensetzen‹ wollten: die Macht des Friedens durch Versöhnung. Wir versuchen, diese Aufgabe wahrzunehmen durch die hingebende Arbeit Tausender junger Deutscher, die in die Länder und zu den Völkern gehen, die besonders unter der nationalsozialistischen Verfolgung und Besetzung zu leiden hatten und haben. Wir wollen im Eintreten für Versöhnung und Frieden aus der Geschichte unseres Volkes und der evangelischen Christenheit in Deutschland für eine Zukunft lernen, in der der Mensch nicht mehr des Menschen ärgster Feind ist. Der Norden Norwegens, Coventry (Großbritannien), Oradour-Taizé (Frankreich), Lidice (CSSR), Kandanos (Griechenland), Rotterdam (Niederlande), Auschwitz, Stutthof und Majdanek in der Volksrepublik Polen, Chatyn (UdSSR) und Stätten in Israel sind die Stationen unserer praktischen Tätigkeit. Der Schlüssel zu einer besseren Zukunft, die Gott mit uns vorhat, der Grund zur Hoffnung, ist für uns Deutsche an diesen Orten, nicht außerhalb ihrer, zu finden. Wir wollen die – teuer bezahlte – Lektion von Auschwitz lernen und sie unsere Kinder und Kindeskinder lehren, damit es sich nie wiederholen kann, damit kommende Generationen eine solche Erfahrung nicht noch teurer bezahlen müssen!

Und: Wir wollen – auch – die Lektionen von Hiroshima und Nagasaki lernen, damit sie eine einmalige Verfehlung des Menschen bleiben: ein Menetekel der Verirrung, vor dem wir zurückschrecken dürfen! Wir leben – im technisch-wissenschaftlichen Zeitalter – mit der Drohung und dem Schrecken der Möglichkeit atomarer Selbstvernichtung des Menschengeschlechtes und haben vor Augen, daß Rüstung schon heute hunderttausendfach tötet. An jedem Tag, an dem weltweit Milliarden Dollar für Rüstung ausgegeben werden, sterben auf unserer Erde Zehntausende von Kindern am Hunger. Das ist ein Gipfel an Gewalttätigkeit, ein unerträglicher Skandal. Immer neue – furchtbarere – Waffensysteme werden erfunden, gebaut, getestet, stationiert, weil eine Mehrheit der Menschen Sicherheit zu gewinnen wähnt nur durch Verstärkung militärischer Drohungen, obwohl wir errechnen können, daß die fortdauernde Androhung gegenseitiger Totalvernichtung und die »atomare Geiselnahme« der Völker des Ostens durch den Westen und des Westens durch den Osten – unausweichlich – herbeiführen werden, was man verhindern will. Im Gehorsam gegenüber Gott und im Hören auf sein Wort wage ich zu sagen: Die atomaren Waffen sind kein Mittel der Politik. Auch ihr Gebrauch allein zur Drohung ist Lästerung Gottes.

Umkehr ist notwendig! Jeder Mensch auf dieser Erde, die Gott liebt, und die er durch uns erhalten will, kann dazu mithelfen, daß Umkehr vollzogen wird. Der einzelne ist dem bösen Geschehen gegenüber nicht ohnmächtig und Sie, Freunde, sind es ganz und gar nicht. Auf Sie blickt die sorgende Erwartung der Völker! Die Friedensbewegungen in Europa und in der ganzen Welt haben begonnen, Voraussetzungen für eine andere, eine neue Art des Zusammenlebens der Nationen zu schaffen. Wir zählen uns zu der weltumspannenden ›Bewegung für das Überleben der Menschheit‹. In dem Land, aus dem ich komme, erkennen die Bürger in zunehmendem Maße, wie gefährdet der Friede durch eine Politik ist, die von gegenseitigem Mißtrauen bestimmt wird. Sie überlassen ihre Zukunft nicht länger den Regierenden, die in den Denkkategorien des Abschreckens und des Drohens gefangen sind. Große Demonstrationen in Europa und vor 12 Tagen hier in New York eröffnen den Menschen neue Möglichkeiten politischen Denkens und Handelns. Arbeit für den Frieden heißt

1. ökonomische und politische Beziehungen zwischen den armen und den reichen Nationen dieser Erde zu schaffen, die gerechter sind als die gegenwärtigen; und heißt: die Rüstungsexporte zu stoppen!
2. die Konfrontation der Militärsysteme in Ost und West zu mindern! Sicherheit gibt es in Zukunft nur als gemeinsame Sicherheit der Kontrahenten. Die Konferenz für Sicherheit und Zusammenarbeit in Europa und die Entspannungspolitik sind ein Anfang, der fortgeführt werden muß. (Die Kirchen Europas haben ihn mit herbeigeführt.) Das militärische Auseinanderrücken der Machtblöcke ist notwendig und möglich!
3. die Welt von Atomwaffen zu befreien! Sie zuerst bedrohen das Überleben der Menschheit. Es gilt, die weitere Verbreitung atomarer Waffensysteme anzuhalten, atomwaffenfreie Zonen überall auf der Erde zu schaffen: in Skandinavien, auf dem Balkan, in den Ländern der Dritten Welt!
4. – eben deshalb – an die Großmächte zu appellieren, daß sie die Produktion, den Test und die Stationierung atomarer Waffen sofort und bedingungslos einfrieren: auch die Produktion der Pershing II-Raketen und der Marschflugkörper, die in Europa stationiert werden sollen. Die europäische Friedensbewegung unterstützt den Vorschlag der amerikanischen Freunde für das beiderseitige Einfrieren der Nuklearwaffen als Test der eigenen Bemühungen in Europa!
5. für die Erkenntnis zu werben, daß jede Macht einseitig dazu beitragen kann, daß der notwendige Prozeß der Abrüstung ingang komme! Angesichts von Vernichtungskapazitäten unvorstellbaren Ausmaßes kann jede Seite mit eigenen Schritten – und auf jeder Seite jedes

einzelne Land mit unabhängigen nationalen Initiativen – beginnen. Durch Gleichgewichtsrechnen wird ein beiderseitiger Abbau der Waffenarsenale nicht gefördert, sondern verhindert. Gleichgewicht zwischen den Großmächten ist wegen ihrer unterschiedlichen Erfahrungen mit Kriegen, ihrer unterschiedlichen ökonomischen und politischen Stabilität, technologischen Entwicklung und geopolitischen Lage nicht zu errechnen. Die Logik ›aufrüsten, um abzurüsten‹, die dem Beschluß der NATO vom 12. Dezember 1979 zugrunde liegt, neue atomare Waffen in Westeuropa zu stationieren, ist – in sich – widerlegt, ist ›eine Logik des Wahnsinns‹. Aufrüsten steigert das gegenseitige Mißtrauen. Wir stellen ihr die Erwartung entgegen, durch Verhinderung der Stationierung neuer atomarer Waffen den ›Einstieg‹ in eine wirkliche Abrüstung, in einen Abrüstungsprozeß, zu finden. Wir richten diese Erwartung nicht nur an das eigene Bündnissystem, sondern auch an die UdSSR und den Warschauer Pakt.

6. der Einsicht Rechnung zu tragen, daß Ost und West beide Teil eines Problems sind, eines Problems, das nicht mehr nur ein politisches oder militärstrategisches, sondern ein ethisches Problem ist. Die Gesellschafts- und Wirtschaftssysteme in Ost und West sind in sich nicht der Frieden. Sie sind beide Teil einer Aufgabe, den Frieden zu gewinnen, zu fördern, zu erneuern. Keine der beiden Seiten vermag sie für sich zu lösen, aber jede Seite kann – auf die andere zu – entgegenkommende, tastende Schritte der Rüstungsminderung tun, und das so lange, bis Vertrauen entsteht, Bedrohung verringert, Abrüstung, effektive Abrüstung möglich wird. Wir treten ein für ein atomwaffenfreies Europa in West und Ost auf dem niedrigsten – kontinuierlich herabzusetzenden – Stand rein defensiver konventioneller Rü-

stung und stehen zu der allein noch realen Utopie einer ›Welt ohne Waffen‹. Wir arbeiten an unserem Beitrag zur gewaltfreien Lösung aufkommender Konflikte in der Überzeugung, daß Krieg als Mittel der Politik den Völkern – spätestens seit Hiroshima – nicht mehr erlaubt ist. Diese allein legitime Aufgabe der Kriegsverhütung und Konfliktlösung mit politischen statt militärischen Mitteln fordert von uns allen die Arbeit an alternativen Sicherheitssystemen.

Gott, der Herr der Schöpfung und der Geschichte, hat uns – nach meinem Glauben – in Jesus Christus den ›Frieden auf Erden‹ zugesprochen. Selig – glücklich zu preisen – sind nach seinen Worten die, die Frieden schaffen. Denen, die auf unterdrückende, verletzende, tötende Gewalt mit der Geduld überwindender Liebe antworten, soll die Erde gehören. Solche Zusage ist die Quelle, der Ursprung unseres Exodus aus den – auf Waffen starrenden – Denksystemen. So nur können wir ›unterwegs sein‹ als Volk Gottes! Wir begreifen – in den Großkirchen erst heute –, wie treffend richtig und zukunftsweisend die Ethik Jesu ist. Andere Religionen, uns fremde Ideologien kennen – dennoch – gleiche oder ähnliche Vorstellungen und Verhaltensmuster. Jeder Anhänger solcher Glaubenslehre beginne bei sich, in seiner Familie, in seiner Kommune (Gemeinde), in seiner Kirche, in seinem Land, seinem Volk, seinem Kontinent, sie zu leben! Schon wenn es Minderheiten tun, bedeutet das den Anfang einer neuen Wirklichkeit, einer Wirklichkeit, nach der es den Menschen hungert und dürstet. Der Nahe Osten und der Falkland/Malvinen-Konflikt zeigen, wie nötig wir sie haben.

Wir hoffen und beten, daß diese Konferenz einen eindeutigen Beitrag zum Frieden leistet. Wir hoffen und beten, daß die Völker der Erde die Stimme Ihrer Konferenz hören. Wir, für die ich spreche, lassen uns in Pflicht nehmen, in unserem Bemühen um Frieden nicht zu ermüden.«

Dem verantwortlichen Handeln, wie ich es auf Weltebene durch Pérez de Cuellar und seine Direktoren, die nur zum Teil Christen, zum anderen Teil Glieder anderer Religionen und Weltanschauungen sind, erläutert bekam, diesem weltpolitischen Handeln für eine friedlichere, gerechtere und Leben bewahrende Welt muß das Eintreten der vielen kleinen Basisinitiativen entsprechen. Niemand sage, kleine Minderheitenzusammenschlüsse seien zur Ohnmacht verurteilt! Um ein Beispiel zu geben: Schon eine kleine Gruppe von Autofahrern, die sich verpflichten, auf der Autobahn nicht schneller als 100 Stundenkilometer, auf der Landstraße nicht über 80 km/h und im Stadtgebiet nur bis zu 30 km/h zu fahren, kann ein wirksames Zeichen setzen, das viel Widerspruch hervorrufen, aber dennoch sichtbar und wirksam werden wird. Wir haben das in Berlin erlebt, wie auf diese Weise sehr verheißungsvolle Diskussionen in Gang gekommen sind.

Dom Helder Camara hat dieses Zusammenwirken vieler kleiner und unscheinbarer Initiativen in seiner »Messe für dies Jahrhundert« überzeugend geschildert, wenn er der Jugend Lateinamerikas in den schier aussichtslosen Verhältnissen dort sagt: »Macht die Augen auf! Es gibt sie überall, die Minderheiten, die mit euch gemeinsam unter den gegenwärtigen Weltverhältnissen leiden. Überall gibt es sie, die der Zukunft als einem drohenden Dunkel entgegensehen und die es dennoch wagen, als kleine Minderheit sich dagegen zu wehren. In allen Völkern sind sie da. Es kommt nur darauf an, daß sie sich zusammenschließen. Dann wird es mit ihnen sein wie mit den kleinen Quellen, die aus den verschiedenen Gebirgsstöcken rieseln, sich zu einem Fluß, später zu einem Strom vereinigen und dabei immer mehr Macht und Gewalt bekommen, bis sie schließlich die Völkerwelt mit sich reißen werden in ein besseres Jahrtausend!« Wir werden auf die kleinen Gruppen achten müssen, die es gibt. Damit die kleine Gruppe nicht in Resignation verfällt, muß sie Kontakt suchen mit anderen kleinen Gruppen. Die kleinen Rinnsale müssen zueinanderfinden und sich vereinigen. Aber dann liegt in der Tat bei den Minderheiten Hoffnung und Verheißung. Und nicht bei der großen Zahl!

Dann kann es geschehen, daß sich bei uns in der Bundesrepublik aus diesen Minderheiten bei einer einzigen Demonstration eine Menge einfindet, die die halbe Million überschreitet. Doch wie gesagt: Die Verheißung liegt bei den kleinen Gruppen, bei der intensiven, fortgesetzten Arbeit einer Friedensgruppe, oder bei der Gruppe, die sich um Seelsorge an Gefangenen in ihrer Haft bemüht, bei der Gruppe, die mit Ausländerkindern zusammenarbeitet, oder bei dem Kreis, der sich den Schutz der Umwelt zu seiner Aufgabe gesetzt hat und gegen die Verschmutzung und Vergiftung unserer Umwelt durch Information, Werbung und in Formen der Selbstbeschränkung und Selbstverpflichtung angeht. Ich denke an zwei kleine Gruppen, deren Aktivitäten ich hier in Berlin, in der Patmosgemeinde und in der Dahlemer Gemeinde, miterlebt habe. »Schweigen für den Frieden« – so stehen sie freitagabends eine Stunde lang an der Ecke des Kaufhauses »Wertheim« oder am Mittwochnachmittag am Dorfanger in Dahlem mit einem Transparent – es war zunächst ein ziemlich aussichtsloses Unterfangen. Vor ein paar Jahren noch ging man an denen, die sich da aufgestellt hatten, achtlos vorbei, belächelte oder beschimpfte sie: Törichte Schwärmer, schädliche Elemente! Das hat sich mittlerweile völlig geändert. Es geschieht heute, wenn eine Gruppe am Dorfanger steht, daß Autofahrer anhalten und sich Informationsmaterial geben lassen; Informationen gegen Umweltverschmutzung oder über Abrüstung und über den Weg zu einer Weltfriedensordnung.

Sieht man solches Engagement in Korrespondenz mit den Bemühungen der Vereinten Nationen, dann ist Resignation unberechtigt. Denn es zeigt sich sowohl in den höheren Etagen der Politik als auch unten an der Basis, wo die Menschen leben, daß Leute da sind, die mit Visionen für eine bessere Zukunft und mit Hoffnung – zäh und unenttäuschbar – ›unterwegs sind‹. Radikale Visionen, die sich nicht von heute auf morgen verwirklichen lassen, sind notwendig, um stückweise voranzukommen. Wir werden nur schrittweise vorwärtskommen; aber wir haben die unbedingte und radikale Forderung immer wieder anzumelden und überzeugend zu vertreten, ja, wir müssen selbst von ihrer nicht zu fernen Realisierbarkeit überzeugt sein, damit sich etwas ändert auf dem Weg zu mehr Gerechtigkeit und mehr Frieden zwischen den Völkern. Dabei sollten wir nicht nur den Katalog der gravierenden Gefahren für unsere Welt auf den Tisch legen, sondern – um die Menschen zu ermutigen und falschen Ohnmachtsgefühlen zu begegnen – auch die Erfolgsbilanz vorweisen und die Fortschritte im Bemühen um Frieden oder Gerechtigkeit aufzeigen.

So sehr die Gefahren für den Frieden in der Welt unerhört gewachsen sind und eine Katastrophe von Jahrhundert zu Jahrhundert, von Jahr zu Jahr eher denkbar geworden ist, so offenkundig sind auch – über Grenzen hinweg – erhebliche Fortschritte erzielt worden. Carl Friedrich von Weizsäcker hat kürzlich bei einer Akademietagung in München an die Situation unserer Vorfahren im Mittelalter erinnert. Die brauchten um München herum eine Stadtmauer, um in ihrer Ansiedlung ein leidlich friedliches Leben führen zu können. Nur so konnten sie sich gegen Übergriffe anderer Städte innerhalb des gleichen deutschen Stammes schützen. In der Form, die durch Kämpfe zwischen Bauern, Städtern, Kaufleuten, dem Adel und Raubrittern und durch Fehden zwischen den Städten gekennzeichnet war, ist der Frieden heute nicht mehr bedroht. Statt dessen sind wir zu Rechtsvereinbarungen gegen Gewalttätigkeit gekommen, die von der überwältigenden Mehrheit der Bevölkerung als allgemeinverbindlich anerkannt werden. Diese Entwicklung ist heute über die nationalen Grenzen hinweg fortgeschritten: durch Staatenverbände, Vertragswerke und zwischenstaatliche Rechtsordnungen ist nach dem 2. Weltkrieg ein historisch bedeutsamer Anfang gemacht, der dazu geführt hat, daß die traditionelle Erbfeindschaft zwischen Franzosen und Deutschen überwunden ist. Eben diese erfolgreiche Entwicklung, die Teilen der Welt ein täglich erfahrbares Maß an friedlichem Zusammenleben beschert hat, gilt es im Blick auf die gesamte Menschheit fortzusetzen.

Ich halte es darum nicht nur für unsinnig, sondern geradezu für wahnsinnig, wenn die amerikanische Administration mit denPlänen für eine Weltraumverteidigung das System friedensgefährdender Abschreckung auf eine neue Ebene hebt und dabei bestehende Vertragswerke zwischen den beiden Supermächten unterläuft. Gleichwohl sehe ich, daß sich – zwar nicht beim amerikanischen Präsidenten Ronald Reagan, seinem Stab und bei Verteidigungsminister Caspar Weinberger in deren persönlicher Überzeugung, aber doch unter dem Druck politisch Andersdenkender im Lande und in Rücksicht auf die Verbündeten, die jenen Kurs nicht mehr mittragen wollen – ein Wandel im Denken ankündigt. Die öffentliche Meinung wendet sich allmählich. Ich kann nicht abschätzen, wie sich die Mehrheiten gegenwärtig entscheiden würden, ob die Sorge vor fremder Gewaltpolitik und deshalb die Bejahung jedweder militärischen Verteidigung nach wie vor überwiegen, doch werden diese Fragen in einer Weise intensiv und öffentlich diskutiert, wie das zu Zeiten der Diskussion über den Militärseelsorgevertrag nicht denkbar war. Fragen des Friedens und der Abrüstung werden mit einem Engagement, aber auch mit existentieller Sorge und Angst besprochen; man spürt, wie die Menschen davon umgetrieben sind – unabhängig davon, wie sie sich letztlich entscheiden. Dieses neue Meinungsklima findet Ausdruck in der Tatsache, daß in beiden Machtblöcken Verletzungen vereinbarter vertraglicher Rechte in bislang unbekannter Intensität – im Westen durch die Presse, wie Watergate und neuere Vorgänge zwischen den USA, Iran und den Contras gezeigt haben, und im Osten neuerdings auch öffentlich – enthüllt, offen kritisiert und angeprangert werden.

Visionen von einer anderen besseren Weltordnung sind nicht – mehr – illusionär. Warum sollte eine Welt ohne Krieg nicht denkbar, warum darüber hinaus eine Welt ohne vernichtende Gewalt mit der Vernunft nicht zu vereinbaren sein? Sicherlich, es geht in der Welt der Sünde nicht ohne Gewalt, aber es muß eine bewahrende, beschützende Gewalt sein, die auch beim Schutz eines angegriffenen Schwächeren den Angreifer nicht vernichtet, sondern sich bemüht, ihn aufzufangen. Das gilt in internationalen Konflikten ebenso wie innerhalb einer staatlichen Ordnung, so im Strafvollzug an Gefangenen. Wir dürfen weder nach innen noch nach außen militant-extremen Gruppierungen nationalistischer oder religiös-fanatischer Art die Urteilsbildung über die Bestimmung des Menschen überlassen. Ich bin gewiß, daß eine lebendige Christenheit viel dazu beitragen kann, überall vorhandene schlimme Formen der Entmenschlichung zu beheben und diejenigen zu unterstützen, die an der Seite der Schwachen und Entrechteten für eine bessere Welt wirken. Aus deren

Tun wächst die Welt des ›Schalom‹. Jesus Christus beschreibt sie erdennah: Sie *ist* gekommen (Mt. 12,28). Der durch Gottes Geist die bösen Geister austreibt, beweist vor aller Augen, daß Gott seine Herrschaft mitten unter den Menschen aufrichtet. Solange der Tod und die Sünde nicht verbannt sind aus dem auslaufenden Weltzeitalter, wird es Arme geben, solche, die weniger besitzen als andere, und Streit, Konflikte von Interessen. Aber stärker als menschliche Schuld und ihre Folgen können, *werden* die Siege derer sein, die den Zusagen des Gottessohnes trauen. Eben ihnen wird die Welt das Gut des Friedens danken, Sinn für Frieden des Rechtes, Wohl, Glück für Niedrig und Hoch, Mitentscheidung aller Bürger an Entwicklungen, die das Drohende abwenden und dem Erträglichen, dem Allen-Bekömmlichen entgegengelenkt werden. Der, der Frieden ist, verspricht: wer Ordnungen schafft zur Lösung von Konflikten zwischen Personen, Gruppen, Stämmen, Nationen und Sprachen, wird anerkannt werden von allen auf Erden als einer, der auf der Seite Gottes tätig ist; die geduldig, stählern-elastisch Liebe üben, werden die Gebietenden sein im Lande und über die ganze Erde; die Sehnsucht der nach Gerechtigkeit Dürstenden, nach Ausgleich Verlangenden bleibt nicht ungestillt. Sie alle ersparen der Völkerwelt Katastrophen und bereiten den Übergang vor in das Weltzeitalter der Vollkommenheit, der Herrlichkeit, das in Jesus Christus begonnen hat. Solange er noch nicht – wiederum – erschienen ist, werden mit dem je leuchtenderen Licht Schatten sich vertiefen. Eben sie sind Zeichen dafür, daß es gelang, Licht zu verstärken. Tiefere Schatten sollen wir nicht fürchten; fürchten, meiden sollen wir den Dauerzustand des Dahindämmerns!

Widerstand im Dritten Reich

Unter dem Thema dieses Kapitels sei zu Beginn zusammengefaßt, was in früheren Kapiteln angeklungen ist: Mit ihrem Einspruch gegen die Ideologie und Afterreligion des Nationalsozialismus hat die Bekennende Kirche prinzipiell und radikal dem System der Gewaltherrschaft Hitlers widersprochen und politischen Widerstand geleistet. Jede Kanzelabkündigung, jede namentliche Fürbitte, jede Kollekte für die illegalen Ausbildungsstätten und für die Vikare und Hilfsprediger der Bekennenden Kirche war Widerstand gegen das System – und zwar bis in den politischen Bereich hinein. Es waren nicht die einzigen Formen kirchlichen Widerstandes; zu den gegen den Staat gerichteten Aktivitäten der Bekennenden Kirche gehörte das Eintreten für politisch Verfolgte, der Einspruch gegen die Konzentrationslager oder die Kritik an der Einrichtung der Geheimen Staatspolizei, weil sie und ihre polizeilichen Maßnahmen der Nachprüfung durch Gerichte entzogen waren. Dazu gehörte der Protest gegen die Judengesetzgebung, vor allem auch die praktische Hilfe, die – wie Dokumentationen aus Israel und den USA es erst jetzt, vierzig

Jahre später, im einzelnen aufweisen – Juden damals zuteil wurde; an sie wird gerade auch von jüdischen Schriftstellern in der DDR und im Ostblock wieder erinnert. Ein Dokument dessen – in der Vielfalt des Protestes – ist die Denkschrift der zweiten Vorläufigen Kirchenleitung der Bekennenden Kirche an den Führer und Reichskanzler vom Frühjahr 1936, die nicht als vertrauliches Schreiben behandelt, sondern in Kanzelabkündigungen den Gemeinden bekannt gemacht und auf diese Weise national publik wurde. Manche weiteren Akte des Widerstandes aus dieser Zeit lassen sich kaum belegen, solange allein Schriftstücke, Akten und Dokumente als Beweis für Geschehenes gelten, Akten, die den Krieg überdauert haben. Da wichtigste Urkunden über Maßnahmen der Bekennenden Kirche von uns je nach der Beschlußfassung vernichtet worden sind, damit sie und die Namen der Teilnehmer am Beschluß nicht in die Hände der Gestapo fielen, ist das Sicherinnern derer, die am kirchlichen Kampf beteiligt waren, für eine gerechte Urteilsbildung über den Zeitabschnitt unentbehrlich. Diejenigen, die sich mit dieser Epoche als Historiker beschäftigen, müssen dazu Empfinden für die Atmosphäre in einem totalitären System entwickeln können. So erklärt sich mir, daß heute gerade jene Kirchen an die Tradition des Widerstandes der Bekennenden Kirche anknüpfen und zu einem realistischeren Urteil darüber als manche deutschen Historiker gelangen, jene Kirchen, die selbst in totalitären Systemen existieren und die die Schwierigkeit von Dokumentation ihres Tuns an sich selbst erfahren.

Ein Beispiel für ein Fehlurteil über den Widerstand der Bekennenden Kirche ist mir eine Buchbesprechung des Neutestamentlers Walter Schmithals aus jüngster Zeit, die er im Berliner Tagesspiegel zu Klaus Scholders in zwei Bänden vorliegender Kirchenkampf-Geschichte »Die Kirchen und das Dritte Reich« publiziert hat. Er, der nicht Historiker ist, behauptet, der erste Band Scholders habe endgültig den Mythos von einer Bekennenden Kirche zerstört, die politischen Widerstand geleistet habe. Ich halte ihm nicht mein eigenes Erleben und die persönliche unmittelbare Kenntnis der damaligen Vorgänge entgegen; allein schon die Lektüre der grundlegenden Darstellung Scholders führt mich zu genau dem gegenteiligen Schluß. Ich finde, Scholder hat ein sehr zutreffendes Bild von den inneren Auseinandersetzungen zwischen der bruderrätlichen Bekennenden Kirche und dem Luthertum der »intakten Kirchen« gezeichnet. Und dabei darf zudem nicht vergessen werden, daß es innerhalb der intakten Kirchen starke Pfarrer- und Gemeindegruppen gegeben hat, die sich zu den Bruderräten gehalten haben. Vor allem der von Scholder selbst verantwortete 1. Band des Werkes zeigt, daß der Einspruch der Bruderräte gegen das Dritte Reich im Sinne der Barmer Bekenntnissynode (1934) ein so grundsätzliches Bestreiten des Anspruchs des nationalsozialistischen Staates und seiner Ideologie war, wie das in politischer Gegenbewegung keine andere Gruppe so eindeutig und so total vorzubringen und durchzuhalten vermocht hat. Denn Gruppierungen, deren Zielsetzungen dem Nationalsozialismus zuwiderliefen, wurden sofort verboten und konnten nur noch aus dem Untergrund heraus operieren; ein Agieren in der Öffentlichkeit war ihnen unmöglich. Doch dies habe ich schon zuvor ausgeführt. Daß der Widerstand der Bekennenden Kirche ein radikaler Angriff auf den nationalsozialistischen Staat war, eben diesen Charakter hatte schon von Beginn des Kirchenkampfes an Willem A. Visser't Hooft erkannt und etwa gegenüber dem anglikanischen Erzbischof von Canterbury seinerzeit sehr entschieden vertreten; er, der aus Holland stammte und in der Schweiz lebte – nie unter einem totalitären Regime, aber mit Gespür für eine solche extreme Situation –, wußte: Wenn man in einem totalitären System an irgend einer Stelle Widerstand leistet, dann stellt man das gesamte System in Frage. Die Darstellungen über die Geschichte der Bekennenden Kirche, wie sie Wilhelm Niemöller und Wilhelm Niesel bereits vor Jahren veröffentlicht haben, haben für ein Urteil über die Art des Kirchenkampfes hohen Wert und korrigieren fehlgehende Schlußfolgerungen aus der Kenntnis des Tatzeugen!

Fehleinschätzungen über Ansatz und Wesen und ›Lehrgehalt‹ der Bekennenden Kirche sind zu nicht geringem Teil auch auf die mangelnde Kenntnis der Lage in der evangelischen Kirche vor der Machtergreifung der Nationalsozialisten zurückzuführen. Mancher Jüngere vermutet, die innere Verfassung der Kirche vor 1933 sei mit jener der Kirche nach 1945 vergleichbar. Die Zeit des Kirchenkampfes und der Bekennenden Kirche wäre demnach so etwas wie ein Ausnahme- oder Störfall der deutschen Kirchengeschichte gewesen. Dem ist nicht so. In der Weimarer Republik hatte das kirchliche Leben Formen angenommen, die sich im Kirchenkampf als schwerwiegende Mängel erwiesen. Es sei Gott gedankt, daß sie – trotz manches Gegenschlages gegen die Bekenntnisbindung der Kampfjahre – sich in der davor vorhandenen Allgemeinheit nicht wieder eingestellt haben!

Meine erste Pfarrstelle hatte ich im Jahr 1928 in Friesack in der Mark angetreten, einem kleinen Ackerbürgerstädtchen, dessen Bevölkerung nicht besonders kirchlich, aber auch ganz und gar nicht gegenkirchlich war. Das galt auch von den umliegenden Dörfern, die ich von meiner sogenannten Diakonatsstelle aus zu betreuen hatte. Am normalen Sonntag war der Gottesdienstbesuch dürftig; an den Festtagen ging ›man‹ in größerer Zahl zur Kirche. In den Gemeinden lebte daneben ein tiefer Aberglaube, der mir bis dahin vollkommen fremd gewesen war. Unsere Bauern kannten sowohl das »Böten«, das Gesundbeten, als auch das Verhexen und Verfluchen des Viehs eines persönlichen Feindes. Erst zu Ende der fünf Jahre, die ich in Friesack Pfarrer war, hatte ich das näher erfaßt und wirklich begriffen, daß es dieselben Leute waren, die von der Kraft solcher Magie überzeugt waren und sie handhabten und völlig unabhängig davon am kirchlichen Leben teilnahmen – ein Umstand, der, wie ich heute weiß, Ähnlichkeit mit der Situation in Lateinamerika hat: dort überdeckt christliches Brauchtum oft nur wie eine dünne Tünche die alte heidnische Religiosität.

Während die jüngere Generation heute, die in einer pluralistischen und demokratischen Gesellschaft groß geworden ist, das Vorhandensein verschiedener kirchlicher Gruppierungen, auch kirchlicher Parteien, positiv bewertet und für nötig hält, und Überprüfungen auf die reine Lehre oder gar kirchliche Lehrzuchtverfahren als unzulässige Gewissensbindung verurteilt, empfanden wir es im Anbruch des Kirchenkampfes als einen tiefgreifenden Mangel, daß es zu einer Übernahme des staatlichen Parteiwesens in der Kirche gekommen war und zur ungeprüften Geltung ihrer – sehr beliebigen – Programme: Aufgrund von Listen, die die Kirchenparteien aufgestellt hatten, wurden die Synodalen gewählt. Wenn nicht der einzelne Kirchenkreis eine eigene Liste präsentierte, wählten die Kirchenältesten die Abgeordneten aus der ihnen gelegenen oder empfohlenen Kirchenpartei; die hatten sich nach dem Vorbild staatlicher Demokratie gebildet: die »Lutherische Vereinigung«, die »Positive Union«, der »Protestantenverein«, eine linksliberal orientierte Gruppe, oder die »Dorfkirchenbewegung« usw. Die Folge dieser Wahlordnung war: Die Kirche wurde zum Sprechsaal aller denkbaren Meinungen. Bei vielen Gelegenheiten habe ich erwähnt, daß ein Nachbarpfarrer von mir der Vorsitzende der »Dorfkirchenbewegung« war. Diese Gruppierung war der Auffassung, man solle nicht über biblische Texte predigen, sondern über deutsche Märchen. Märchen besäßen einen größeren Wahrheitsgehalt als die Texte der Bibel. Solche Ansichten wurden nicht nur kirchenamtlich geduldet – kein Generalsuperintendent nahm daran amtlich Anstoß –, die Repräsentanten der »Dorfkirchenbewegung« wurden sogar in die Synoden gewählt und hatten dort über Lehre und Ordnung der Kirche mitzuentscheiden. Im nachhinein – ab 1933 – haben wir dies als schweren Schaden der Kirche erkannt. Genau an diesen Schwachstellen setzten in der nationalsozialistischen Ära die Attacken gegen die Kirche ein. Es war eine heilsame göttliche Pädagogik, uns gerade an den Stellen zu treffen, an denen die kirchliche Institution besondere – gravierende – Schwächen und Verirrungen zugelassen hatte.

Die Bevölkerung in der Gegend von Friesack hatte die Zeit der Inflation, die 1923 ihren Höhepunkt erreicht hatte, als ich dorthin kam, hinter sich gebracht. Es war eine gewisse Stabilisierung speziell für ländliche Bezirke eingetreten, als 1929 mit dem »Börsenkrach« an der Wall Street die Weltwirtschaftskrise Deutschland in Mitleidenschaft zog. Amerikanisches Kapital wurde abgezogen, und die Arbeitslosenzahl im deutschen Reich stieg von 1929 bis 1932 um vier Millionen auf die Rekordhöhe von über sechs Millionen; die Arbeitslosenunterstützung war gering. Das wurde der Grund, sich wieder auf nationale Traditionen zu besinnen – auch in den Landgemeinden und auch in der Ackerbürgerstadt Friesack. In den Dorfkirchengemeinden spielte der Kirchenpatron, der Rittergutsbesitzer eine wichtige Rolle. Er berief den Pfarrer. Von Friesack aus hatte ich es mit insgesamt acht Gutsbesitzern zu tun; von diesen gehörten die meisten zum Stahlhelm, waren deutsch-national, zwei hielten sich zur rechtsradikalen ›Brigade Ehrhardt‹, die 1920 am Versuch eines Rechtsputsches in Berlin beteiligt war. Gleichwohl nahmen sie alle am Gottesdienst teil und nahmen ihre Rechte und Pflichten gegenüber den Kirchengemeinden korrekt wahr. Mein Hauptpatron, in meiner ›mater‹ Vietznitz und seine Familie, Baron v. Bredow, waren im Gemeindeleben aktiv engagiert; sie schlossen sich 1934 der Bekennenden Kirche an. Nationalsozialisten waren bis 1933 weder unsere Bauern und Gemeindeglieder noch die Arbeiterbevölkerung in Friesack, auch nicht die Kätner in den umliegenden Dörfern. Doch allmählich drang in diese Struktur die Nazi-Propaganda ein.

Mein unmittelbarer Kollege in Friesack war ein ehemaliger Militäroberpfarrer. Er war vom Nationalsozialismus als einer der ersten in der Gegend wirklich ergriffen, er zeigte sich hocherfreut über die nationale Wiedergeburt Deutschlands.

Gegen die soziale Not im Gefolge der hohen Arbeitslosigkeit bildeten sich in der Kirche Initiativen. Ihr Hauptträger wurde der »Kirchlich-Soziale Bund« im Spandauer Johannesstift, ein Kreis um den Rostocker Sozialethik-Professor D. Dr. Friedrich Brunstaed. Er richtete einen kirchlichen Arbeitsdienst ein. In unmittelbarem Kontakt mit der »Apologetischen Zentrale« im Spandauer Johannesstift hatten Herr von Viebahn, der Leiter des Büros des »Kirchlich-Sozialen Dienstes« dort, und Pfarrer Heinrich Grüber vom Waldhof Templin bereits in den zwanziger Jahren damit begonnen, junge Arbeitslose in Arbeitslagern rings um Berlin zu sammeln. An der Initiative beteiligte sich der Jungdeutsche Orden. Das Gelände um Friesack in der Nähe der Großstadt Berlin war für ihre Projekte besonders geeignet. Von Friesack aus hatte ich in den Jahren 1931 bis 1933 fünf solcher Arbeitslager als Pastor zu betreuen. Die Vertreter des Jungdeutschen Ordens holten den jungen Pfarrer in ihre Lager. Ich hielt dort abends Vorträge und Referate, und wir diskutierten über allgemeine gesellschaftliche oder politische Fragen ebenso wie über kirchliche Vorgänge und Grundfragen des Glaubens. Ihr Ende fand diese Arbeit durch die ›Machtergreifung‹, die Ernennung Hitlers zum Reichskanzler am 30. Januar 1933.

Wenige Tage zuvor, am 18. Januar 1933, war ich durch den damaligen Generalsuperintendenten der Kurmark, Otto Dibelius, den Gemeinden in Oranienburg und Sachsenhausen als dritter Pfarrer des Sprengels präsentiert worden und hatte – somit am ›Reichsgründungstag‹ – meine Präsentationspredigt zu halten. Bei der Kirchenwahl von 1932 waren die Gemeindekirchenräte dort mit überwiegender Mehrheit von den Deutschen Christen erobert worden. Ein Grund dafür war die Propaganda des späteren stellvertretenden Reichsarbeitsführers Dr. Decker, der in Sachsenhausen wohnte und ein Schwiegersohn der Pfarrwitwe und damals vielgelesenen ›nationalen‹ Schriftstellerin Marie Diers war. Eine Reihe von NS-Funktionären höheren Ranges und später bekannten Namens war an der Besetzung der Pfarrstelle Oranienburg mit Dienstsitz in Sachsenhausen beteiligt. Die Gemeindekirchenräte hatten Erkundigungen über mich eingezogen und wegen meiner Verbindung zum Jungdeutschen Orden keinen Widerspruch gegen den Vorschlag von Dibelius eingelegt. Ich wurde als neuer Pfarrer akzeptiert und konnte im April nach Sachsenhausen umziehen und die Arbeit dort aufnehmen.

Vom 1. Mai 1933 an brach der Konflikt mit den Ortsgruppenleitern der NSDAP und den örtlichen Bürgermeistern aus. Diese hatten die SA zum ›Feiertag der Arbeit‹ in die Kirche getrieben, am Altar wurden die deutsche und NS-Flaggen und Embleme aufgestellt. Ich hatte über das

Pauluswort zu predigen: »Zur Freiheit hat uns Christus befreit! So steht nun fest und laßt euch nicht wieder unter das Joch der Knechtschaft zwingen...« (Gal 5,1 ff.) Ähnlich, wie Dibelius es wenig später in einem Rundbrief an die kurmärkische Pfarrerschaft gefordert hat und dafür auf Betreiben des märkischen Gauleiters Wilhelm Kube als erster Generalsuperintendent abgesetzt worden war, sprach ich vor der Gemeinde in Sachsenhausen – theologisch formuliert – über das Verhältnis von Indikativ zum Imperativ bei Paulus: Ihr freut euch über die nationale Erhebung und Wiedergeburt, nun beweist euch auch als nationale Gemeinschaft, laßt die revolutionären Wirren, die sie begleiteten, beendet sein! Praktiziert die neue Ordnung der Freiheit und des Paktes, die Ihr proklamiert, gegenüber jedermann! Laßt die Unterdrückung Andersdenkender nicht zu noch Gewissenszwang über jene, die sich dem Nationalsozialismus nicht anzuschließen vermögen! Setzt euch zur Wehr gegen Rassenhaß; er ist mit dem Evangelium nicht zu vereinbaren! – So habe ich im ersten großen Gottesdienst in der neuen Gemeinde, eben am 1. Mai 1933, in der von SA-Leuten überfüllten Kirche Gottes Wort auszulegen versucht; da stellte mich unmittelbar nach dem Gottesdienst Dr. Decker und fragte mich aufbrausend, wie ich die Mahnungen gemeint hätte, ob ich der Auffassung sei, daß die politische Führung solcher Mahnungen bedürfe, und warum ich überhaupt ausgerechnet ein Wort des Juden Paulus als Predigttext gewählt hätte. Er müsse meine nationale Gesinnung in Zweifel ziehen *und* wollte wissen, wie ich zum Nationalsozialismus stehe.

Im Juli 1933 ordnete Hitler Kirchenwahlen an. Das geschah gegen das geltende Kirchenrecht, das eine Wahlperiode von vier Jahren vorsah. Die letzten Kirchenwahlen hatten ja erst im November 1932 stattgefunden. Wir Pfarrer, die gegen die staatlichen Eingriffe in die Kirche von

Beginn an protestiert hatten, versammelten uns jede Woche – zuerst ganz spontan – in der Wohnung von Gerhard Jacobi, dem Pfarrer an der Berliner Kaiser-Wilhelm-Gedächtniskirche, der als ›Nichtvollarier‹ sofort von den Nazis öffentlich angegriffen worden war. Auch Martin Niemöller, Pfarrer an der Annenkirche in Berlin-Dahlem, war sehr häufig bei diesen Zusammenkünften zugegen. Wir verpflichteten uns dort, bei den anstehenden Kirchenwahlen gegen die Partei der »Deutschen Christen« eine eigene Liste »Evangelium und Kirche« aufzustellen und in unseren Gemeinden eine reguläre Wahl durchzuführen. Nur sehr wenige von uns haben diese Verpflichtung durchhalten können. Im Vorfeld der Wahlen wurde von der Partei und von der Staatspolizei stärkster Druck ausgeübt und verlangt, die Nicht-Deutschen-Christen müßten sich auf »Einheitslisten« einlassen und mit 25 % der Sitze in den kirchlichen Körperschaften begnügen.

Es ist abwegig, wenn heute aufgrund der damaligen Wahlergebnisse geurteilt wird, auch die kirchliche Bevölkerung sei zu jener Zeit weithin durch den Nationalsozialismus verführt gewesen, da sich ja drei Viertel der Wähler für die »Deutschen Christen« und nur ein Viertel für die Liste »Evangelium und Kirche« entschieden hätten. Das Wahlergebnis war durch erpreßte Einheitslisten zustande gekommen. Überall dort, wo wir dem Druck der Polizei, der NSDAP-Ortsgruppe und der neuernannten Bürgermeister widerstanden und trotz ihrer Drohungen eine wirkliche Wahl durchgeführt hatten, war sie zugunsten der Liste »Evangelium und Kirche« ausgegangen. Ein paar Beispiele dafür seien genannt: Bei Martin Niemöller in Berlin-Dahlem wählten zwei Drittel der wahlberechtigten Gemeindeglieder »Evangelium und Kirche«; bei Eitel-Friedrich von Rabenau an der Apostel-Paulus-Kirche, aber auch bei Günther Harder in Fehrbellin waren es immerhin etwa fünfzig Prozent. Gehörte der Pfarrer zu der sich nun formierenden Bekennenden Kirche, so gab es durch seine Stimme ein Übergewicht der Liste »Evangelium und Kirche«.

In meinen beiden Gemeinden Sachsenhausen und Friedrichsthal, die seit November 1932 Erfahrungen mit »Deutschen Christen« in der Gemeindeleitung, im Gemeindekirchenrat und unter den Gemeindeverordneten gesammelt hatten, gewann unsere Liste »Evangelium und Kirche« mit einem Ergebnis von 75 Prozent die Wahl. Dieses Ergebnis hatte zur Folge, daß die »Deutschen Christen« als eine Minderheit sich weigerten, ihre Sitze im Gemeindekirchenrat einzunehmen. Daraufhin erkannten die Gemeindekirchenräte entsprechend der geltenden Kirchenordnung den Nichterscheinenden das Wahlrecht und den Sitz im Gemeindekirchenrat definitiv ab; an ihre Stelle rückten die Kandidaten der andern Liste, »Evangelium und Kirche«, nach, so daß ich in meinem Pfarramtsbereich Gemeindekirchenräte hatte, die zu hundert Prozent zur Bekennenden Kirche gehörten und identisch waren mit dem Gemeindebruderrat. Diese Tatsache wog in den folgenden Jahren des verschärften Kirchenkampfes viel. Der Gemeindekirchenrat als »Körperschaft des öffentlichen Rechtes« war handlungsfähig vor den staatlichen Gerichten, antrags- und vertretungsberechtigt, und konnte infolgedessen gegen kirchenbehördliche Maßnahmen die ›Waffe des Rechtes‹ einsetzen. Er hat dies bis in den Krieg hinein erfolgreich getan. Davon wird in einem späteren Kapitel noch zu berichten sein. Für meine Person bedeutete dies, daß in den sieben Fällen, in denen ich verhaftet wurde, mein Gemeindebruderrat vor Gericht für seinen Ortspfarrer eintreten und ihn durch richterliche Entscheidung aus dem Gefängnis befreien konnte.

Als ich das erste Mal in Haft genommen wurde, begründete man dies damit, daß ich mich geweigert hätte, für den verstorbenen Reichspräsidenten von Hindenburg einen Trauergottesdienst anzusetzen. Auf dem Weg zu diesem Gottesdienst am 2. August 1934 wurde ich verhaftet. Die Gemeinde strömte gerade zum Gottesdienst zusammen, den ich halten wollte. Allerdings hatte ich angeordnet, daß an der Kirche als Zeichen der Trauer nur die Kirchenfahne mit dem Trauerflor, nicht aber die Hakenkreuz-Fahne gehißt werde. Das war wohl der eigentliche Grund für meine Verhaftung. Der vom Berliner Polizeipräsidenten Wolf Heinrich Graf Helldorf unterzeichnete Haftbefehl – obwohl Helldorf für den Berliner Bezirk zuständig war, hatte er meine Einlieferung nach Potsdam testiert – hob dagegen darauf ab, man habe mich in ›Schutzhaft‹ genommen, um mich vor dem Zorn der Bevölkerung zu bewahren. Aus den Kirchgängern, die gerade unterwegs zum Gottesdienst waren, hatte die Polizei flugs zornige Volksgenossen gemacht, die aufgebracht hinter dem Pfarrer her gewesen wären. Weil mein Gemeindekirchenrat bei der Staatspolizei Potsdam und auch in Berlin vorstellig wurde, unterstützt von meiner Frau, die wenige Wochen zuvor eine Tochter geboren hatte, bin ich nach drei Tagen wieder freigekommen.

Auch die Ursachen, die zu meinen weiteren Verhaftungen geführt hatten, werfen ein bezeichnendes Licht auf die politische Dimension des kirchlichen Widerstands gegen den Nationalsozialismus, der sich in Kanzelabkündigungen der Bekennenden Kirche äußerte: In den ersten Märztagen 1935 hatte eine altpreußische Bekenntnissynode in Dahlem ein Wort gegen die ›Religion des Mythos‹ beschlossen, einen Protest gegen die Ideologie Alfred Rosenbergs, die das nordische Blut als ein »Mysterium« verherrlichte, »welches die alten Sakramente ersetzt und überwunden« habe, und hatte seine Verlesung in den Gemeinden für den 17. März angeordnet. Am Tag davor gab die Reichsregierung die ›Wiedereinführung der allgemeinen Wehrpflicht‹ bekannt. Die außenpolitische Situation war hochbrisant. Die Geheime Staatspolizei wollte deshalb die Abkündigung gegen das nationalsozialistische Denken unbedingt verhindern. Die Leiter der Staatspolizeileitstellen in Potsdam, Berlin und Frankfurt/Oder riefen bei uns Vertrauensleuten der Bekennenden Kirche an, wir sollten doch wenigstens an diesem Sonntag von einer Verlesung absehen. Zugleich wurde Polizei in alle Pfarrämter entsandt, um schriftliche Reverse von jedem Pfarrer zu fordern, er verzichte auf eine Verlesung des Synodalwortes. Verweigere er die Unterschrift, werde er verhaftet. Die ostdeutschen Bruderräte ließen sich durch die Drohungen nicht von ihrer Entscheidung abbringen. Wir fühlten uns durch das Wort der Schrift gebunden, unabhängig von der jeweiligen Situation ›zur Zeit oder zur Unzeit‹ Gottes gebotene Wahrheit, so wie wir sie erkannt hatten, unseren Gemeinden zu verkünden (2 Tim 4,2). Allein in den Ostprovinzen war die Folge die Verhaftung von über 700 Pfarrern der Bekennenden Kirche. Der preußische Innenminister Hermann Göring verfügte angesichts dieser Zahl wegen der nachteiligen Wirkung auf das Ausland am 19. März die Haftentlassung der gesamten festgenommenen Pfarrerschaft. Ähnliches hat sich bei künftigen Kanzelabkündigungen, die der Staat jedesmal als einen politischen Protest verstand, wiederholt. Meine Gemeinde und mich trafen außerdem Maßnahmen der staatskirchlichen Behörde: ich wurde mehrfach amtsenthoben; das Kirchengebäude wurde der Bekennenden Gemeinde gesperrt; Kirchenbücher und die Kirchenkasse wurden beschlagnahmt, die Besoldung wurde eingestellt. Der Gemeindekirchenrat zog – unbeeindruckt – vor die Gerichte: vor das Amtsgericht in Oranienburg, vor das Landgericht und das Kammergericht in Berlin. Jedesmal haben wir dort obsiegt; die

Verfügungen mußten aufgehoben werden. Kirchenbücher und Kirchenkasse erhielt ich zurück; ich konnte in der Kirche wieder Gottesdienst halten. – In der Zwischenzeit kamen wir im Pfarrhaus und großen Privatwohnungen zu Gottesdienst und Bibelstunde zusammen. – Nur die Besoldungssperre – eine aus juristischer Sicht rein innerkirchliche Maßnahme – blieb in Kraft. Doch unsere Gemeinden und die Patrone unter den Gutsbesitzern, die sich zur Bekennenden Kirche hielten, sorgten dafür, daß wir nicht zu hungern brauchten.

Mehrfach wurde ich von der Staatspolizei auch in Beugehaft genommen. Man wollte von mir etwa Auskunft über die Verfasser einer Kanzelabkündigung. Seit 1937 traten die Synoden der Bekennenden Kirche im Untergrund – an geheimgehaltenem Ort – zusammen. Wir durften während der Beratungen das Haus der Zusammenkunft nicht verlassen, damit die – die einzelnen von uns ständig überwachende – Staatspolizei nicht auf unsere Versammlung aufmerksam würde. So sorgfältig geheim die synodale Arbeit selbst gehalten wurde – das Ergebnis unserer Beratungen erfuhren die Bekennenden Gemeinden im öffentlichen Gottesdienst. Dies verdroß die Staatspolizeileitstellen, die wohl einmal eine Reichsbruderratssitzung, aber keine einzige Synode hatten ›ausheben‹ können, in höchstem Maß. Sie wurden vom SS-Sicherheitshauptamt, das in den Synodalerklärungen und -bescheiden politischen Widerstand gegen den Nationalsozialismus und Zersetzung der Staatstreue sah, zunehmend gerügt. Ein ander Mal sollte ich – in Beugehaft – darüber Auskunft geben, wer nach der Verhaftung Martin Niemöllers den Aufruf für diesen Widerstandskämpfer verfaßt habe, den der Führer für besonders gefährlich ansah. Auch in solchen Fällen haben Richter gegen die Staatspolizei und gegen die staatskirchliche Behörde entschieden, so daß ich sehr bald wieder freikam.

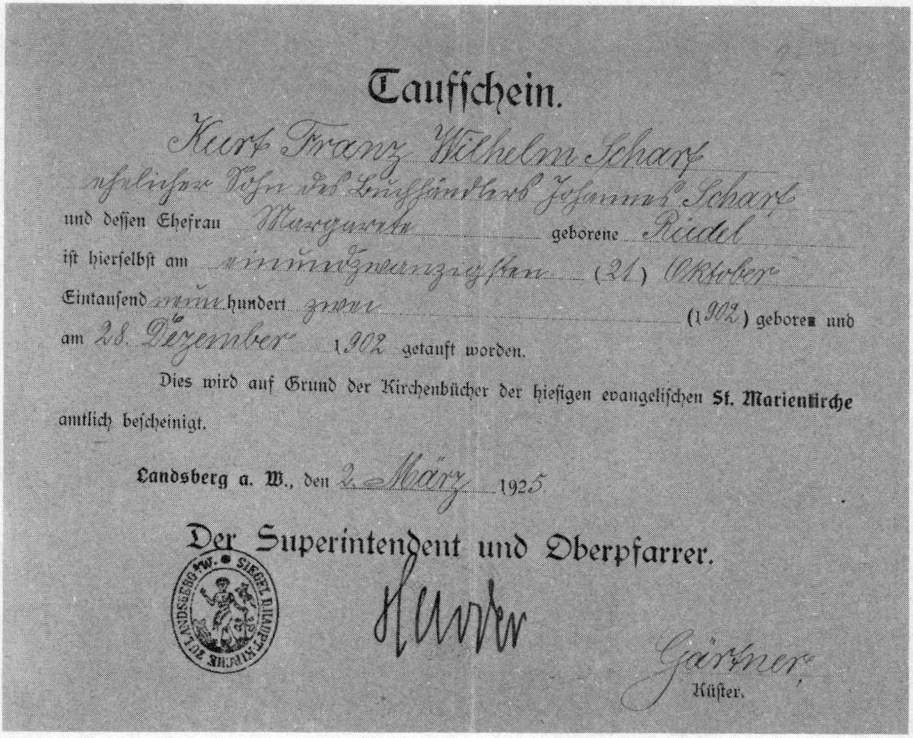

Taufschein.

Kurt Franz Wilhelm Scharf

ehelicher Sohn des Buchhändlers Johannes Scharf

und dessen Ehefrau Margarete geborene Riedel

ist hierselbst am einundzwanzigsten (21) Oktober

Eintausend neun hundert zwei (1902) geboren und

am 28. Dezember 1902 getauft worden.

Dies wird auf Grund der Kirchenbücher der hiesigen evangelischen **St. Marienkirche** amtlich bescheinigt.

Landsberg a. W., den 2. März 1925.

Der Superintendent und Oberpfarrer.

Gärtner,
Küster.

Konfirmations-Schein.

Kurt Franz Wilhelm Scharf,
geboren am 21. Oktober 1902 zu Landsberg a/Warthe,
getauft am 28. Dezember 1902, ist nach vollendetem Unterricht
auf das Bekenntnis des evangelischen Glaubens und das Gelübde,
diesem Glauben die Treue zu halten, am 22. März 1918
in der hiesigen evangelisch-lutherischen St. Marienkirche eingesegnet
und zum Empfang des heiligen Abendmahls zugelassen worden.

Denkspruch: 1. Korinth. 16,13.

Landsberg a. W., den 22. März 1918.

[illegible],
Archidiakonus.

Des Herrn Wort bleibet in Ewigkeit!

Jm Namen Gottes, des Vaters, des Sohnes und des Heiligen Geistes!

Zum Jnhaber einer Pfarrstelle des Pfarrsprengels Oranienburg im Kirchenkreise Oranienburg berufen wir kraft des uns zustehenden Besetzungsrechtes den Pfarrer Kurt S c h a r f aus Friesack dergestalt und also, daß er der Kirche und des Vaterlandes Beste aus allen Kräften befördern, Schaden und Nachteil aber verhüten, die ihm anvertrauten Gemeinden mittels fleißigen Unterrichts in dem Worte Gottes, wie solches in den prophetischen und apostolischen Schriften des Alten und Neuen Testaments enthalten und in den Bekenntnisschriften der Evangelischen Kirche, insonderheit in der Augsburgischen Konfession, so Kaiser Karl dem Fünften auf der Reichsversammlung zu Augsburg 1530 überantwortet, wiederholt worden ist, gleichwie auch durch Ausspendung der heiligen Sakramente als ein guter Seelsorger lehren, trösten, warnen, strafen und vermahnen, ihnen mit einem gottseligen Wandel vorleuchten, überhaupt sich so betragen soll, wie es einem untadelhaften evangelischen Geistlichen eignet und gebühret, und wie er es hier auf Erden vor seinem Gewissen und vor der Obrigkeit, einst aber vor dem Richterstuhl Gottes zu verantworten sich getraut. Zur Erfüllung dieser Verpflichtungen erbitten wir ihm den Gnadenbeistand und den Segen des Herrn, damit durch seinen Dienst die Ehre Gottes vermehrt und Sein Reich verbreitet werde.

Allen

Allen aber, die es angeht, befehlen wir, den Pfarrer S c h a r f anzuerkennen und ihm mit gebührender Achtung und Ehrerbietung zu begegnen.

Etwa erforderlich werdende Veränderungen des Pfarrsprengels und kirchliche Sonderaufträge hat sich Pfarrer Scharf ohne Anspruch auf Entschädigung gefallen zu lassen.

Gegeben zu Berlin, den 9. Februar 1933.

Evangelisches Konsistorium der Mark Brandenburg.

Berufung

des Pfarrers Kurt Scharf aus Friesack zum Jnhaber der bisherigen 3.Pfarrstelle des Pfarrsprengels Oranienburg, mit dem Sitze in Sachsenhausen, Kirchenkreis Oranienburg.

K.III Nr.419.

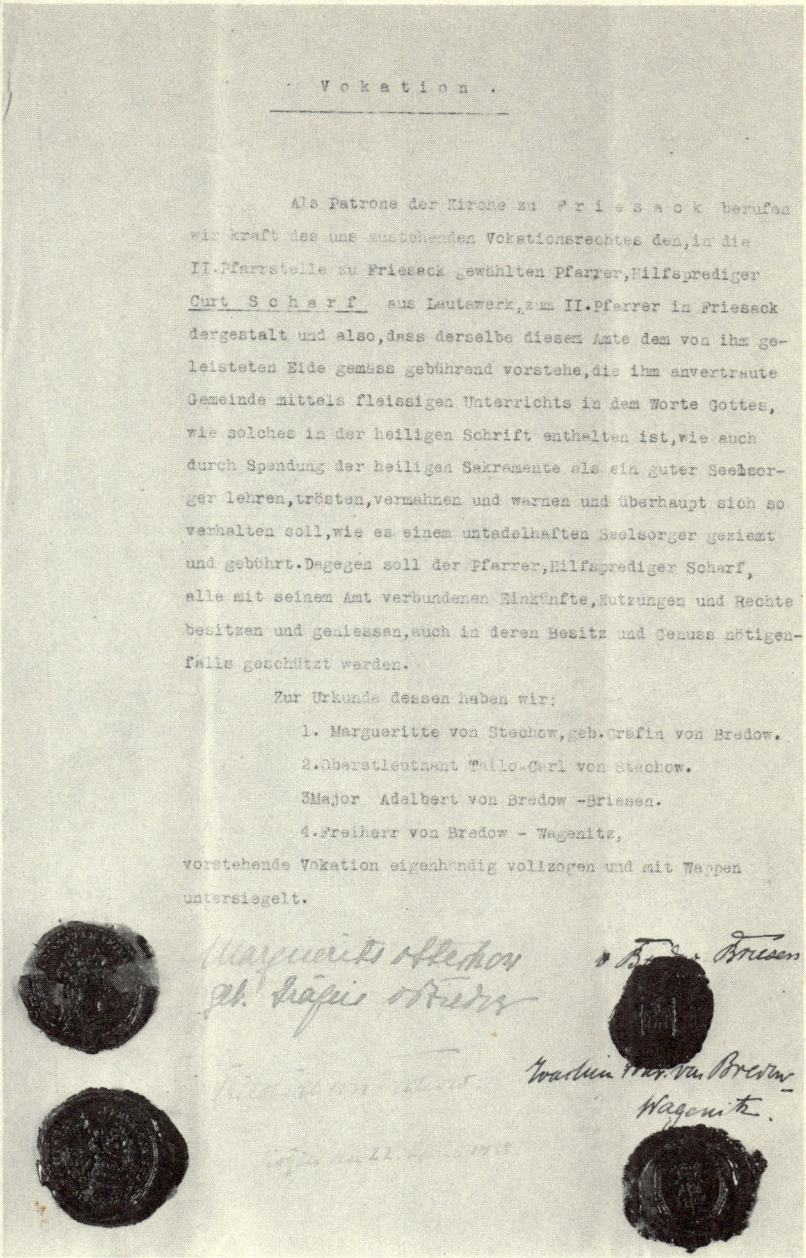

Vokation.

Als Patrone der Kirche zu F r i e s a c k berufen wir kraft des uns zustehenden Vokationsrechtes den, in die II. Pfarrstelle zu Friesack gewählten Pfarrer, Hilfsprediger Curt S c h a r f aus Lautawerk, zum II. Pfarrer in Friesack dergestalt und also, dass derselbe diesem Amte dem von ihm geleisteten Eide gemäss gebührend vorstehe, die ihm anvertraute Gemeinde mittels fleissigen Unterrichts in dem Worte Gottes, wie solches in der heiligen Schrift enthalten ist, wie auch durch Spendung der heiligen Sakramente als ein guter Seelsorger lehren, trösten, vermahnen und warnen und überhaupt sich so verhalten soll, wie es einem untadelhaften Seelsorger geziemt und gebührt. Dagegen soll der Pfarrer, Hilfsprediger Scharf, alle mit seinem Amt verbundenen Einkünfte, Nutzungen und Rechte besitzen und geniessen, auch in deren Besitz und Genuss nötigenfalls geschützt werden.

Zur Urkunde dessen haben wir:

1. Margueritte von Stechow, geb. Gräfin von Bredow.

2. Oberstleutnant Tello-Carl von Stechow.

3Major Adelbert von Bredow -Briesen.

4. Freiherr von Bredow - Wagenitz,

vorstehende Vokation eigenhändig vollzogen und mit Wappen untersiegelt.

Margueritte v Stechow
geb. Gräfin v Bredow

v Bredow Briesen

Freiherr v. Bredow-
Wagenitz

Jm Namen Gottes, des Vaters, des Sohnes
und des Heiligen Geistes.

Für die erledigte Pfarrstelle der Kirchengemeinde Friesack im Kirchenkreise Rathenow hat das Patronat den bisherigen Hilfsprediger in Lautawerk Curt Scharf ausersehen und die anliegende Berufung für ihn ausgefertigt und vollzogen.

Kraft des uns zustehenden Rechtes bestätigen wir auf Grund dieser Urkunde den Genannten zum Jnhaber einer Pfarrstelle der Evangelischen Kirchengemeinde Friesack, Kirchenkreis Rathenow, dergestalt und also, daß er der Kirche und des Vaterlandes Bestes aus allen Kräften befördern, Schaden und Nachteil aber verhüten, die ihm anvertrauten Gemeinden mittels fleißigen Unterrichts in dem Worte Gottes, wie solches in den prophetischen und apostolischen Schriften des Alten und Neuen Testaments enthalten und in den Bekenntnisschriften der Evangelischen Kirche, insonderheit in der Augsburgischen Konfession, so Kaiser Karl V. auf der Reichsversammlung zu Augsburg 1530 überantwortet, wiederholt worden ist, gleichwie auch durch Ausspendung der heiligen Sakramente als ein guter Seelsorger lehren, trösten, warnen, strafen und vermahnen, ihnen mit einem gottseligen Wandel vorleuchten, überhaupt sich so betragen soll, wie es einem untadelhaften evangelischen Geistlichen eignet und gebühret, und wie er es hier auf Erden vor seinem Gewissen und vor der Obrigkeit, einst aber vor dem Richterstuhl Gottes zu verantworten sich getraut. Zur Erfüllung dieser Verpflichtungen erbitten wir ihm den Gnadenbeistand und den Segen des Herrn, damit durch seinen Dienst die Ehre Gottes vermehrt und Sein Reich verbreitet werde.

Dagegen soll der Neuberufene alle mit seinem Amte verknüpften Einkünfte, Nutzungen und Rechte besitzen und genießen, auch in dem Besitze und Genusse derselben nötigenfalls geschützt werden.

Pfarrer

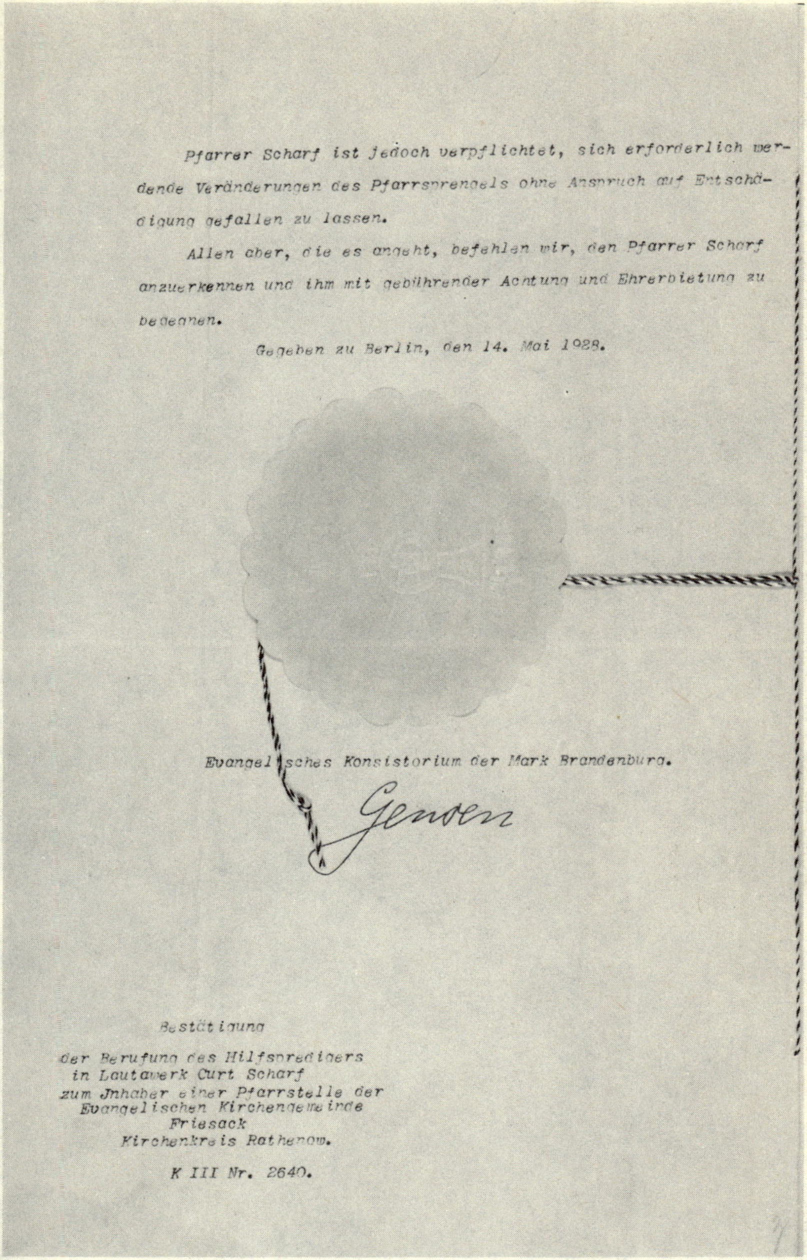

Pfarrer Scharf ist jedoch verpflichtet, sich erforderlich werdende Veränderungen des Pfarrsprengels ohne Anspruch auf Entschädigung gefallen zu lassen.

Allen aber, die es angeht, befehlen wir, den Pfarrer Scharf anzuerkennen und ihm mit gebührender Achtung und Ehrerbietung zu begegnen.

Gegeben zu Berlin, den 14. Mai 1928.

Evangelisches Konsistorium der Mark Brandenburg.

Genoen

Bestätigung
der Berufung des Hilfspredigers
in Lautawerk Curt Scharf
zum Jnhaber einer Pfarrstelle der
Evangelischen Kirchengemeinde
Friesack
Kirchenkreis Rathenow.

K III Nr. 2640.

X

Trauschein

Kurt Franz Wilhelm Scharf

und Maria Julia Renate Scharf

sind am 10. August 1933 in der St. Annenkirche

kirchlich * getraut * worden

Dies wird pfarramtlich bescheinigt

Berlin-Dahlem, den 10. 8. 1933

Das evangelische Pfarramt

G. Heimerdinger.

Pfarrer.

A n k l a g e s c h r i f t
in dem förmlichen Disziplinarverfahren gegen den
Pfarrer Kurt S c h a r f in Sachsenhausen.

Gegen den Angeschuldigten, den Pfarrer Kurt S c h a r f in Sachsenhausen, Kirchenkreis Oranienburg, der dem evangelisch-lutherischen Bekenntnisstand zugehört, ist durch Beschluß des Evangelischen Konsistoriums der Mark Brandenburg in Berlin vom 2. Dezember 1938 - K VII 9629 I - das förmliche Disziplinarverfahren gemäß §§ 2, 7, 17 ff. des Kirchengesetzes betreffend die Dienstvergehen der Kirchenbeamten und die unfreiwillige Versetzung derselben in den Ruhestand vom 16.Juli 1886 - Kirchliches Gesetz- und Verordnungsblatt Seite 81 - eingeleitet, weil er hinreichend verdächtig erscheint,

bei der Erklärung der Konferenz der Landesbruderräte vom 2.November 1938 über die von der sogenannten "Vorläufigen Leitung der Deutschen Evangelischen Kirche"herausgegebene Ordnung eines Gebetsgottesdienstes zum 30. September 1938 mitgewirkt zu haben,

und

sich dadurch der Achtung, des Ansehens und des Vertrauens, welche sein Beruf als Pfarrer erfordern, unwürdig gezeigt zu haben.

Gleichzeitig ist gegen den Angeschuldigten gemäß § 41 des Kirchlichen Disziplinargesetzes die vorläufige Dienstenthebung (Suspension vom Amte) verfügt worden.

Durch Beschluß des Evangelischen Konsistoriums der Mark Brandenburg in Berlin vom 27.Januar 1939 ist das gegen den Angeschuldigten eingeleitete Disziplinarverfahren auf folgende weitere Tatbestände ausgedehnt worden:

fortgesetzte Zuwiderhandlung gegen die durch den Einleitungsbeschluß vom 2. Dezember 1938 verfügte vorläufige Dienstenthebung (Suspension vom Amte), fortgesetzte Anmaßung kirchenregimentlicher und kirchenbehördlicher Befugnisse sowie Abhaltung einer besonderen Fürbitte für die "Brüdern und Schwestern Jsraels."

Der Angeklagte ist am 21.Oktober 1902 als Sohn eines Buchhändlers in Landsberg-Warthe geboren. Ostern 1909 trat er in die Vorschule, Ostern 1912 in die Sexta des humanistischen Gymnasiums in Landsberg-Warthe ein, das er Ostern 1921 mit dem Zeugnis der Reife verließ. Vom Sommersemester 1921 bis zum Wintersemester 1924-25 studierte der Angeschuldigte Theologie, und zwar an den Universitäten Tübingen, Jena und Halle/Wittenberg. Am 24.Juli 1925 bestand er die 1. theologische Prüfung vor der theologischen Prüfungskommission in Halle a.S., und zwar mit dem Prädikat "im ganzen gut". In der Zeit vom 1. April 1926 bis zum 31. März 1927 wurde er dem Pfarrer Eger in Berlin-Dahlem als Lehrvikar zugeteilt. Um die Zeit von der Ablegung der 1.theologischen Prüfung bis zum Antritt des Lehrvikariats nicht ungenutzt verstreichen zu lassen, nahm der Angeschuldigte zunächst eine Adjunktenstelle im Schülerheim des Arndt-Gymnasiums zu Berlin an, die er späterhin auch während seiner Vikariatszeit beibehielt, und zwar bis zum 31. Dezember 1926.

In der Zeit vom 21. bis 24. Januar 1928 unterzog sich der Angeschuldigte vor dem Theologischen Prüfungsamt beim Evangelischen Konsistorium der Mark Brandenburg in Berlin der 2. theologischen Prüfung, die er mit dem Prädikat "im ganzen gut" bestand. Vom 15. Februar bis 1. Mai 1928 war der Angeschuldigte Hilfsprediger in Lautawerk, Kirchenkreis Senftenberg N/L. Am 22.April 1928 wurde der Angeschuldigte durch das Kirchenpatronat zum Inhaber einer Pfarrstelle der Kirchengemeinde Friesack, Kirchenkreis Rathenow, berufen. Diese Berufung wurde durch Verfügung des Evangelischen Konsistoriums der Mark Brandenburg in Berlin vom 14. Mai 1928 - K III 2640 - bestätigt. In dieser Pfarrstelle verblieb der Angeschuldigte bis zum 31. März 1933. Seit dem 1. April 1933 ist er Inhaber der 3. Pfarrstelle des Pfarrsprengels Oranienburg, Kirchenkreis Oranienburg. Als solcher versorgt er seelsorgerlich die Kirchengemeinde Sachsenhausen. Bis zu seiner durch Beschluß vom 2. Dezember 1938 verfügten Suspension vom Amte war er Vorsitzender des Gemeindekirchenrates Sachsenhausen.

Am 5. Mai 1928 hat sich der Angeschuldigte mit Ingeborg Sommerwerck verheiratet, die am 27. Juni 1929 verstorben ist. Aus dieser Ehe ist ein Kind im heutigen Alter von 10 Jahren hervorgegangen. Am 10. August 1933 hat sich der Angeschuldigte wieder verheiratet mit Renate Scharf. Aus dieser Eehe sind zwei Kinder hervorgegangen im heutigen Alter von 3 und 5 Jahren.

Im Laufe der kirchenpolitischen Auseinandersetzungen der letzten Jahre hat sich der Angeschuldigte der kirchlichen Gruppe der sogenannten "Bekenntnisfront" angeschlossen, jener kirchlichen Gruppe, die durch ihre ablehnende Haltung gegenüber dem Nationalsozialismus, durch ihre Verbindung zwischen Weltprotestantismus und Weltdemokratie und durch ihre Kampfansage gegen die kirchenverfassungsmäßig und staatsrechtlich vorgesehenen Organe der rechtmäßigen Kirchenleitung nicht nur dem innerkirchlichen Leben schwerste Schädigungen zugefügt hat, sondern die auch für die bedauerliche Trübung des Verhältnisses zwischen Staat und evangelischer Kirche in Deutschland verantwortlich ist. Diese kirchliche Gruppe, die sich selbst als "Kirche", nämlich als sogenannte "Bekennende Kirche" bezeichnet, nimmt für sich auch kirchenregimentliche Funktionen in Anspruch und bezeichnet ihre Spitzenorganisation als sogenannte "Vorläufige Leitung der Deutschen Evangelischen Kirche". Entsprechende Unterorganisationen bestehen für die einzelnen Landeskirchen, so für Altpreußen der sogenannte "Rat der Evangelischen Kirche der Altpreußischen Union" und der sogenannte "Landesbruderrat der Evangelischen Kirche der Altpreußischen Union". Auch für die einzelnen Kirchenprovinzen bestehen sogenannte "Bruderräte". Der Angeschuldigte gehört dem"Bruderrat der Mark Brandenburg" an, und zwar als sogenannter "Präses". Bei sämtlichen vorgenannten Vereinigungen handelt es sich, soweit sie sich, über die reine Pflege religiöser Gemeinschaft hinausgehend, kirchenregimentliche und kirchenbehördliche Befugnisse anmaßen, um kirchen- und staatsrechtlich illegale Organisationen, deren Tätigwerden in soweit staatsgesetzlich ausdrücklich verboten ist.

Am 27. September 1938 versandte die sogenannte "Vorläufige Leitung der Deutschen Evangelischen Kirche" und der sogenannte "Rat der Evangelischen Kirche der altpreußischen Union" die beiden nachstehenden Schreiben, betreffend Anordnung eines Gebetsgottesdienstes für Freitag, dem 30. September 1938:

Die Vorläufige Leitung der Deutschen Evangelischen Kirche — Berlin, den 27. September 1938

Die Vorläufige Leitung ersucht die Landeskirchenregierungen - Landesbruderräte, für Freitag, den 30. September dieses Jahres abends einen Gebetsgottesdienst anzuordnen. Für den Gottesdienst fügen wir eine besondere Ordnung bei und empfehlen, diese Ordnung, bei der eine besondere Ansprache ausdrücklich ausgeschlossen ist, verbindlich zu machen.

gez. Müller, Pfarrer.

Der Rat der Evangelischen Kirche der altpreußischen Union — Berlin, den 27. September 1938.

Wir ordnen die Abhaltung eines Gebetsgottesdienstes am Freitag, dem 30. September abends an und erklären die beigefügte Ordnung für verbindlich. Allen Pfarrern, die nicht zur Bekennenden Kirche gehören, aber ihr nahestehen, werden gebeten, das gleiche zu tun.

gez. Müller, Pfarrer.

Diesem Schreiben war für den angeordneten Gebetsgottesdienst eine besondere Ordnung beigefügt, die die Mitglieder der sogenannten "Vorläufigen Leitung der Deutschen Evangelischen Kirche" verfaßt, und die der "Vorsitzende" des sogenannten "Rates der Evangelischen Kirche der altpreußischen Union" für verbindlich erklärt hatte.

Die Ordnung für diesen Gebetsgottesdienst hat folgenden Wortlaut:

Es folgt der Wortlaut der Liturgie.

Diese Anordnung eines allgemeinen Gebetsgottesdienstes in Verbindung mit der Abfassung und Verbindlichkeitserklärung einer besonderen Ordnung hierfür stellt, wie keiner weiteren Ausführung bedarf, einen schweren Verstoß gegen die fünfte Verordnung zur Durchführung des Gesetzes zur Sicherung der Deutschen Evangelischen Kirche vom 2. Dezember 1935 (Gesetzblatt der Deutschen Evangelischen Kirche Seite 130; RGBl. I Seite 1370) dar. Nach § 1 der genannten Verordnung ist die Ausübung kirchenregimentlicher und kirchenbehördlicher Befugnisse durch kirchliche Vereinigungen oder Gruppen unzulässig.

Darüber hinaus unterliegt aber diese "Ordnung" eines angeblichen Gebetsgottesdienstes nicht nur in kirchlicher und in theologischer Hinsicht den ernstesten Bedenken, sondern zeigt vor allem die volks- und staatsverräterische Haltung ihrer Verfasser, die sich nicht gescheut haben, die Tage höchster außenpolitischer Spannung zu benutzen, um unter dem Vorwand von Bittgottesdiensten ihrer staatsfeindlichen Gesinnung Ausdruck zu geben und zu versuchen, die Geschlossenheit der deutschen Volksgemeinschaft zu stören.

Das Evangelische Konsistorium der Mark Brandenburg hat deshalb auf Anweisung des Evangelischen Oberkirchenrates gegen die Verfasser und Verbreiter dieser Gebetsgottesdienstordnung das förmliche Disziplinarverfahren mit dem Ziel der Entfernung aus dem Kirchenamt eingeleitet.

Gleichzeitig hat die Finanzabteilung beim Evangelischen Konsistorium der Mark Brandenburg auf Anweisung der Finanzabteilung beim Evangelischen Oberkirchenrat und des Herrn Reichsministers für die kirchlichen Angelegenheiten die Sperrung sämtlicher Dienstbezüge der betreffenden Geistlichen mit sofortiger Wirkung angeordnet

ordnet, weil eine Besoldung dieser Staatsfeinde aus öffentlichen Mitteln nicht mehr verantwortet werden könne.

Von seiten der ordnungsmäßigen Kirchenleitung sind also sofort alle notwendigen Maßnahmen getroffen worden, um diejenigen Geistlichen, die durch ihr volks- und vaterlandsschädigendes Verhalten auch der Deutschen Evangelischen Kirche schwerste Schädigungen zugefügt haben, aus dem Pfarrerstande zu entfernen.

Durch diese Maßnahmen fühlten sich mehrere "Landesburderräte" veranlaßt, unter dem 2. November 1938 eine Erklärung abzugeben, mit der sie sich in der Angelegenheit der bekannten Gebetsanordnung hinter die sogenannte "Vorläufige Leitung der Deutschen Evangelischen Kirche" stellen.

Diese Erklärung hat folgenden Wortlaut:

Berlin, den 2. November 1938.

Die Vorläufige Leitung der Deutschen Evangelischen Kirche hat am 27.September d.J. in einem Augenblick, als ein Weltkrieg fast unvermeidlich schien, eine Ordnung für einen Gebetsgottesdienst herausgegeben, der am Freitag, 30.September gehalten werden sollte. Nachdem uns die Erhaltung des Friedens geschenkt worden ist, hat der Gebetsgottesdienst in dieser Form nirgends stattgefunden. Der Entwurf ist nun in der Presse zum Gegenstand von Angriffen gemacht worden, in denen die Verfasser als Landesverräter und Verbrecher, die ausgemerzt werden müßten, hingestellt werden. Man hat ihnen das gesamte Gehalt sperren lassen mit der Begründung, daß in diesem Gottesdienstentwurf eine volks- und staatsverräterische Haltung gesehen werden müsse.

Die Konferenz der Landesbruderräte hat sich in ihrer Sitzung vom 2.Novembereingehend mit dem Entwurf befaßt. Sie weist den Vorwurf entschieden zurück, als hätten die Männer der Vorläufigen Leitung mit diesem Entwurf eines Gebetsgottesdienstes volks- und staatsverräterisch gehandelt. Sie erklärt, daß die angegriffenen Punkte des Entwurfs unveräußerliches Glaubensgut der christlichen Kirche enthalten. Sie weiß sich mit dem geistlichen Zeugnis der Vorläufigen Leitung und mit ihrer Liebe zum Volke eins.

gez.
Für den Landesbruderrat
der Evangelischen Kirche
der altpreußischen Union

Wilhelm von Arnim
Dr. von Rabenau
Asmussen,Pfr.
K.Scharf,Pfr.
P.Bockemühl,P
Lic.Niesel
Dr.Jannasch

Anh.Bruderrat
W.Schröter,Pfr.
M. Schmidt, Pr.

Bruderrat der
Bek.Gem.i.Bippe
van Senden,P.

gez.
Bekenntnisgemeinschaft ref.Hannover
H.Steen
Präsidium d.Bekenntnissynode Oldenburg
Pfarrer Dr.Werner
Landesbruderrat Hamburg
H.Wilhelmi,P.
H.Wilhelmi,Pfr.
Mitglied des pfälz. Bruderrates

gez.
Otto Möricke,Pfr.
Mitglied des Württ. Landesbruderrates.
Rumpf,Pfr.
als Vorsitzender des Landesbruderrates Nassau-Hessen
Adam

XVII

XVIII

XIX

XX

XXII

XXIII

XXIV

XXV

XXVI

XXVII

LIBERIA
TANZANIA
UNITED ARAB REPUBLIC
GABON
HONDURAS
AUSTRIA
IRAN
CEYLON
PARAGUAY

XXVIII

XXIX

Die Art und Weise, wie meine Gemeinden – als zwei unter Tausenden, die sich nicht anders verhielten – auf die Eingriffe der Staatspolizei und der staatskirchlichen Behörden reagiert und sich für ihren verhafteten oder suspendierten Pfarrer eingesetzt haben, ist ein aussagekräftiger Hinweis auf die Tatsache, daß die Bekennende Kirche eine Gemeindebewegung geworden war, auch wenn die frühen Ursprünge bei der Pfarrerschaft lagen. Bei Beginn des Kirchenkampfs im Jahr 1933 war ich von den Brüdern im Spandauer Johannesstift aufgefordert worden, Vertrauensmann für die »Jungreformatorische Bewegung« in der Kurmark zu werden, eine Aufgabe, die ich gerne übernommen hatte und aus der sich alles weitere ohne mein Zutun entwickelte. Diese Bewegung, die unter anderem bei Martin Doerne, Eduard und Theodor Ellwein, Karl Heim, Gerhard Jacobi, Wilhelm Lütgert, Anna Paulsen, Otto Riethmüller, Georg Schulz, Wilhelm Stählin und Heinz-Dietrich Wendland, aber anfänglich auch bei Friedrich Gogarten oder Theodor Heckel Unterstützung fand, wurde damals von Hanns Lilje und Walter Künneth geleitet und arbeitete eng mit Carl Schweitzer und Helmuth Schreiner zusammen, die in der Apologetischen Zentrale und im Kirchlich-Sozialen Dienst tätig waren. Das Spektrum dieser kirchenreformerischen Gruppe war sehr weit gezogen; sie bemühte sich im Frühjahr 1933 sogar, Brükken zu den »Deutschen Christen« zu schlagen. Einig waren wir uns in der Abwehr eines Herrschaftsanspruchs der NSDAP über die Kirche und der Einführung des Arierparagraphen in der Kirche: »Wir bekennen uns zu dem Glauben an den Heiligen Geist und lehnen deshalb grundsätzlich die Ausschließung von Nichtariern aus der Kirche ab; denn sie beruht auf einer Verwechslung von Staat und Kirche. Der Staat hat zu richten, die Kirche hat zu retten.« Die Ablehnung des Arierparagraphen führte zur Gründung des Pfarrer-Notbundes, die wir zu siebt im Hause von Martin Niemöller – unter ihnen Pfarrer Fritz Müller (Dahlem) und Pfarrer Lic. Ernst Jahn aus Steglitz – schon im Juli 1933 vorbereitet hatten; im September wurde sie förmlich beschlossen und hernach in Rundbriefen der Pfarrerschaft bekanntgegeben. Die Selbstverpflichtung des Pfarrer-Notbundes lautete:

»Ich verpflichte mich, mein Amt als Diener des Wortes auszurichten allein in der Bindung an die Heilige Schrift und an die Bekenntnisse der Reformation als die rechte Auslegung der Heiligen Schrift.

Ich verpflichte mich, gegen alle Verletzungen solchen Bekenntnisstandes mit rückhaltlosem Einsatz zu protestieren.

Ich weiß mich nach bestem Vermögen mitverantwortlich für die, die um solchen Bekenntnisstandes willen verfolgt werden.

In solcher Verpflichtung bezeuge ich, daß eine Verletzung des Bekenntnisstandes mit der Anwendung des Arier-Paragraphen im Rahmen der Kirche geschaffen ist.«

War der Pfarrer-Notbund eine Bewegung unter Theologen, eine Bewegung des Widerstandes und der theologischen Besinnung, so griff sie mit der Synode von Barmen und ihrer Theologischen Erklärung (1934) über in die Breite der Gemeinden. Von Barmen ab ging es nicht mehr nur um die geistliche Erneuerung der Pfarrerschaft, sondern ebenso um die der Gemeinden. Die Bekennende Kirche wurde zur Gemeindebewegung, die in der Auseinandersetzung mit der antichristlichen Ideologie des Nationalsozialismus eine erstaunlich breite Dynamik entwikkelte. In unseren östlichen Kirchenprovinzen war die Bewegung der Bekennenden Kirche die erste umfassende Erweckungsbewegung seit 400 Jahren. Wenn wir regionale Veranstaltungen und »Kirchentage« abhielten, wie im

Jahre 1936 unsere Veranstaltungen während der Olympischen Sommerspiele, wenn wir im Lande Brandenburg, in Vorpommern, in Thüringen oder in anderen unkirchlichen Gebieten des deutschen Ostens zu Treffen einluden, dann strömten Tausende von Gemeindegliedern aus der von uns besuchten Region zusammen.

Gemeindebewegung wurde die Bekennende Kirche auch in ihrem inneren Aufbau, in ihrer Verfassung und Organisation. Vor und während der Barmer Synode und nach der Proklamation des eigenen Gegen-Kirchenregimentes gegen die staatskirchlichen Organe konnten wir gar nicht anders entscheiden als in einem ständigen Prozeß der Rückkopplung mit der Basis in den Gemeinden. Die erstaunliche innere Autorität der Gliederungen und Organe der Bekennenden Kirche und der Zusammenhalt der Bekennenden Gemeinden gründete nicht allein in der Situation gemeinsamer Bedrängnis; die Klammer, die uns in der bruderrätlich geordneten Bekennenden Kirche – trotz erheblicher Meinungsverschiedenheiten – beieinander hielt, war das gemeinsame betende Befragen der Bibel, das Suchen in der Schrift unter Gebet in Gemeindekreisen, in den Bruderräten und auf den Synoden im Untergrund. Wir erlebten das Wunder der »ersten Liebe« (Jer 2,2; Offb 2,4) aneinander. Diese Klammer blieb wirksam bis hin zu der kühnen altpreußischen Bekenntnissynode im Herbst 1943 in Breslau mit ihrem Protest gegen die Vernichtungslager, den »Gnadentod« und die Judenverfolgung, mit ihrem Einspruch gegen die Mißhandlung von Kriegsgefangenen, von ausländischen Zwangsarbeitern in der deutschen Industrie und gegen jede Form von Rassendiskriminierung, auch der der osteuropäischen Völker. Selbst in dieser hochgespannten Situation – nach der Katastrophe von Stalingrad – wurde die Breslauer Kanzelerklärung zum fünften Gebot gemeinsam mit den drei Briefen, die der württembergische Landesbischof Theopil Wurm an den Reichsstatthalter in Stuttgart, Wilhelm Murr, an den Reichsinnenminister Wilhelm Frick und an den Chef der Reichskanzlei, Reichsminister Hans Heinrich Lammers, in der gleichen Sache gerichtet hatte, in Millionen von Exemplaren illegal gedruckt und über die Bekennenden Gemeinden verteilt und in den Gottesdiensten öffentlich bekannt gemacht. Wir fürchteten, daß diese Aktion die Existenz der Bekennenden Kirche äußerlich beenden könnte, doch wurde sie – gegen alle bisherige Erfahrung – von der Staatspolizei übergangen, offenkundig, um die Stimmung in der Truppe nicht negativ – durch Maßnahmen gegen die Gemeinden in der Heimat – zu beeinflussen. (Ebenso blieb unsere Korrespondenz mit jungen Gemeindegliedern aus der Bekennenden Gemeinde, die draußen an der Front waren, unbeanstandet, ja sie wurde gefördert, um den Willen zum Durchhalten an der Front zu stärken.)

Am entschiedensten bewährte sich der Charakter der Bekennenden Kirche als ›Gemeindebewegung im Widerstand‹ im Verborgenen: Nach dem Beschluß der »Endlösung der Judenfrage« von 1942 wurden da und dort gefährdete Juden in Häusern und Wohnungen von Angehörigen der Bekennenden Kirche versteckt; ebenso fanden Deserteure im letzten Kriegsjahr dort Unterschlupf. Da wir in unserem eigenen Haus in Sachsenhausen neben unseren fünf eigenen noch vier Kinder meines Schwagers, die auf der Flucht aus Schneidemühl zu uns gekommen waren, hatten unterbringen müssen, konnten wir es nicht wagen, einen Verfolgten bei uns aufzunehmen – aus Furcht, die Kinder könnten es den Nachbarn erzählen. Aber von der Geschäftsstelle der Bekennenden Kirche aus sammelten wir Lebensmittelkarten für untergetauchte Juden, gaben gefälschte Taufscheine und Personalausweise aus und organisierten das Untertauchen. Vorzugsweise vermittelten wir die Flüchtenden in Häuser von Kirchenältesten der Bekennenden Kirche, in denen keine Kinder lebten. Die hätten sich über den fremden Onkel oder die fremde Tante gewundert, die niemals das Haus verlassen durften. Gab es Kinder in einem Haus, das als Unterschlupf diente, wurden die Untergetauchten spätestens nach drei Wochen weitergeleitet. Von den etwa 60 000 Nichtariern, Juden und Judenchristen, die zur Zeit der Wannsee-Konferenz noch zur Berliner Synagogen-Gemeinde und der evangelischen und katholischen Kirche im Bereich Berlin gehörten, überlebten etwa 5000 die Nazizeit im Untergrund – und zwar im wesentlichen in den Wohnungen der Kirchenältesten und den Pfarrhäusern der Bekennenden Kirche. Bis zur Schließung des ›Büros an der Stechbahn‹ hatte dies, das Büro von Heinrich Grüber, Emigration und Untertauchen von ›Nichtariern‹ vermittelt und für den Bereich Berlin und Brandenburg organisiert. Während die Namen von Theologen der Bekennenden Kirche in die Kirchengeschichte der Neuzeit eingegangen sind, muß an die Hilfsbereitschaft und die Tapferkeit so vieler Gemeindeglieder der Bekennenden Kirche, die hierbei mittaten, immer wieder erinnert werden. Sie, die dem biblischen Wort als lebendiger Wahrheit vertraut hatten, waren das Fleisch dieser Bewegung, das dem Skelett des Pfarrernotbundes und der Bruderräte Gestalt gab.

Was bis in die letzten Kriegstage hinein an Widerstand der Bekennenden Kirche gegen das Hitler-Regime und als Zufluchtsangebot für die Verfolgten in Wort und Tat bewährt wurde, war in der Denkschrift der 2. Vorläufigen Leitung der Deutschen Evangelischen Kirche an den Führer und Reichskanzler vom 28. Mai 1936 vorgezeichnet. Herausgefordert durch die Götzen- und Gegenreligion der nationalsozialistischen Ideologie, hatte die Bekennende Kirche schon im Jahre 1935 mit den Vorarbeiten zu diesem Grundsatzpapier begonnen. Wie nach dem Kriege bekannt wurde, hat sich Hitler im vertrauten Kreis über den Rosenbergschen Mythos mokiert; doch er ließ es sich gern gefallen, daß er in dieser Ideologie als deutscher Heiland gefeiert wurde: »Führer, mein Führer, von Gott mir gegeben, beschütz' und erhalte noch lange mein Leben...« Die Denkschrift hielt Hitler vor: Er werde zum Gott gemacht – gegen das erste Gebot und gegen das Verständnis des Evangeliums; die Verpflichtung zum Antisemitismus stehe gegen das Gebot der Nächstenliebe; die Unterdrückung politisch Andersdenkender, die Einrichtung von Konzentrationslagern und die Beibehaltung der Geheimen Staatspolizei, die der Kontrolle durch Gerichte entzogen sei, stehe im Widerspruch zum sittlich-rechtlichen Denken christlicher Tradition. »Wir bitten aber um die Freiheit für unser Volk, seinen Weg in die Zukunft unter dem Zeichen des Kreuzes Christi gehen zu dürfen, auf daß nicht einst die Enkel den Vätern fluchen, weil sie ihnen zwar einen Staat auf der Erde bauten und hinterließen, ihnen aber das Reich Gottes verschlossen.« Der Denkschrift war als Anlage eine umfangreiche Dokumentation beigegeben, die jeden Vorhalt im einzelnen begründete und Mißstände beim Namen nannte. Von Anfang an hatte die 2. Vorläufige Kirchenleitung die Absicht gehabt, diese Denkschrift publik zu machen, wenn eine zureichendeAntwort aus der Kanzlei des Führers unterbleiben würde. Wie riskant dieser Schritt war und wie empfindlich er die Nationalsozialisten traf, wird daran deutlich, daß ihre Veröffentlichung das erste Martyrium in der Geschichte der Bekennenden Kirche zur Folge hatte.

Der Leiter der Geschäftsstelle der Vorläufigen Kirchenleitung, Dr. Friedrich Weißler, mußte das Bekanntwerden der Denkschrift mit dem Leben bezahlen. Weißler war getaufter Jude und in den Jahren vor 1934 Landgerichtspräsident in Magdeburg gewesen. Dort hatte er völlig rechtmäßig einen SA-Mann wegen Gewalttätigkeit verurteilt und war daraufhin selbst inhaftiert worden. Es war ein tapferer Akt der 1. Vorläufigen Kirchenleitung, Friedrich Weißler als »Nichtarier« zum Kanzleidirektor zu bestellen. Es war kein Einzelfall; die Geschäftsstellen der Bruderräte beschäftigten viele aus dem Staatsdienst entlassene »Nicht-Arier«. Unser brandenburgischer Bruderrat hatte fünf »Nicht-Arier« als Mitarbeiter; wir nahmen auch politisch Verfolgte auf: mein erster Mitarbeiter, als die Geschäftsstelle des Bruderrates noch in meinem Pfarrhaus in Sachsenhausen war, war ein überzeugter junger Kommunist, der nicht zur Kirche gehörte. Umgekehrt war es auch von Weißler, der im 1. Weltkrieg vom ersten bis zum letzten Tag als Soldat gedient hatte und deshalb 1933 zunächst noch im Amt hatte bleiben können, ein mutiger Schritt, sich als Mitarbeiter der Bekennenden Kirche an herausgehobener Stelle zu betätigen. Nach dem Rücktritt der 1. Vorläufigen Kirchenleitung, zu der Marahrens, Koch, Breit, Humburg und Fiedler gehörten, wurde im Februar 1936 auf der Bekenntnissynode in Bad Oeynhausen eine neue Vorläufige Kirchenleitung gebildet, in die Friedrich Müller (Dahlem), Martin Albertz – der ältere Bruder von Heinrich Albertz –, Hans Böhm, Otto Fricke und Bernhard Heinrich Forck berufen wurden. Diese Neukonstituierung war notwendig geworden, weil sich einige Mitglieder der ersten Vorläufigen Kirchenleitung auf den Kompromiß mit den Kirchenausschüssen hatten einlassen wollen, wogegen wir von den Bruderräten in Norddeutschland protestierten. Friedrich Weißler blieb Leiter der Geschäftsstelle über den Wechsel hinweg. Er arbeitete von nun an eng mit zwei theologischen Adlati, Ernst Tillich, einem Neffen von Paul Tillich, und Werner Koch, zusammen, der Letztgenannte hat seine Erlebnisse unter dem Titel »Sollen wir K. weiter beobachten?«, aber auch Publikationen über Gustav Heinemann und Martin Niemöller veröffentlicht. Weißler hatte die streng vertrauliche Denkschrift seinen beiden Mitarbeitern für eine Nacht zur Verfügung gestellt, damit sie daraus Stichworte entnehmen könnten. Dabei ist die Denkschrift als ganze abgeschrieben worden und an die Auslandspresse gelangt. Weißler hatte dies in Kauf genommen. Da zu diesem Zeitpunkt wegen der Berliner Olympiade zahlreiche ausländische Gäste im Land waren, hielt er die Gelegenheit für günstig, auf die Pressionen der Nationalsozialisten hinzuweisen und das Weltgewissen wachzurütteln. Er tat es in eigener Verantwortung. Die Mitglieder der 2. Vorläufigen Kirchenleitung waren von der Veröffentlichung vollkommen überrascht. Sie vermuteten, der Text sei aus der Reichskanzlei ins Ausland gegeben worden, um die Bekennende Kirche national zu diskreditieren und einen Grund zu erhalten, sie zu verbieten. Es stellte sich heraus, daß Hitler die Denkschrift nie zu Augen bekommen hatte, weil das Papier »zuständigkeitshalber« an das Reichskirchenministerium weitergeleitet worden war. So kam es am 23. August 1936 zur Kanzelabkündigung, die den Inhalt der Denkschrift den Gemeinden bekanntgab. Da im Olympischen Jahr die Staatspolizei von einer Verhaftung der auch international bekannten Leitungsmitglieder der Bekennenden Kirche absehen mußte, andererseits ihre Wut angesichts dieser weltweit aufsehenerregenden Publikation grenzenlos war, konzentrierten sich die Repressionen auf Friedrich Weißler. Er wurde im Oktober 1936 mit seinen beiden Mitarbeitern verhaftet. Bis zum 13. Februar 1937 befand er sich in den Händen der Berliner Gestapo; dort verliefen die Vernehmungen einigermaßen regulär. Doch nach fünf Monaten ›Untersuchungshaft‹ überstellte man ihn ins Konzentrationslager Sachsenhausen. In ihm wurde er vom 13. bis 19. Februar sechs Tage und Nächte hindurch grausamst gefoltert. Am 19. Februar schließlich haben ihn SS-Leute in seiner Zelle zu Tode getreten, so daß die Eingeweide aus seinem Leib herausquollen. Damit ist der 19. Februar Gedenktag für den ersten Märtyrer der Bekennenden Kirche geworden, den wir Jahr für Jahr begehen sollten. Fünfzig Jahre danach fand an seinem Grab in der DDR zum erstenmal – erst dann – eine Gedenkstunde statt, in der wir uns des tapferen und entschiedenen Christen Friedrich Weißler erinnert haben. Bischof Forck, dessen Vater 1936 Mitglied der Vorläufigen Kirchenleitung war und Friedrich Weißler als ersten Märtyrer der Bekennenden Kirche in seinem Buch über die Märtyrer dieser Zeit gewürdigt hat, hielt die Gedenkrede vor einer nicht kleinen Gemeinde, die aus Potsdam, der Mark Brandenburg, aber auch aus Westberlin nach Stahnsdorf gekommen war.

Die Mitarbeit und Mitgliedschaft in der Bekennenden Kirche bedeutete für jeden, der sich an diesem Kampf der Kirche gegen den Nationalsozialismus beteiligte, ein hohes persönliches Risiko und eine hohe Verantwortung für das Leben der anderen Glieder der Bewegung. Es ist darum nicht erstaunlich, daß bei aller Einigkeit in den Zielen tief aufwühlende Diskussionen und Auseinandersetzungen über den Weg und die anzuwendenden Methoden wieder und wieder aufbrachen. Solche Spannungen waren und sind in einer großen Organisation auch in friedlichen Phasen unvermeidlich, wie viel mehr in Phasen der Gefahr. Von Schuld in tieferem Sinn darf der rückblickende Beurteiler meines Erachtens nicht sprechen. In den Bruderratssitzungen und Synoden, die wir nachts im Keller irgendeines Gemeindehauses hielten, geschah es nicht selten, daß entweder Martin Niemöller erregt hinausrannte – dann gingen einige von uns hinter ihm her, um ihn zur Rückkehr zu bewegen – oder daß Hans Asmussen den Raum verließ –, ebenso bald gefolgt von Brüdern, die ihn zurück in die Sitzung baten. Die Eidesproblematik war eine der Fragen, über die hart gestritten wurde. Doch haben ›wir Altpreußen‹ uns immer wieder zusammengerauft, haben Tag und Nacht, notfalls noch einen Tag und noch eine Nacht nach dem gemeinsamen Weg gesucht, bis die Schlußabstimmungen auf den Bekenntnissynoden – bei vielleicht ein oder zwei Stimmenthaltungen – in der Regel einmütig erfolgten und die beschlossenen Kanzelabkündigungen je von der Gesamtsynode getragen wurden.

Es gab Situationen, in denen Entscheidungen auch Scheidungen mit sich brachten. Als der Berliner Bruderrat 1935 zu den von Reichskirchenminister Hanns Kerrl verfügten gebildeten Kirchenausschüssen neigte, löste sich der brandenburgische Bruderrat aus dem bisherigen Verbund der Berlin-Brandenburger Synode, weil er in der Einsetzung der Ausschüsse einen staatlichen Eingriff sah, der grundsätzlich abzulehnen sei. Es kam zur Bildung einer eigenen brandenburgischen Bekenntnissynode. Auf ihr, im Dezember 1935, schlug Otto Dibelius als Mitglied des Brandenburger Bruderrates überraschend vor, mich zum Präses der Synode zu wählen. Dies geschah durch Akklamation. Ich wurde zum Präses gewählt und habe den Auftrag zunächst für den Bereich Brandenburg – ab 1938 auch als Vorsitzender der Landesbruderräte – behalten.

Die Zerreißproben innerhalb der Bekenntnisfront, die von der Bekennenden Kirche im engeren Sinne zu unterscheiden ist, hatten schon früh eingesetzt. Wir hatten im Januar 1934 die Kapitulation der lutherischen Bischöfe Wurm und Meiser vor Reichsbischof Müller erlebt, die zu einem tiefen Riß zwischen den norddeutschen Bruderräten der Altpreußischen Union und des lutherischen Sachsens auf der einen und den intakten Kirchen des Luther-Rates auf der anderen Seite geführt hatte. Das Ereignis hatte eine unglückliche Vorgeschichte, die wir sehr bald danach – confusione hominum et Dei providentia – als eine glückliche Fügung ansahen. Wegen der Wirren in der

Deutschen Evangelischen Kirche hatte Hitler die Repräsentanten aller Gruppierungen der Evangelischen Kirche zu einem Empfang eingeladen. Zu dem Empfang am 25. Januar waren Bischöfe, Deutsche Christen und Vertreter des Pfarrernotbundes erschienen. Die Absicht, den Rücktritt von Reichsbischof Müller zu erreichen, mißlang, als Göring zu Beginn ein abgehörtes Telephongespräch zwischen Niemöller und Künneth dramatisch ausgeschmückt vortrug und es als Beweis dafür kommentierte, daß die Opposition der Bekennenden Kirche und des Pfarrernotbundes den Staat gefährde, »einen Keil zwischen den Führer und den Reichspräsidenten treiben wolle« (Niemöller hatte Künneth davon unterrichtet, daß der Reichspräsident durch ihn informiert worden sei und Einfluß auf den Kanzler genommen habe). Hitler tat empört, und die übrigen Anwesenden waren so schockiert, daß Hitler sich später rühmen konnte, Wurm und Meiser seien seiner Suggestion erlegen; Niemöller reagierte in innerlich freier, klarer und tapferer Haltung sehr gelassen: er bestätigte das Telephonat, zugleich erläuterte er den schweren Kampf des Pfarrernotbundes als Kampf nicht nur aus der Sorge um die Kirche und ihre Freiheit, sondern aus Sorge um Volk und Staat. Diese Standhaftigkeit Niemöllers hat Hitler nicht vergessen. Er war es nicht gewöhnt, daß sich jemand, den er beeindrucken wollte, dem Einfluß seiner vehementen Persönlichkeit nicht beugte. Er verwies Niemöller barsch, die Sorge um das deutsche Volk solle er gefälligst ihm überlassen. Diese Szene war der Grund dafür, daß nach dem Prozeß gegen Niemöller, der im Februar 1938 praktisch mit einem Freispruch endete, Hitler den Notbund-Vorsitzenden durch persönliche Anordnung ins Konzentrationslager einwies.

Wäre der Empfang nach dem Wunsch der lutherischen Bischöfe verlaufen, hätte er zu einem bösen Kompromiß geführt, der die Bekennende Kirche wirklich gelähmt hätte. Nun machten sie die »Unbedachtheit« Niemöllers für das Scheitern verantwortlich. Die Spannungen zwischen den lutherischen Bischöfen und der Bekennenden Kirche der Bruderräte wurden durch die Vermittlung von Sup. Hugo Hahn-Dresden, dem späteren Bischof dort, zeitweise beigelegt, lebten jedoch schon 1935 wieder auf und verstärkten sich im Jahre 1938. Angesichts des drohenden Einmarschs deutscher Truppen in die Tschechoslowakei hatte die Vorläufige Kirchenleitung eine Gebetsliturgie verfaßt, die am 30. September in den Gemeinden der Bekennenden Kirche gebraucht werden sollte. Sie war eine eindeutige Absage an die Krisenpolitik Hitlers und ein deutsches Bußbekenntnis angesichts des drohenden Krieges. Sie schloß die vom Krieg bedrohten Menschen und Länder in die Fürbitte ein. Nachdem durch das Münchener Abkommen die unmittelbare Kriegsgefahr abgewandt war, brauchten die Gottesdienste in dieser Form nicht gehalten zu werden. Doch die Liturgie war versandt und dadurch den Partei- und SS-Stellen bekannt geworden; das »Schwarze Korps«, der »Stürmer«, der »Völkische Beobachter« – die gesamte braune Presse – griffen die Liturgie an als ein Dokument nationaler Schande; sie bezichtigten die Bekennende Kirche des Landesverrates in weltpolitisch hochgefährdeter Situation. Daraufhin sagten sich die lutherischen Bischöfe von der Vorläufigen Kirchenleitung der Bekennenden Kirche und der Liturgie los. Sie distanzierten sich nicht nur vom Text der Gebete, sondern verurteilten den Akt als »vaterländisch unverantwortlich«. Erst nach dem Angriff deutscher Truppen auf die Sowjetunion änderte Landesbischof Wurm seine Haltung grundsätzlich und nachhaltig: Er tat öffentlich Buße dafür, daß er den Bruderräten und der Vorläufigen Kirchenleitung in den Rücken gefallen sei: »Solche Stunden, in denen die Macht der Finsternis größer ist als die des Lichts, gibt es, und wir müssen uns darüber vor Gott und den Menschen demütigen.« Fortan bekannte er sich ganz zu den Bruderräten. Er trat im Alleingang – ohne seinen Oberkirchenrat – unerhört kühn heraus und brachte sich ab 1941 durch seine drei berühmt gewordenen Briefe gegen Euthanasie, Judengesetzgebung, Konzentrationslager und die Mißhandlung von Zwangsarbeitern in unmittelbare Lebensgefahr. Wurms Zugehen auf die Bruderräte, sein mutiges Zeugnis gegenüber den staatlichen Stellen, das er durchhielt trotz der Widerstände seines Oberkirchenrats, der ihn beschwor, sich und die Kirche nicht in solch tödliche Gefahr zu bringen, und seine Einigungsbemühungen fanden beim altpreußischen Bruderrat ein positives Echo; von der Sozietät erfuhr er dennoch Kritik, ihr gingen seine Einsprüche nicht weit genug. Das Einigungswerk Wurms halte ich rückblickend für eine einflußreich wichtige Wegstrecke der jüngsten Kirchengeschichte – es hat sich auf die bereits erwähnte Breslauer Bekenntnissynode ausgewirkt. Es ist auch ein Beweis dafür, daß die Bekennende Kirche eben nicht seit 1938 verstummt und als Protest-Bewegung nicht mehr öffentlich in Erscheinung getreten sei; sie hatte weiterhin Zulauf, sie hat Unterstützung in den Gemeinden gefunden und hat bis zuletzt kirchenleitende Funktionen ausgeübt. Nur so war es der Bekennenden Kirche nach Kriegsende möglich, den vier Besatzungsmächten als glaubwürdige Gesprächspartnerin und Repräsentantin nicht nur der evangelischen Christenheit, sondern des ganzen deutschen Volkes entgegenzutreten. Das galt auch für die damalige Ostzone. Bischof Albrecht Schönherr hat berichtet, daß im Herbst 1945 der für den Bezirk zuständige sowjetische Offizier seine Frau auf ihre Zugehörigkeit zur Bekennenden Kirche hin angesprochen und gebeten habe, sie möge über den Provinzial-Bruderrat dafür sorgen, daß in Brüssow für die Bevölkerung Gottesdienste gehalten würden. Der Offizier tat dies auch in der Absicht, den Bewohnern des Ortes eine Gelegenheit zur Zusammenkunft und eine politisch nicht belastete, deutsche Identifikationsmöglichkeit zu geben.

Ein wesentlicher Arbeitszweig der Bekennenden Kirche war von Beginn an die Jugend- und Studentenarbeit. Nachdem Reichsbischof Müller am 19. Dezember 1933 den Eingliederungsvertrag mit Baldur von Schirach unterzeichnet hatte, wurden die freien evangelischen Jugendverbände, die Jungmänner- und Jungmädchenvereine in die Hitler-Jugend überführt. Die Schülerbibelkreise lösten sich kurzerhand auf, um offizielle Zeremonien der Eingliederung zu vermeiden. Die Antwort der Bekennenden Kirche darauf war die Bildung von Jugendkammern und die Sammlung der Jungen und Mädchen in der Jungen Gemeinde. Unter Berufung auf die Weimarer Reichsverfassung, die die kirchliche Eigenständigkeit garantierte, verstanden wir die Junge Gemeinde als Teil der Gesamtgemeinde. Ähnliches geschah für die studentische Jugend: Als die Korporationen in den NS-Hochschulbund eingegliedert und die Deutsche Christliche Studenten-Vereinigung (DCSV) verboten worden waren, bildeten wir die Evangelischen Studentengemeinden, die ohne eingeschriebene Mitgliedschaft und ohne Vereinsstatuten ebenfalls Teil der Bekennenden Gemeinde wurden. Der frühere Sekretär der DCSV, Martin Fischer, übernahm die Tätigkeit eines Reisesekretärs für die Studentengemeinden. Unter den Mitgliedern der DCSV sammelte er über das ganze Reichsgebiet hin die Studentengemeinde; zu ihr fanden sich keineswegs nur die jungen Theologen, sondern überwiegend die Studenten der anderen Fakultäten, Mediziner, Historiker, Philologen, Germanisten, Philosophen und Juristen. Fischer sondierte an den Universitäten im Reichsgebiet, sammelte Informationen über die Gesamtprofessorenschaft und gewann detaillierte Kenntnisse besonders über die Situation an den theologischen Fakultäten: Wer hielt sich zur Bekennenden Kirche und wer nicht? Er wurde, so darf ich es ausdrücken, das Gewissen der Theologieprofessoren. Seine Berichte über die Erfahrungen an den verschiedenen Fakultäten waren für die Bekennende Kirche hochinteressant und vermittelten uns den Eindruck von den Einflüssen, denen die akademische Jugend ausgesetzt war. Die nationalsozialistische Kultur- und Hochschulpolitik stieß keineswegs durchgängig auf Gegenliebe; das Spektrum derer, die in Distanz oder gar Opposition zu den Nazis standen, war breit und zugleich sehr differenziert. Einen Einblick in jene inneren Auseinandersetzungen geben die von Klaus Scholder herausgegebenen Protokolle der Berliner Wissenschaftlerrunde »Die Mittwochsgesellschaft«, zu der so bekannte Professoren gehörten wie der Theologe Hans Lietzmann oder der Mediziner Ferdinand Sauerbruch. Die Mittwochsgesellschaft traf sich regelmäßig zu einem wissenschaftlichen Vortrag aus einer der vertretenen Disziplinen und führte im Anschluß daran eine offene Diskussion, ohne Rücksicht auf die NS-Ideologie zu nehmen. Dabei ergab sich zunächst eine gewisse Nähe zur Bekennenden Kirche, die ab 1935 – zu dieser Zeit erfolgte die Einsetzung der Kirchenausschüsse – wieder verlorenging; zu den Bruderräten der Bekennenden Kirche nahm man von da ab erklärte Distanz. Lietzmann verließ die Prüfungskommission der Bekennenden Kirche mit der Begründung, wir seien in der Lehre zu doktrinär und kirchenpolitisch zu radikal; das staatliche Kompromißangebot in der Form der Kirchenausschüsse und durch die Einrichtung eines eigenen Kirchenministeriums könne man nicht ausschlagen.

So erfuhren wir von Martin Fischer Näheres über Hans Freiherr von Soden und Rudolf Bultmann, beide in Marburg, die sich zur radikalen Linie der Bekennenden Kirche hielten. Es war schon eigentümlich: die Theologen aus dem »links-liberalen« Lager standen zu den Bruderräten, während die beiden Erlanger Koryphäen der lutherischen Theologie, Paul Althaus und Werner Elert, mit ihrem »Theologischen Gutachten über die Zulassung von Christen jüdischer Herkunft zu den Ämtern der deutschen Evangelischen Kirche« vom 25.9.1933, das staatliche Vorgehen gegen »Nichtarier« legitimierten und im »Ansbacher Ratschlag« sich von der Barmer Theologischen Erklärung distanzierten. Ähnlich versagten allerdings auch die liberale Jenenser Fakultät und in Göttingen und in Breslau Emanuel Hirsch und Friedrich Gogarten; sie arbeiteten, die ehemaligen »Dialektiker«, den Deutschen Christen ideologisch zu.

Auf der 3. Reichs-Synode der Bekennenden Kirche, die im Juni 1935 in Augsburg zusammengetreten war, hatten wir uns dahin entschieden, daß die Bekennende Kirche eigene Kirchenleitung wahrzunehmen und eigene kirchliche Ausbildungsstätten zu schaffen habe. Zunächst wurden Kurse eingerichtet, bis wir die Kirchlichen Hochschulen aufbauten. Da der Himmler-Erlaß vom Dezember 1935 der Bekennenden Kirche jegliche kirchenleitende Tätigkeit und auch eigene Ausbildungsinstitute verbot, mußte der Lehrbetrieb der nun illegalen Kirchlichen Hochschule in Berlin in den Untergrund verlegt werden. Martin Fischer gehörte zu deren Dozenten, ebenso Günther Dehn; die Leitung lag anfangs bei Hans Asmussen, später bei Heinrich Vogel. Vor kurzem hat mir eine gebürtige Siebenbürgerin, heute Pastorin und Pastorenfrau, sehr lebendig geschildert, wie es ihr 1939 als Studentin der illegalen Hochschule erging. Sie besuchte die Vorlesungen von Asmussen, Dehn, Fischer und Vogel, dies vollzog sich ganz und gar nicht so, wie im heutigen akademischen Lehrbetrieb üblich, sondern eben konspirativ: sie seien je lange mit der Straßenbahn quer durch Berlin unterwegs gewesen, jeder einzeln für sich, zu einer Privatwohnung oder in den Keller eines Gemeindehauses. In der Bahn saß man nebeneinander, ohne den andern zu kennen, »tropfenweise« betrat man den jeweiligen Versammlungsraum, um nicht aufzufallen und war erstaunt, das Gesicht, das man eben noch unterwegs gesehen hatte, als das eines Kommilitonen zu entdecken; man tat jedenfalls so, die Fiktion wurde durchgehalten. Eine der Wohnungen, in denen Kollegs der Kirchlichen Hochschule stattfanden, gehörte Frau Blank-Lubarsch in der Grunewaldstr. 34; nach dem Krieg haben wir, Familie Scharf, dort gewohnt.

Martin Fischers Tätigkeit beschränkte sich nicht auf die Dozentur in den Katakomben der Hochschule und auch nicht auf die Reisen in die Universitätsstädte; er sammelte auch die ehemaligen Mitglieder der DCSV, die ihr Studium abgeschlossen hatten, in der Altakademikerschaft; sie traf sich ohne feste Organisation als lose Gruppe. Einer der »Stützpunkte« für diese Zusammenkünfte war das Haus von Joseph Chambon, dem leitenden Geistlichen der Hugenottengemeinde und dem Hauptprediger am Französischen Dom in Berlin. Zu ihm bin ich häufig gefahren, solange ich Berlin betreten durfte. Er hielt sich zu den Bruderräten der Bekennenden Kirche, während andere französisch-reformierte Christen eine nationalistische Haltung hatten, so daß Martin Albertz seinerzeit unterschied: »Es gibt nicht nur die ›DC‹, es gibt auch die ›FC‹, die ›Französischen Christen‹ eines ähnlich exklusiv völkisch bestimmten Christentums.« Ein anderer »Stützpunkt« war die Wohnung des Frohnauer Verlagsbuchhändlers H. Erman, der auch die Notgemeinde Frohnau-Hermsdorf bei sich aufnahm, die von Gerhard Ebeling, dem späteren Professor für Systematische Theologie in Tübingen und

Zürich, als illegalem Hilfsprediger geleitet wurde. Aus dieser Arbeit Martin Fischers ist, wie gesagt, die Evangelische Akademikerschaft in Deutschland hervorgegangen. Die zur Zeit des Kirchenkampfs entwickelte und bewährte organisatorische Lösung der »Jungen Gemeinde« und der »Studentengemeinde« haben wir nach dem Krieg beibehalten. Im Gegensatz zu den Gruppierungen, die sich wie der CVJM oder die Pfadfinderschaft nach dem Krieg wieder Vereinsstatuten gegeben haben und infolgedessen im östlichen Bereich von der FDJ aufgesogen worden sind, hat – wenngleich nicht ohne Schwierigkeiten – die Junge Gemeinde und die Studentengemeinde als Teil der Gesamtgemeinde auch dort fortbestehen und die kirchliche Arbeit in der jungen Generation weiterführen können. Diese Entwicklung ist für den weiteren Weg der Evangelischen Kirche in der DDR von Bedeutung gewesen.

An viele Namen aus der Zeit der Bekennenden Kirche wäre zu erinnern, gerade an die Menschen, die in der engen brüderlichen Gemeinschaft etwa des Provinzial-Bruderrates viel gewagt und bewirkt haben: an Erich Andler, Georg Seyler, Frau von Gottberg, an den Freiherrn von Falkenhausen, einen bekannten Dante-Forscher aus Potsdam, an Detlev von Arnim-Kröchlendorff und an Wilhelm von Arnim-Lützlow, die Rittergutsbesitzer, der Letztgenannte wohnte in Berlin und hat uns Brandenburger im Preußischen Bruderrat vertreten. Unter den Pfarrern sind zu nennen: Heinrich Vogel, Günter Jacob, Eugen Weschke, unter den Nichttheologen vor allem noch Ludwig Körte, ehemaliger Großbankier und Rittergutsbesitzer, und der akademische Bildhauer Wilhelm Groß, Oranienburg-Eden, und der Ingenieur Hugo Stößinger, Falkensee. Sie und die vielen anderen, die als Theologen und als ›Laien‹ in den Gemeinden der Bekennenden Kirche ›unten‹ verwurzelt waren, bildeten den Rückhalt, ohne den der Kampf gegen den Nationalsozialismus und der Widerstand auf vielen ›oberen‹ Ebenen der Auseinandersetzung nicht möglich gewesen wäre. Auch meine langjährige ›rechte Hand‹ Senta Maria Klatt sei in diesem Zusammenhang erwähnt. Sie war schon in der 1. Vorläufigen Kirchenleitung Sekretärin gewesen und schied bei deren Rücktritt dort aus. Wegen dieser ihrer Tätigkeit kam es bei einem der offenen Abende von Martin Niemöller einmal zu einer bezeichnenden Szene: Niemöller wollte Frau Klatt aus der Gesprächsrunde ausweisen, weil er sie für eine Informantin der 1. Vorläufigen Kirchenleitung hielt, die in ihrer Mehrheit dem staatlichen Kompromiß zuneigte. Frau Klatt durfte bleiben, nachdem sie durch Brandenburger Teilnehmer des offenen Abends als unverdächtig bezeichnet worden war. Sie wurde Privatsekretärin beim abgesetzten Generalsuperintendenten Otto Dibelius, der für den Bruderrat arbeitete. – Eine wichtige Rechtsposition eroberte sich die Bekennende Kirche in Berlin-Brandenburg dadurch, daß sie in den Gemeinden Gustav-Adolf-Kreise gründete. Durch deren Delegierte gelang es ihr, die Leitung des Provinzialvereines des Gustav-Adolf-Werks zu übernehmen und die nicht zur Bekennenden Kirche gehörenden Vorstandsmitglieder und Mitarbeiter abzuwählen. Ein Laie, Dr. Albert Dietrich, erhielt den Vereinsvorsitz des wichtigen kirchlichen Werkes. Es konnte fortan als legales Institut für das Wirken der Bekennenden Kirche auch in bis dahin unzugänglichen Gemeinden eingesetzt werden. Die Brüder Böhm und Dibelius wurden die führenden Theologen der Gustav-Adolf-Vereine Berlin und Brandenburg, Otto Dibelius ›hauptamtlich‹ Vorsteher des gemeinsamen Büros, das am Gardeschützenweg im selben Haus untergebracht werden konnte wie der altpreußische Bruderrat. So nahm er die Funktionen im Gustav-Adolf-Werk wahr und versah gleichzeitig Aufgaben – eine Etage höher – als Mitarbeiter des altpreußischen Bruderrats (gemeinsam mit Wilhelm Niesel und Friedrich Müller-Dahlem). Als Adlatus im Gustav-Adolf-Werk war ihm – Dibelius – zu der Zeit der illegale Hilfsprediger der Bekennenden Kirche Wolf-Dieter Zimmermann beigegeben. – Senta Maria Klatt wurde Chefsekretärin im Büro des Provinzial-Bruderrates der Mark Brandenburg und damit meine Mitarbeiterin, die mir seitdem über Jahrzehnte zugearbeitet hat und eine unentbehrliche Helferin gewesen ist.

Über viele Einzelheiten der Arbeit dort und hier ließe sich noch berichten; als exemplarisch wichtig für den kirchlichen Widerstand gegen die nationalsozialistische Gewaltherrschaft ist die zuvor kurz erwähnte Arbeit des Büros von Heinrich Grüber hervorzuheben. Zu Beginn der Nazi-Zeit war die Berliner synagogale Gemeinde 160000 Seelen groß. Dazu kamen die zu betreuenden christlichen Nichtarier. Durch Emigration und Verschleppung in Konzentrationslager wurde die Zahl der jüdischen Gemeindeglieder bis zur Wannsee-Konferenz auf 16000 reduziert. Zur Emigration half das Büro Grüber. Es vermittelte nicht nur christliche Nichtarier, sondern ebenso nichtchristliche Juden ins Ausland. Nicht immer führten diese Bemühungen zum Ziel; sie scheiterten keineswegs nur an den deutschen Ämtern, auch z. B. schweizerische Grenzbehörden schickten Juden, die bereits die Grenze überschritten hatten, wieder ins Reich zurück und überstellten sie der deutschen Polizei. Das Motiv für dies Verhalten war die Angst, das ›Rettungsboot‹ Schweiz könnte überfüllt werden; aber man befürchtete offensichtlich auch politische Restriktionen des hochgerüsteten Deutschen Reiches gegen das kleine Land, wenn es zum Asyl für fliehende Juden würde. – Nach der Wannsee-Konferenz organisierte das Büro Grüber systematisch das Abtauchen von Juden in Verstecke für den östlichen Teil des Reichs; im Westen war Frau Luckner, die Leiterin der katholischen Caritas-Zentrale in Freiburg im Breisgau, die entsprechende Anlaufstelle. In der Zeit vor der Wannsee-Konferenz hatte Heinrich Grüber Kontaktstellen, die über das ganze Reich verteilt waren. Zu ihnen gehörte der Heidelberger Pfarrer Hermann Maas, den sein Landeskirchenamt auf Druck der Nazis 1943 zwangsweise in den Ruhestand versetzt hatte und der ein Jahr später nach Frankreich zur Zwangsarbeit deportiert worden war; er hat nach dem Krieg viel für das Zustandekommen des jüdisch-christlichen Gespräches getan und ist vom Staat Israel wegen seines Einsatzes in der Nazi-Zeit hoch geehrt worden. Daß das Büro Grüber sich zunächst vorwiegend für nicht-arische Christen verwandt hatte, hing damit zusammen, daß in den ersten Jahren des »Dritten Reichs« eigene jüdische Vertretungen eingerichtet worden waren. Jüdische Kinder etwa durften zwar nicht mehr die staatlichen Schulen besuchen; doch konnten jüdische Organisationen sie zunächst in jüdischen Schulen auffangen. Die nichtarischen Christen dagegen, für die keine eigene Organisation bestand, waren auf die Hilfe der Bekennenden Kirche angewiesen. Mit den wachsenden Verfolgungen, die beide Gruppen in gleicher Weise trafen, weitete das Büro Grüber seine Hilfsmaßnahmen für alle Betroffenen aus. Im Ausland haben dabei besonders Willem A. Visser't Hooft und Dr. Adolf Freudenberg in Genf geholfen. Freudenberg – nach dem Krieg Helmut Gollwitzers Schwiegervater – hatte als Ehemann einer ›nichtarischen‹ Frau seine Stellung als Botschaftsrat verloren und Theologie studiert, bis er im Auftrag der Bekennenden Kirche nach Genf ging. In England war der Verbindungsmann für das Büro Grüber der Bischof von Chichester, George Bell; er sorgte dafür, daß die von Bonhoeffer und Grüber dorthin vermittelten nichtarischen Christen und Juden in England bleiben durften. Heinrich Grüber und Hermann Maas haben nach dem Krieg bei der ersten »Konferenz für Christen und Juden«, die im August 1946 in Oxford stattfand, die deutschen evangelischen Kirchen vertreten und – eben sie, die tapferen Helfer der Juden – ein Schuldbekenntnis für die Deutschen gesprochen.

Je mehr sich die Herrschaft des Nationalsozialismus ihrem Ende zuneigte und erkennbar wurde, daß der Krieg verloren gehen würde, desto nervöser reagierte die Führung auf allen Ebenen; sie reagierte blindwütig auf leiseste Kritik. In solcher Atmosphäre wurde es für die Bekennende Kirche immer schwieriger und gefährlicher, das, was zu sagen notwendig war, gezielt und überzeugend vorzubringen. Heutige Kritik am Weg der Bekennenden Kirche – ich muß immer wieder darauf zurückkommen – übersieht die besondere Situation in einem totalitären System. Visser't Hooft hat die Rolle der Bekennenden Kirche im Nazistaat einmal an dem Wort Jesu über das Reich des Satans, das zerfällt, wenn es mit sich selbst uneins wird (Mk 3,26), demonstriert. Er hat damit meines Erachtens den Charakter des kirchlichen Widerstands im Dritten Reich sehr gut getroffen: Ein totalitäres System lebt von der absoluten Einheit. Bricht an einem Punkt Widerstand auf, so ist es an der Wurzel gefährdet. Darum greifen Vorhaltungen, daß wir institutionseigensüchtig ja nur die freie Verkündigung der Kirche oder die Ordnung der Amtskirche gegen staatliche Eingriffe verteidigt hätten, daneben, zu kurz; sie blicken auf Einzelvorkommnisse, unabhängig von den Zeitumständen. Der Widerstand fand seinen Ausdruck eben nicht nur in den Aktionen und Verlautbarungen, die weit bekannt geworden sind, sondern auch durchgängig und wachsend in weniger spektakulären, beinahe alltäglichen Verhaltensweisen. Ein katholischer Christ hat dies in einem Podiumsgespräch kürzlich so geschildert: In der Hitler-Zeit seien sie als fromme Katholiken morgens um 1/2 9 Uhr zur Messe gegangen. Auf dem Nachhauseweg gegen 10 Uhr seien sie den evangelischen Christen begegnet, die unterwegs zum Bekenntnisgottesdienst waren. Sie seien miteinander erkennbar gewesen am Gesangbuch in der Hand. Sie hätten voneinander gewußt: die sind auch keine Nazis, – ja, sie hätten diese Treffen an jedem Sonntagmorgen – bewußt – als politischen Widerstand erlebt. Und so sei der Vorgang – nachzulesen in örtlichen Polizeiakten – auch vom nationalsozialistischen Staat beurteilt worden. Der katholische Christ war Walter Dirks.

Die Waffe des Rechts

Im Deutschland der Weimarer Republik waren zwischen Staat und Kirche Rechtsbeziehungen ausgehandelt worden, die die Kirche dem Staat als freien Partner gegenüberstellten. An die Stelle der Staatskirche war eine vom Staat unabhängige Kirche getreten, die im öffentlichen Leben eine singuläre Rechtsform beanspruchte und erhielt: sie wurde ›Körperschaft des öffentlichen Rechtes‹ eigener Art, das ist eine öffentlich-rechtliche Körperschaft mit ›Hoheitsrechten‹ gegenüber ihren Mitgliedern, wie sie sonst nur der Staat gegenüber seinen Bürgern hat. Wir jungen Pastoren in der Zeit vor 60 Jahren, die wir den Beginn und die grundlegende Phase dieser Entwicklung als Oberschüler und Studenten miterlebt hatten, maßen ihr keine Bedeutung zu. Wir waren aufgewachsen und erzogen in einer Epoche des Individualismus – in der bürgerlichen Gesellschaft – und der Einzelfrömmigkeit – in der Kirche –. Die Kirche als Institution und die Entscheidungen und Sorgen ihrer Leitung waren uns gleichgültig. Die Mitglieder der Kirchenleitung kannten wir kaum. Dienst- oder Lehraufsicht uns gegenüber übten sie ohnehin nicht. Die evangelische Kirche jener Jahre war ein Sprechsaal aller denkbaren Meinungen. Kirchenparteien stellten die Kandidaten auf, die Wahl erfolgte nach dem Proporzsystem. Bekenntniskriterien galten weder gegenüber den Parteien noch gegenüber dem einzelnen Kandidaten. Als im Blick auf diese Kirche der damalige Generalsuperintendent der Kurmark, Otto Dibelius, eine Vortragsreihe unter dem Titel herausgab »Das Jahrhundert der Kirche«, haben wir diese These als zu verurteilenden Klerikalismus abgelehnt. Sein Buch war, wenn auch aus zum Teil anderen Gründen, als sein Verfasser sie sah, ein prophetisches Buch. Unser Jahrhundert wurde das der größten Kirchenverfolgung und zugleich das der stärksten Ausbreitung des Christentums in allen Teilen der Erde, bei uns in der westlichen Welt für den Protestantismus in der Tat das Jahrhundert der Kirchbildung.

Hatten wir die sich selbständig ordnende Kirche der Weimarer Zeit nicht wahrgenommen, nicht geliebt, so war uns ihre Rechtsgestalt völlig gleichgültig. Beides sollte 1933 im Januar mit einem Schlage anders werden. Als der totalitäre Weltanschauungsstaat in die Kirche eingriff, ihre Leitung absetzte, neue »Führungs«-Ämter einrichtete und die Herrschaft beanspruchte auch über die »Seelen«, über die Gesinnung der Staatsbürger und Kirchenglieder, besannen wir uns auf die Gebote und Zusagen der Heiligen Schrift, wurde uns die Frage der »rechten Lehre« zum »status confessionis«, lernten wir unsere Kirche lieben, traten für unsere aus ihren Ämtern vertriebenen »kirchlichen Oberen« ein und erkannten die hohe Bedeutung der rechtlichen Gestalt der Kirche für unser Widerstehen. Wir erkannten, daß die Einbrüche in die kirchliche Struktur, die Eingriffe in die Kompetenz der leitenden Organe, ja, in die Form des Gottesdienstes und daß – auch – Verfälschung und Umdeutung der kirchlichen »Amtshandlungen« und der kirchlichen Sitten sich dort ereigneten, wo Erstarrung erfolgt war oder Fehlentwicklungen sich ergeben hatten. Die Geißel des Gottesfeindes traf uns, wo es nötig war, uns als christliche Gemeinde zu erwecken und zu erziehen. Die Glieder der Gemeinden, auch Pastoren und Mitarbeiter hatten im ersten Drittel unseres Jahrhunderts, ja, durch Jahrhunderte bis ins erste Drittel dieses Jahrhunderts, die rechtliche Gestalt der Kirche als ein »Adiaphoron«, als unwichtige Äußerlichkeit, betrachtet. Der Protestantismus in Deutschland hatte es als selbstverständlich genommen, sich jeweils dem staatlichen System anzupassen im Aufbau der äußeren Ordnung der Kirchen. Die Listen der Kandidaten wurden von den Parteivorständen über das Land hin beschlossen, ohne daß die Mitglieder der wählenden Gemeindekörperschaften die Personen der Kandidaten kannten. Die – von Hitler angeordnete – Kirchenwahl im Juli 1933 wäre so nicht ausgefallen, hätten wir vor 1933 ein echt synodales Wahlverfahren besessen. Recht und Ordnung der Kirche und in der Kirche dürfen nicht von außen gesetzt werden. Sie müssen von ihrem Wesen, vom Bekenntnis der Kirche bestimmt sein! Das haben wir im Kirchenkampf der nationalsozialistischen Epoche erkannt und in den Grundordnungen der Gesamtkirche, der Landeskirchen und der konfessionellen Zusammenschlüsse nach 1945 beachtet. Doch auch die – staatlicher Regelung formal angepaßte, synodal unzulängliche – Rechtsordnung der Kirche aus der Weimarer Zeit wurde für den kirchlichen Widerstand gegen den totalen Staat eine brauchbare Waffe. Davon sei eingehender die Rede!

Der Pfarrernotbund (schon seit Juli 1933!) und die Bekennende Kirche (seit dem Ulmer Kirchentag Ende April 1934) wollten keine politische Gegenbewegung gegen die NSDAP und den nationalsozialistischen Staat sein; wir verstanden uns radikaler und total als Einspruch, als »Protestation«, aus dem Evangelium gegen die Afterreligion, den Götzendienst der von Rosenberg verkündeten, von Hitler und Goebbels praktizierten Ideologie. Schärfer als die Bekenntnissynode von Barmen (im Mai 1934) hat dies die altpreußische Bekenntnissynode in Breslau im Dezember 1936 durch ihre Zustimmung zum Grundsatzreferat von Lic. Günter Jacob-Noßdorf »Kirche oder Sekte« ausgesprochen. D. Wilhelm Niesel schreibt dazu in »Kirche unter dem Wort« (Der Kampf der Bekennenden Kirche der altpreußischen Union 1933–1945, Göttingen 1978): »An den Ausführungen – des Hauptvortragenden – wird schlaglichtartig deutlich, wie töricht die Behauptung ist, die man heute so oft hören kann, die Bekennende Kirche habe nur die Angriffe auf die Kirche abgewiesen, also nur für sich selber gekämpft und es versäumt, dem Staate und dem Volke die Wahrheit zu sagen und sie zur Ordnung zu rufen. Das kann nur behaupten, wer nicht ein wacher Zeitgenosse gewesen ist oder heute in einem Freiheit gewährenden Staatswesen die Möglichkeiten des christlichen Zeugnisses damals verkennt.« Jacob kennzeichnete »die nationalsozialistische Bewegung als eine Religion« mit Unbedingtheitsanspruch und »den diese Religion fanatisch verkündigenden und an ihre Dogmatik gebundenen Staat« als »Kirchenstaat«, der mit seinen Maßnahmen versuche, das Christliche aus dem gesamten Öffentlichkeitsfeld auszustoßen ... Dagegen forderte Günter Jacob: »Wir haben Zeugen und Bekenner Christi zu sein auf der Stätte der Welt, im Angesichte der Mächtigkeit des totalen Staates ... Die weltbezogene Verkündigung auszurichten und sie nicht unter dem Widerstand der Öffentlichkeit verfälschen zu lassen zu einem musealen Bekenntniszeremoniell in der verkapselten frommen Gemeinde«, das »muß heute unsere Sorge sein!«

Günter Jacob hatte damit – auf der Höhe des Kirchenkampfes – gegen die Versuchung, sich auf das Kompromißangebot der Kirchenausschüsse einzulassen, den Auftrag der Bekennenden Kirche gekennzeichnet, wie wir in den norddeutschen Bruderräten ihn verstanden und – man vergleiche die letzte preußische Bekenntnissynode ebenfalls in Breslau 1943! – bis zum Kriegsende wahrgenommen haben.

Die Bekennende Kirche hat – unter dem harten staatlichen und staatspolizeilichen Druck – innere Krisen durchstehen müssen, aber sie hat sie durchstanden. Sie hat in der »Wurmschen Einigungsbewegung« seit 1941 wieder zueinander gefunden. Ihr Widerstand wurde keineswegs nur von »besonders tapferen Einzelnen« getragen; sie war eine – durchgehalten – starke Bewegung innerhalb der Gesamtpfarrerschaft der Deutschen Evangelischen Kirche und hatte ein breites Echo in den Gemeinden, sogar in den traditionell unkirchlichen Gebieten Vorpommerns, Brandenburgs und der beiden Sachsen (um Leipzig und Halle/Saale). Zum Pfarrernotbund, der »Bruderschaft der Bekennenden Kirche am Wort«, gehörten 1934/35 – einschließlich der fast geschlossen beigetretenen Pfarrkonvente der intakten lutherischen Kirchen Süddeutschlands – etwa zwei Drittel der Gesamtpfarrerschaft; und auch nach der Aussonderung des lutherischen Hilfsvereines des Lutherischen Rates doch noch etwa ein Drittel der 18000 Pfarrer innerhalb des Reichsgebietes. Dabei ist zu beachten, daß aus Württemberg sowohl die Anhänger des Landesbruderrates als auch die Mitglieder der Sozietät sich zum Notbund und den norddeutschen Bruderräten gehalten haben auch in der Zeit, als Landesbischof Wurm sich von den Bruderräten distanziert hatte. Ebenfalls hat die bayerische Pfarrerbruderschaft durch die Brüder Putz, Dietzfelbinger, Schieder, Schmidt und Steinbauer ununterbrochen mit uns in Verbindung gestanden; der Kreis der Getreuen aus Hannover war kleiner. Gewiß hatten wir es als Stand – innerhalb der eigenständischen Körperschaft des öffentlichen Rechtes – leichter als irgendein anderer Berufsstand, uns in einem auf Gegenseitigkeit verpflichteten Bund zu organisieren. Aber dies hat eben auch keine andere Berufsgruppe geleistet; es wahrscheinlich – dem staatspolizeilichen Zugriff direkter ausgesetzt – auch gar nicht leisten können. Doch daß dies geschehen ist, daß der Pfarrernotbund über zwei Millionen Reichsmark bis Kriegsende aufgebracht und mehr als die Hälfte davon an gemaßregelte Pfarrer (verhaftete, ausgewiesene, amtsenthobene, mit Geldstrafen belegte) – ebenfalls bis Kriegsende – ausgezahlt hat, muß anerkannt werden. Doch *das* Ruhmesblatt unseres Standes in jenen Jahren war der Pfarrernachwuchs. Von den Theologiestudenten, Vikaren und dementsprechend Hilfspredigern waren mehr als zwei Drittel bei der Bekennenden Kirche – in völliger Rechtsunsicherheit! Zur Legalisierung durch die Kirchenausschüsse, Konsistorien und Landeskirchenämter haben sich – trotz günstiger, die Gewissen schonender Angebote – nur wenige locken lassen. Dieses Beispiel hat in die Gemeinden hinein gewirkt und geholfen, Bekennende Gemeinde zu bilden und unter den Wirren der Ausschußzeit beieinander zu halten. Dietrich Bonhoeffers beschwörende und – den Beginn der Kirchwerdung bekennender Kirche – geradezu hymnisch preisende Briefe an seine Finkenwalder Seminaristen sind ein Beleg dafür. Stapel hat – in jener Phase der Entscheidung – den Pfarrernotbund als eine in einem totalitären Staat einzigartige soziologische »Erscheinung der Verschwörung« denunziert!

Daß der Kampf der Bekennenden Kirche öffentlicher Widerstand war, und eben nur ihr Kampf öffentlicher Widerstand sein konnte – durch das ganze sogenannte Dritte Reich hindurch –, lag daran, daß jeder andere – organisierte – Widerstand politischer Gruppen sofort polizeilich verboten und unterdrückt wurde. Er konnte nur ›im Untergrund‹ fortbestehen. Die Synoden der altpreußischen Bekennenden Kirche tagten ab 1937 auch im Verborgenen, aber ihre ›Kanzelerklärungen‹ und Proteste, auch Aufrufe wurden in öffentlichen Gottesdiensten verlesen und in Flugblättern und Druckschriften verbreitet. Fürbittenlisten mit den Namen der Verhafteten und Gemaßregelten wurden – zur Verlesung im Gottesdienst – wöchentlich versandt. Zum öffentlichen Kampf der Bekennenden Kirche gehörten auch Protesteingaben an die staatlichen Stellen gegen Verhaftungen, Amtsverbote und Ausweisungen, Eingaben, die zu Tausenden und Abertausenden mit namentlichen Unterschriften aus den bekennenden Gemeinden abgingen, und die Entsendung von Delegationen aus Gemeinden und Kirchenkreisen an Regierungen und Staatspolizeiämter; so nach der Verhaftung von Bruderratsmitgliedern oder der Verhaftung des Notbundvorsitzenden Martin Niemöller und nach seiner Überführung ins Konzentrationslager. Am Sonntag nach seiner am 1. Juli 1937 erfolgten Verhaftung strömte zur St. Annen-Kirche in Dahlem eine vieltausendköpfige Menge und demonstrierte – öffentlich – gegen die staatliche Maßnahme. Hunderte der Demonstranten wurden festgenommen und ins Staatspolizeigefängnis am Alexanderplatz überführt. Ähnliches trug sich hier und dort in größeren und kleineren Städten zu. So etwas war nur denkbar für einen Pfarrer oder ein bekanntes Glied der Kirche. Bei keinem politischen Widerstandskämpfer, seiner Verhaftung oder Ermordung, hat sich gleiches ereignen können; gleiches wie bei der Beerdigung von Pfarrer Paul Schneider im kleinen Hunsrückdorf Dickenschied! Dies allein will ich sagen, wenn ich den Kampf der Bekennenden Kirche als einen öffentlichen hervorhebe. Es sei damit sein Spezifikum genannt, ohne – im Vergleich damit – den bewundernswerten rein politischen Widerstand aus dem Untergrund – notwendigerweise nur aus dem Untergrund – verbotener Parteien oder Gruppen in Wert oder Wirkung im geringsten mindern zu wollen! So hat auch von 1934 ab keine politische, kulturelle, humanitäre oder akademische Organisation gegen einen staatlichen Willkürakt prozessiert, auch der Mittwochskreis (um Sauerbruch und Lietzmann) nicht. Wir haben dies als kirchliche Körperschaft – Gemeinde oder Kirchenkreis – in Hunderten von Fällen getan, tun können und sogar – bis ins erste Kriegsjahr hinein – überwiegend erfolgreich. Der Kirchenkampf war uns stets auch ein Kampf ums Recht und ein Kampf mit den Mitteln des Rechtes. Wir sind deshalb gegen den Rat des Präsidenten des Kirchenbundesamtes (1933), Wilhelm Freiherrn von Pechmann, den anfänglichen auch von Dietrich Bonhoeffer und den späteren – wiederholten – von Gustav Heinemann – trotz der Usurpierung durch die NSDAP und die Deutschen Christen – nicht aus der Körperschaft des öffentlichen Rechtes »Deutsche Evangelische Kirche« ausgetreten, sondern haben in ihr beansprucht, *die* Kirche zu sein, und haben ihre Rechtsform – auf allen Stufen der Verwaltung – im Widerstand gegen staatliche, staatskirchliche und polizeiliche Maßnahmen mit eingesetzt. Daß wir dabei bis in den zweiten Weltkrieg hinein Erfolg hatten, danken wir der Unbestechlichkeit und Furchtlosigkeit deutscher Richter der überkommenen Auffassung von der Unabhängigkeit der zweiten Gewalt und vom Ethos, dem sie verpflichtet ist. Ihnen als Stand und einer Anzahl von Anwälten, die in Staatsschutzverfahren die Bekennende Kirche und angeklagte Pfarrer und Gemeindeglieder zu vertreten, zu verteidigen wagten, ist hoher Respekt zu zollen. Sie haben Freiheit, berufliche Existenz, Gesundheit, ja ihr Leben darangesetzt um des biblischen Bekenntnisses willen: »Gott hat das Recht lieb.« Verloren sie deswegen (oder auch aus sogenannten rassischen Gründen) ihr Amt, fanden sie in den Geschäftsstellen der Bruderräte Anstellung und Tätigkeit – unter andauerndem gesteigerten Risiko. Neben den Juristen haben auch Mediziner, vorwiegend in Anstalten der Inneren Mission, staatlich-ideologischen Zumutungen widerstanden, die ihrem Berufsethos nicht entsprachen. Doch für beide Stände gilt: einen Schutz-»Notbund« auf Gegenseitigkeit für betroffene Berufsgenossen zu bilden, war ihnen nicht möglich.

Um das Bild nochmals aufzugreifen: Der Pfarrernotbund war das – sie aufrecht erhaltende – Skelett der Bekennenden Kirche. Daß sich um das Knochengerüst ein lebendiger Organismus bilde, dazu bedurfte es »des Fleisches, der Sehnen, der Organe«, die die Gemeindeglieder, die »Laien«, in der Kirche sind. Im Kriege waren sie mehr und mehr genötigt, auch den Dienst am Wort mit zu übernehmen. Dazu befähigt wurden sie unter anderem durch das Angebot von Predigthandreichungen, die von Otto Dibelius, Günther Dehn u. a. bis in die letzten Wochen des Krieges verfaßt und von den Geschäftsstellen der Landesbruderräte, der bis zum letzten Tage des »Dritten Reiches« funktionierenden Organisation der Bekennenden Kirche, verteilt, versandt, ausgetragen wurden.

Es ist unzutreffend, ja, ich sage: Entstellung, wenn behauptet wird, seit dem Schock der »Gebetsliturgie« im September 1938 sei die Bekennende Kirche gelähmt gewesen. Das beweise ihr Schweigen am 9. November 1938 zur »Reichspogromnacht«. Sie hat dazu nicht geschwiegen, und die Bekennende Kirche der Bruderräte hat sich auch von der Gebetsliturgie nicht distanziert. Zu ihren Verfassern, als diese in Strafverfahren genommen wurden, haben sich durch Unterschrift und Erklärungen zu Protokoll vor staatlichen und staatskirchlichen Behörden Tausende von Pfarrern aus allen Landeskirchen bekannt. Die Gebetsliturgie mit ihrem Bekenntnis deutscher Schuld am drohenden Kriegsausbruch (1938) und ihrer Fürbitte für die vom Krieg überzogenen Länder ist von 1939 ab – nach dem von Deutschland entfesselten Kriegsausbruch – immer neu in den Gemeindegottesdiensten der Bekennenden Kirche verwertet, gebraucht worden. Und schon im Dezember 1938 hat die Konferenz der Landesbruderräte einen Kirchentag in Berlin durchgeführt, der die Schuld an Israel beklagt und verurteilt hat. Zur Konferenz der Landesbruderräte gehörte im Dezember 1938 auch die Bekennende Kirche Österreichs. So wenig lahm war die Gesamtorganisation der Bekennenden Kirchen!

Weil der Kampf der Bekennenden Kirche bis zuletzt öffentlicher Widerstand war, war sie, waren ihre Sprecher, ja, auch die Pfarrhäuser der Notbundpfarrer im Lande den Bedrängten bekannt – wie der Vorsitzende des Pfarrernotbundes Martin Niemöller, dem sein Vater bei einem Besuch im K.Z. sagen konnte: »Für dich beten Gemeinden in Deutschland und in aller Welt; für dich beten die Eskimos und die Papuas.« In die Gottesdienste und die »offenen Abende«, die Bibelstunden der Dahlemer Gemeinde und vieler Bekennenden Gemeinden kamen – dies ist gerichtsnotorisch festgehalten durch staatsanwaltliche Anklage im Sondergerichtsprozeß gegen Niemöller – Kommunisten und Juden. Unsere Gemeindeveranstaltungen wurden zu Asyl und Treffpunkt für die, die sich sonst nirgends offen zusammenfinden konnten. Diese allgemein bekannten Pfarrhäuser wurden von Verschwörern auf ihrer Flucht nach dem 20. Juli 1944 aufgesucht, auch ohne daß zum Pfarrer selbst zuvor persönliche Bekanntschaft bestanden hatte. Die Organisation der Bekennenden Kirche war am Ende des ›Dritten Reiches‹ so arbeitsfähig, daß sie – wie in

Breslau nach Abzug und Flucht des Militärs, der SS und der Stadtverwaltung – mancherorts die Funktion weltlicher Obrigkeit übernahm, die Verteilung der Vorräte an Lebensmitteln, die Zuteilung von Brennmaterial, die Unterbringung der einströmenden Flüchtlinge und ähnliches, bis die geräumten Gebiete eine neue Militärverwaltung der Sieger oder eine von diesen eingesetzte Zivilverwaltung erhalten hatten. Infolge ihres Fortbestandes war die Kirche die erste Großorganisation, die den Siegermächten als Sprecher für die Bevölkerung gegenübertreten konnte. Dadurch wurde verhindert, daß es zur Realisierung des Umerziehungsplanes der Amerikaner, des »Morgenthau-Planes« und der Direktive JCS 1067/6, im Sommer 1945, für die drei westlichen Besatzungszonen kam. (Formal gültig war die Direktive für die US-Zone Deutschlands bis zum Juli 1947; sie enthielt Grundzüge des »Morgenthau-Planes«!) Schon im August 1945 trat eine erste Kirchenkonferenz der sich konstituierenden Evangelischen Kirche in Deutschland zusammen und wählte als Leitung der Kirche den Rat der EKiD. (Dies geschah – mit Unterstützung der Amerikaner – in Treysa.)

Trotz all des Erwähnten, das sich vermehren und konkretisieren ließe, hat das Stuttgarter Schuldbekenntnis recht: »Wir klagen uns an, daß wir nicht mutiger bekannt, nicht treuer gebetet, nicht fröhlicher geglaubt und nicht brennender geliebt haben.« Wir haben trotz der hohen Zahl der Verhaftungen und Maßregelungen – vor allem – der Pfarrer und Vikare der Bekennenden Kirche durch die nationalsozialistischen Behörden im Gesamtreich und den besetzten Gebieten gewiß keinen Grund zu Selbstlob. Aber es darf auch nicht der Eindruck erweckt werden, als sei nichts geschehen oder als sei der anfängliche Mut schnell erloschen. Niemöller war acht Jahre im Konzentrationslager, weil er für die Juden, die Kommunisten und die Sozialdemokraten eingetreten war, solange er seine Kanzel und die Kanzeln bekennender Gemeinden besteigen konnte, und als er verhaftet worden war, haben viele Tausend für ihn beim Staat protestiert und in gemeinsamer Andacht Abend für Abend in Kirchen und Gemeindehäusern, nicht nur in Dahlem, zu Gott gebetet – für ihn und überhaupt für die Gefangenen in den Vernichtungslagern. Ein nicht geringer Teil der Gefangenen, auch der Ausländer – der Polen, Niederländer, von denen ich dies gehört habe – wußte, wenn wochentagsabends kurz die Glocken läuteten – in der Nähe ihres Lagers oder Außenlagers –: »Jetzt wird für uns gebetet; wir sind draußen nicht vergessen.«

Gott hat die Predigt seines Wortes, das Gebet vieler Christen und die Waffe des Rechtes in der Hand seiner Kirche gewürdigt – trotz großer Schwachheit seiner Gemeinde –, nicht wirkungslos zu sein, auch nicht wirkungslos gegen die Übermacht dieses Staates – in der Öffentlichkeit!

Nach 1945 hatten wir es in der Kirche mit einem unterschiedlichen Rechtsverständnis auf seiten des Staates bei den vier Besatzungsmächten und danach auch bei den beiden deutschen Regierungen in der Bundesrepublik und der Deutschen Demokratischen Republik zu tun. Gemeinsam war den vier Siegermächten, daß sie für die Kirche die Rechtsform einer Öffentlich-rechtlichen Körperschaft nicht kannten, und gemeinsam war den beiden deutschen Regierungen, daß sie die Bedeutung eben dieser Rechtsform für die Kirche im Kirchenkampf der Hitlerjahre erlebt hatten. Das Gesamtrechtsverständnis war aber tief different. Schon zwischen der angelsächsischen und der französischen Auffassung von Individual- und Körperschaftsrechten bestanden Unterschiede. In den Verwaltungen, zumal Militärverwaltungen, der Engländer und Amerikaner wirkte der Schock nach, den in der christlichen Bevölkerung beider Länder die Proklamation der Individualrechte durch die französische Revolution ausgelöst hatte. Der Anspruch auf Freiheitsrechte im Frankreich nach 1789 war eng verbunden mit der Verurteilung und blutigen Unterdrückung der christlichen Kirche. Die spätere – ruhigere – Entwicklung in Frankreich hatte im eigenen Lande die copula gelöst, jedoch nicht im öffentlichen Bewußtsein der Angelsachsen und Deutschen. Tiefer und prinzipieller war der Gegensatz in der Auslegung des »Internationalen Paktes« zur Garantie der universellen Erklärung der Menschenrechte – und Grundfreiheiten – durch die Vereinten Nationen. Die Regierungen des Westens, einschließlich der Bundesregierung, forderten Recht und Freiheit der Meinungsäußerung, der religiösen Betätigung usf. für den einzelnen und für sich zusammenschließende Gruppen, die Regierungen des marxistisch-leninistischen Blocks wollten sie nur gelten lassen für die Mitarbeit an der Verwirklichung ihrer Ordnung und Lehre; diese Verwirklichung allein bringe Freiheit, eben für die Gesamtheit der Unterdrückten die kollektive Freiheit. Die evangelische Christenheit in beiden Deutschland hat die unterschiedliche Auffassung und Handhabung der allgemeinen Menschenrechtskonvention nicht passiv hingenommen oder widerstrebend erduldet, sie hat sich je in ihrem Gesellschaftssystem argumentativ und aktiv eingreifend mit der herrschenden Auffassung und Handhabung auseinandergesetzt. Sie bemühte sich dabei, von der biblischen und reformatorischen Grunderkenntnis her, auf die das unterschiedliche Verständnis von Menschenwürde und Menschenrecht – auch in säkularisierten Absetzbewegungen beider – zurückgeht, dem eigenen Staate den Absolutheitsanspruch, den Anspruch des Absolut-Guten, zu nehmen und ihn zugleich vor dem Verdikt durch das andere System, dem Verdikt des Absolut-Bösen, zu schützen.

Die evangelische Christenheit in der DDR wollte nicht sein und war zu keiner Zeit »Kirche für, neben oder gegen den Sozialismus«, sie will »Kirche im Sozialismus« sein – im Dienst vor allem an den auch dort Benachteiligten, Unterdrückten, im Abseits Liegenden. Die evangelische Christenheit in der Bundesrepublik ist nicht und will nicht sein »Kirche für den Kapitalismus« oder »Kirche für oder gegen die freie Marktwirtschaft«; sie hat – aus der Heiligen Schrift – Auftrag und Pflicht, im System für die Opfer einzutreten, Schäden der gegebenen Ordnung zu indizieren, die Regierenden an Gottes Gerechtigkeit zu erinnern und die Regierten zur Mitverantwortung zu rufen an dem, was geschieht und unterbleibt!

Staat und Kirche in der DDR haben im ersten Jahrzehnt nach dem Zweiten Weltkrieg mühsam lernen müssen, gerecht miteinander umzugehen. Führende Leute auf beiden Seiten hatten in den Gefängnissen des »Dritten Reiches« und in den Konzentrationslagern Gesinnung und »Glaubens«-gründe des je anderen entdeckt, Respekt davor und Verbundenheit mit ihm empfunden. Das galt von Wilhelm Pieck und Erich Honecker (dieser bis 1945 im Zuchthaus Brandenburg/Havel) und auf der Seite der Kirche von Heinrich Grüber und Erich Andler, so daß zunächst gute regelmäßige Kommunikation sich ergab. Der Emigrant Walter Ulbricht störte diese – auf der gemeinsamen Erfahrung von Verfolgung und persönlicher Bekanntschaft beruhende – Beziehung; er störte sie um der reinen Ideologie willen vor allem im Kampf um die Herzen der Jugend. Aus seiner marxistischen Rechtsauffassung leitete er das Recht her auf Unterdrückung »unberechtigter« Gesinnung. Daß er nach der harten Verfolgung der Jungen Gemeinde und der Studentengemeinde, die am *10.* Juni 1953 (sic!) ein plötzliches Ende fand, christliche Kirche anders einzuschätzen begann – bis hin zum Wartburggespräch mit dem thüringischen Landesbischof Moritz Mitzenheim –, hatte taktische Gründe. Am strategischen Fernziel der definitiven Überwindung, zumindest der Ausschaltung des Christentums hielt Ulbricht persönlich für »seinen« Staat fest. Das Zentralkomitee der SED und die Regierung Honecker haben sich im letzten Jahrzehnt gegenüber der Kirche als anzuerkennender gesellschaftlicher Größe mit – rechtlichem – Anspruch auf Wirken in der und in die Öffentlichkeit neu – sehr viel offener – orientiert. Auf Vorhalte der Kirchenleitungen und Synoden wird eingegangen. Ein Asylrecht der Kirche und ihre Schutzfunktion gegenüber »autonomen« Gruppen, auch wo sie deren Ziele oder Methoden nicht billigt, werden – in der Regel – beachtet. Die Zensur gegenüber den Sonntagsblättern wurde gelockert. Besonders bemerkenswert scheint mir zu sein, daß im vergangenen Jahr die Sowjet-Union im Sinne der Reformpolitik Gorbatschows der russisch-orthodoxen Kirche – nach deutschem Muster – (erstmalig in der christlichen Geschichte Rußlands) den Charakter einer öffentlich-rechtlichen Körperschaft eigener Art zuerkannt hat. Daß marxistisches Rechtsverständnis dem nicht im Wege stand, zeigt, daß das Bemühen der Kirchen je in ihrem gesellschaftlichen System um Konvergenz auf das Berechtigte hin im andern System nicht ohne Erfolg bleibt. Der Einsatz der Kirche, der Gemeinden und Basisgruppen in der DDR geschah nicht ohne Opfer. Er war zeitweise mit erheblichem Risiko verbunden für den einzelnen Sprecher und für die Organisation insgesamt. Auch hier gilt: Gott hat die schwache Magd Kirche gewürdigt, weit über die ihr innewohnende eigene Kraft hinaus für das Volk um sie her Erleichterung zu schaffen und Rechtssicherheit zu fördern.

Aus einer – grundsätzlich – größeren inneren Nähe hat

sich das Verhältnis Staat-Kirche in der Bundesrepublik dennoch nicht einfacher gestaltet. Die äußeren Existenzbedingungen der Kirche sind in der Bundesrepublik ohne Zweifel sehr viel günstiger als in der DDR. Ihr Zugang zu Massenmedien und Presse wird nicht gehindert, kann nicht gehindert werden. Die Polizeimeldestellen unterrichten die Gemeindebüros. Die Finanzämter stellen den kirchlichen Verwaltungsämtern oder ihren Beauftragten ihre Unterlagen zur Verfügung und ziehen für die Kirche – gegen Entgelt – die Kirchensteuer mit ein. Diese partnerschaftlich geregelten staatlichen Hilfeleistungen erwecken den Eindruck einer vom Staat abhängigen Kirche – zum Schaden der Kirche nicht nur bei Außenstehenden. Belastender ist der Anspruch der – nach dem Grundgesetz »christlichen« – Regierungen in der BRD auf Einhaltung, auf unbedingte Einhaltung aller – ordnungs- und rechtmäßig erlassenen – Verfügungen, Regelungen des »freiheitlich-demokratischen Rechtsstaates«, denn seine Anordnungen würden von der Mehrheit der Bevölkerung getragen und seien gerichtlich überprüfbar. Wir haben – von seiten der Bekennenden Kirche und der Widerstandsgruppen – im Nazistaat, wir haben von seiten der Kirche auch in den heißen Phasen der Auseinandersetzung mit dem SED-Staat unterschieden zwischen formal legaler Rechtssetzung und legitimem Recht. Legales und legitimes Recht kann in Gegensatz gegeneinander geraten, wenn formal korrekt gesetztes Recht im konkreten Fall (oder gar grundsätzlich) in Widerspruch gerät zu Regeln für öffentliches oder persönliches Leben, wie die Heilige Schrift sie dem Christen, dem Bürger im Staat empfiehlt. Wenn es – nach der Erklärung der Barmer Bekenntnissynode 1934 – keinen Lebensbereich gibt, der der Herrschaft Jesu Christi entzogen wäre, kann auch im politischen Feld, dem der Außen- und dem der Innenpolitik, nicht ein »Bereich der Vernunft« aus dem gesamtsittlichen Bereich ausgegrenzt werden, ein Bereich, in dem im einseitigen Interesse des eigenen Staates nur die vernünftigen Erfahrungskriterien der Geschichte, die vermeintlich vernünftigen Erfahrungswerte gelten dürften. Wird eine solche Trennung vorgenommen – in falsch verstandener Auslegung der gegen politisches Schwärmertum gerichteten Zweireichelehre Augustins und Luthers –, so ist nicht nur der einzelne Christ und eine christlich einheitliche Gesinnungsgruppe, sondern auch der »Amtsträger« der Kirche und eine Kirchen- oder Gemeindeleitung zum Widerstand gegen Anordnungen verpflichtet, die – »um des Staates willen« – die Würde, das Lebensrecht eines Mitmenschen verletzen, irgendeines Mitmenschen in der Nähe oder auch in einem fremden Lande. Ein wacher Zeitgenosse erkennt illegitime Rechtssetzung des eigenen Staates – etwa im Bereich der Wirtschaft – auch in Fernwirkung. Wie Blitze in unmittelbarer Nähe schlagen illegitime Anordnungen ein in Sachen der Stationierung von ABC-Waffen im Umkreis des eigenen Wohngebietes, der Einrichtung immer neuer Munitionsdepots und in Sachen des behördlichen Umganges mit Flüchtlingen. Auch Mißstände in Krankenhäusern und Altenheimen, im Strafvollzug und Sozialwesen haben ihren Grund keineswegs nur in einzelmenschlichem Versagen, sondern auch in der Rechtssetzung, ja in der Handhabung der Gerichtsbarkeit. Dabei, im letztgenannten Gebiet, sehe ich nicht zuerst Irrtum oder Versagen eines einzelnen Richters, sondern Fehler in der Verfahrensordnung, die Richter und Richterkollegien einschränkt. Leistet ein Christ – nach gewissenhafter Prüfung der Umstände – auf einem der genannten Felder Widerstand gegen »Gesetz und Ordnung«, versteckt er einen von Abschiebung bedrohten Ausländer, hilft er Raketentransporte blockieren oder beteiligt er sich an einer Haus- oder Behördenbesetzung und tut dies, um einem akuten Notstand zu begegnen, öffentliche Aufmerksamkeit auf ihn zu lenken, und wird er aus diesem Grunde – legal – zu Recht belangt, bestraft, so nehme er dies an als ein »Leiden um einer höheren Gerechtigkeit willen«, er klage darüber nicht; er lasse sich vor allem dadurch nicht abschrekken von Wiederholungstaten. Steht er ein für sein Tun, nimmt er Nachteile dafür – mehr oder weniger freudig – auf sich, so widerlegt er – zunächst einmal – das herabsetzende Gerede vom risikofreien – nach Publizität haschenden – Widerspruch gegen staatliche Anordnungen, den sich der einzelne, die Gruppe nur im demokratischen Rechtsstaat so billig leisten könne. Je härter und nachhaltiger der Nachteil ist, mit dem die Widerstrebenden belegt werden, um so stärker ist – danach – ihr Einfluß auf die Bewußtseinsentwicklung der Öffentlichkeit. Was vom einzelnen oder der Gruppe gilt, gilt auch von der Kirche in ihrer rechtlichen Repräsentanz. Macht diese deutlich, daß sie allein ihrem Herrn verantwortlich und nicht von einer Mehrheit innerhalb ihrer Gemeinden und in ihrem Staate abhängig ist, und setzt sie bei einem Einspruch – mit Konsequenzen –, den sie für nötig hält, dem Staat gegenüber rechtliches Privileg aufs Spiel, so gewinnt sie – im besonderen Fall und allgemein – an Glaubwürdigkeit und deckt Schäden auf, zumindest hilft sie dazu, sie öffentlich zu erörtern. Um der Wirkung des Evangeliums willen im eigenen Volk und um der Wirkung willen auf den Ablauf der Völkergeschichte darf eben eine Volkskirche nicht stumm bleiben gegenüber schädigendem Machtgebrauch, gegenüber ungerechter Verteilung von Besitz und gegenüber Not, die daraus – aus beidem – entsteht. Die Regierungen und die Regierten an Gottes Reich und Gerechtigkeit erinnern (These 5 der Barmer Erklärung von 1934), bedeutet, durch Wortverkündigung und Handeln Einfluß nehmen auf die Geschichte der Menschheit, dem Kommen des Reiches, der Herrschaft Gottes entgegen – wie im Himmel so – auf Erden! Eben dann ist sie zu Recht und in gutem Sinn »Volks«-Kirche.

Meine Begegnungen mit Dietrich Bonhoeffer

Freunde und Schüler Dietrich Bonhoeffers, enge Begleiter seines Lebens und seines Dienstes am Wort Gottes, haben ihn als einen eigenständigen theologischen Denker und einen Jünger Jesu Christi gewürdigt, der mit Ernst Christ sein wollte in allem, was er tat. Er war von genialer Vielseitigkeit und übte prägende Kraft aus auf Menschen, die zu ihm in Verbindung traten. Das illegale Predigerseminar der Bekennenden Kirche, das er leitete, wurde durch ihn zu einer geistlichen Bruderschaft. Er wurde der Prior seiner Kandidaten und Vikare. Er führte sie ein in eine strenge Zucht der Heiligung des Tages, der Woche, hielt mit ihnen die Stundengebete und Meditationen und pflegte daneben mit ihnen eine gehaltvolle, fröhliche, ästhetische Geselligkeit. Er war gebildet in den schönen Künsten und nahm sie, Musik und Dichtung, in den Dienst täglichen geselligen Beisammenseins. Schon in jungen Jahren hatte er Verbindung in die Weltchristenheit hinein und eine erstaunliche Kenntnis der sozialen Verhältnisse in fernen Ländern. Um der benachteiligten und erniedrigten Menschen willen – in jedem ausnahmslos sah er ein besonderes Werk des Schöpfers, geschaffen nach dem Bilde Gottes – verlangte er von der Weltchristenheit Vorschläge einer Weltfriedens- und einer gerechten Weltwirtschaftsordnung an den Völkerbund. Er wurde politischer Prophet, im »Dritten Reich« Widerstandskämpfer, er, der christliche Ethiker und Pazifist, ein revolutionärer Verschwörer mit klugem Einsatz jeder denkbaren Tarnung und Täuschung der Verfolger im staatlichen Regiment. Über all dem wurde er Märtyrer, im engen Sinne des Wortes christlicher Märtyrer, Leidenszeuge Jesu Christi und der Wahrheit, die Jesus Christus *ist*!

Mit ihm seien einige persönliche Begegnungen berichtet, wenige von Angesicht zu Angesicht, andere mit seinem Schrifttum oder durch die Vermittlung Dritter!

Gesehen und gesprochen habe ich Dietrich Bonhoeffer zum erstenmal im Frühjahr 1933 bei dem damaligen Generalsuperintendenten der Kurmark, D. Dr. Otto Dibelius, der soeben – vorübergehend – vom Kultusminister Hitlers seines Amtes enthoben war, in der Wohnung von Dibelius in Steglitz. Wir trafen uns dort mit zwei, drei anderen, ohne voneinander zu wissen, weil wir vom staatlichen Angriff auf »unsern Generalsuperintendenten« gelesen hatten. Wir wollten Näheres hören und mit ihm beraten, was zu tun sei. Bonhoeffer war zu jener Zeit Studentenpfarrer an der Technischen Hochschule Berlin, Prediger an »Dreifaltigkeit«, der Kirche, die der Reichspräsident v. Hindenburg von seiner Residenz aus zu besuchen pflegte, und Privatdozent an der Universität. Ich wußte, daß Dibelius ihn unter den Jungen, zu denen er Kontakt hielt, besonders schätzte. Wir suchten die Situation, die wir als krankhaft empfanden, zu diagnostizieren. Dibelius meinte, in der nationalsozialistischen Bewegung, auch der der Deutschen Christen, einen ähnlichen patriotischen Überschwang zu finden wie in der jungen Generation der

Befreiungskriege um den Turnvater Friedrich Jahn und Ernst Moritz Arndt; der könne sich klären und festigen zu ernsthafter preußischer Frömmigkeit dieser beiden »Lehrer Preußens« und des Reformers, ja, preußischen Reformators, des Freiherrn vom Stein. Bonhoeffer teilte diese Hoffnung ganz und gar nicht. Für ihn war der Nationalsozialismus von der Wurzel her Afterreligion, Neuheidentum, Staatsvergötzung, rassische Hybris. Mir war die »vaterländische Erneuerungsbewegung«, wie der Nationalsozialismus damals in der Kirche weithin genannt wurde, zuwider wegen ihrer brutalen Kampfmethoden und ihres überzogenen Redestiles. Die radikaler und tiefer begründete Ablehnung Bonhoeffers sagte mir zu. Zunächst schien mancher Vorgang die Auffassung von Dibelius zu bestätigen. Die staatliche Maßnahme gegen ihn wurde – für ein paar Monate – zurückgenommen. Sehr bald enthüllten Partei und Staat ihr Wesen grauenvoll – im Sinne der Deutung Bonhoeffers.

Bei späteren Treffen haben wir gegeneinander diskutiert, Bonhoeffer und sein Freund Franz Hildebrandt auf der einen, Martin Niemöller, Heinrich Vogel und andere, auch ich, auf der anderen Seite, im Sommer 1933 – nach dem endgültigen Staatseingriff in die Kirche, dem Sturz des von der alten »obersten Kirchenleitung« gewählten Reichsbischofs von Bodelschwingh und der Ernennung des »Rechtswalters« Jaeger –, wir haben gegeneinander diskutiert darüber, ob wir in der Volkskirche bleiben dürften. Bonhoeffer trat dafür ein, aus dieser Kirche, die nicht mehr Kirche Jesu Christi sei, auszutreten und eine Freikirche zu bilden. Wir andern hielten für nötig, um die Kirche der Väter »innerhalb des Hauses« zu kämpfen, die Rechtsform, die sie im Laufe ihrer Geschichte als Großkirche gefunden habe, von uns aus – als der allein legitimen Kirchenleitung – in Anspruch zu nehmen und diese Rechtsform einzusetzen im Kampf um ihre Befreiung aus dem staatlichen Zwang, im Kampf für ihren Auftrag, allem Volk Gottes Wahrheit zu bezeugen. Auf dem Ulmer Kirchentag – im April 1934 – und auf den beiden ersten Reichsbekenntnissynoden – im Mai 1934 – in Barmen und – im Oktober 1934 – in Berlin-Dahlem entschieden wir uns *mit* Dietrich Bonhoeffer für den Kampf um die Kirche *in* der Kirche und von ihr aus als ihre allein rechtmäßige Leitung zum »Kampf um die Seele unseres Volkes«! Eben diese Entscheidung war wohl die rechte; nur wurde sie leider von einem nicht geringen Teil der Dahlemer Synodaldelegationen nicht praktiziert, von Beginn an nicht! Die »Bekenntnisfront« brach auseinander. Sie schloß sich erst wieder unter den Bemühungen des württembergischen Landesbischofs Wurm im 2. Weltkrieg von 1941 an.

In dieser Epoche der inneren Krise der Bekennenden Kirche hat Dietrich Bonhoeffer unentwegt und eindringlich verfochten, Kirche müsse staatsfreie Kirche werden, müsse, um »bekennende Kirche« zu sein, sich aus jeder Rücksicht auf den Staat lösen, und, weil sie dies nicht geschlossen und nicht eindeutig tat, hat er auch die Bekennende Kirche hart kritisiert. Dennoch rechnete er sich so unlöslich zu ihr, daß er den Ausschließlichkeitsanspruch des Kirchenvaters Tertullian aufnehmen und gegen Konfessionalisten, Neutrale und Kompromißler proklamieren konnte: »Außerhalb der Bekennenden Kirche ist kein Heil.« Mit diesem Glaubenssatz und dieser kirchenpolitischen Forderung von ihm habe ich vom Provinzialbruderrat aus die inneren und äußeren Auseinandersetzungen in unserm Kirchengebiet überzeugt und ohne geringsten inneren Zweifel bestreiten und, wie ich meine, bestehen können, zumal in der Auslegung, die er diesem Satz beigab. In der besonderen Stunde Gottes mit seinem Volk, die uns widerfuhr, wollte er die Behauptung und die Forderung dieses Satzes so verstanden wissen: »Findet der in der Wüste Verirrte eine Oase mit ihrer Quelle frischen Wassers und mit Bäumen, von deren Früchten er sich nähren kann, so darf er sich nicht wieder aus ihr hinaus in die Wüste entfernen; es wäre sein Tod«; er darf nicht darüber spekulieren, ob es nicht auch sonst in der unendlichen Wüste noch Oasen gebe, Leben erhaltende Oasen von Gläubigkeit. Bonhoeffers Einfluß auf die Kandidaten seines Seminars in Zingst und Finkenwalde war so bestimmend, daß kaum einer von ihnen der Versuchung erlag, auf das staatskirchliche Kompromißangebot einzugehen, sich legalisieren zu lassen und damit dem Kirchenregiment der Bruderräte abzusagen, obwohl die staatlichen Konsistorien und Landeskirchenämter mit der Anerkennung der bei der Bekennenden Kirche abgelegten Prüfungen, mit vollen Pfarrgehältern und gesicherter Altersversorgung lockten. Durch die Art, wie er die Heilige Schrift Neuen und Alten Testamentes *von* Christus *her* und *zum* unbedingten Gehorsam unter die Angebote Gottes in Jesus Christus erschloß, vermittelte er Gewißheit und Zuversicht. Er vermochte den Hörer im Gespräch, durch die Predigt und durch seine Schriften unter Gottes Wort zu binden.

Meine nachhaltigste Begegnung mit Dietrich Bonhoeffer war die mit seiner Deutung der Ethik der Bergpredigt in seiner »Nachfolge«. *Der* Biograph, nächste Freund und *der* Anlaufpartner im theologischen Gespräch mit Dietrich Bonhoeffer, Eberhard Bethge, hat recht, wenn er in den drei Phasen der Theologie Bonhoeffers die durchgehenden Elemente aufweist (und zwar in der Tat als »Elemente«, als Grundstoffe und Urgewalten), so jeweils eruptiv neu Bonhoeffer selbst den veränderten Einsatz des Denkens und Urteilens auch empfand, und *das* sind die Elemente, wie sie mir bei ihm begegneten:

Bonhoeffer geht nicht von der Offenbarung aus als dem

Fernen, Fremden, Ganz-Anderen, sondern von der Kirche. Er, der Kritiker der Kirche, wie sie ist, setzt ein bei der Kirche als der »Gemeinschaft der Heiligen«, der von Gott Gerufenen, in der der einzelne sich vorfindet, die ihm die einzigartige Offenbarung Gottes überliefert. Die Kirche – die Gemeinschaft, die sie bildet –, trägt und hält. Aus dem Halt, den sie gibt, macht sie fähig, die Weltlichkeit der Welt nicht nur zu ertragen, sondern anzuerkennen, mit ihr zu korrespondieren, von ihr zu lernen, auf sie einzuwirken durch ein Verhalten, das sich gründet auf das Angebot dessen, der »nicht aus dieser Welt ist« und dessen dennoch sie, eben diese Welt, *ist*, dem sie gehört! Die Welt ist mündig gegenüber ihrem Schöpfer, um ihm in Freiheit mit Liebe zu antworten – bewußt, auch unbewußt –! Dazu braucht sie den Reflektor »Gemeinde Gottes«. Dazu soll, mag der Reflektor, wenn er ungetrübt ist, ihr dienen!

Die Gemeinde Gottes erneuert sich für ihren Dienst an der Welt in innerer Einkehr durch Zurüstung der »Eingeweihten«. Auch an dieser besonderen »heiligenden Disziplin« hält Bonhoeffer in seiner dritten Phase, der seiner Lehre von der mündigen Welt, fest. Nur soll und darf sie – die innere Einkehr – nicht zu Abgrenzung, zu elitärer Aussonderung führen. Die »Kirche für andere« ist Kirche *in* der Welt *für* die Welt. Sie trägt politische Verantwortung. Ihr Wort muß politikfähig sein. Es muß brauchbar sein für die Herrschenden und die Beherrschten. Es muß verständlich und eindeutig sein: das Wort der Kirche, die sich nicht als politische Gruppe, Bewegung, Partei fühlen oder verhalten darf, die als geistliche Erscheinung radikaler in ihrem Widerspruch und wirksamer in ihrem Zuspruch ist gegenüber den in Staat und Wirtschaft und Kultur Verantwortlichen, auch gegenüber den Abhängigen von den Mächtigen in all diesen Lebensbereichen, gegenüber ihren Opfern. Ich wiederhole: Das Wort einer rechten Kirche, die radikaler ist und wirksamer, als eine politische Bewegung oder Gegenbewegung es je sein kann, muß eindeutig sein. Eine Kirche, die die Politik und die Politiker sich selbst überläßt, verleugnet ihren Herrn und seinen Anspruch auf seine Welt!

Den Prediger der unbedingten Gewaltlosigkeit zwingt die Erkenntnis der Mitverantwortung der Kirche an dem Geschehen in *allen* Lebensbereichen, da sie ja alle zum Herrschaftsgebiet Jesu Christi gehören, hinein in die gewalttätige Konfrontation mit »den Mächten, den Fürstentümern und Herrschaften«, den Dämonien und ihren Vasallen. Aus diesem Feld und dieser Epoche im Leben Dietrich Bonhoeffers seien noch zwei Begegnungen erwähnt, eine unmittelbare von wenigen Stunden im kleineren Kreise des »altpreußischen Bruderrates« und eine durch mehrere Wochen andauernde mittelbare während seiner Haftzeit!

Der Rat der Bekennenden Kirche der altpreußischen Union hatte im Juli 1940 – nach der Niederwerfung Frankreichs und der Eroberung von Paris – zu einer Sitzung nach Nowawes, dem heutigen Babelsberg bei Potsdam, eingeladen. In die Sitzung schneite unerwartet Dietrich Bonhoeffer mit einigen seiner jüngeren Freunde hinein. Wir wollten miteinander die so viel schwieriger gewordene Lage nicht nur der Kirche, auch die innere unseres Volkes besprechen und das künftige Verhalten, ein »Taktieren« der Bekennenden Kirche, Inhalt und Redeweise ihres Zeugnisses »in die Stunde« hinein bedenken. Zu unser aller großer Überraschung plädierte Bonhoeffer dafür, sich gegenüber Adolf Hitler nach seinen vehementen Erfolgen neu einzustellen. Die Vorbereitungen für eine Invasion Englands waren im Gange. Bonhoeffer rechnete offenbar mit ihrem Gelingen. Wir hätten in Hitler auch ein Werkzeug Gottes, ein positives der Neugestaltung des christlichen

Abendlandes, zu sehen. Heinrich Vogel, der neben mir saß, flüsterte mir während Bonhoeffers andringender Rede lächelnd zu: »Siehe da, unser Bruder Bonhoeffer scheint an Hitlers Sieg im Krieg zu glauben!« Es war ein Augenblick, in dem wir, die wir beim Frankreichfeldzug auf einen Rückschlag für Hitlers vermessenen Übermut gehofft hatten, tief enttäuscht und recht bedrückt waren, und für Bonhoeffer, was wir andern nicht ahnten, dazu die Stunde, in der er sich seit kurzem zum aktiv gewordenen Verschwörerkreis zu rechnen hatte, dessen Enttäuschung und Zwang zum Überdenken seiner Strategie – sehr grundsätzlich – noch sehr viel brennender waren als bei uns Kirchenleuten. Ihn, Bruder Bonhoeffer, beschäftigte in jener Epoche seines theologischen Denkens die Frage nach der unumkehrbaren Wirkung des geschichtlichen Erfolges, ganz gleich mit welchen Mitteln er zustande gekommen war. Heute meine ich, es war ein leidenschaftliches Gespräch Bonhoeffers mit sich selbst, in das er uns einbezog und in dem er Antworten von uns erwartete, herausforderte. Wir sind sie ihm – seinen sehr persönlichen Hintergrund nicht kennend – schuldig geblieben.

Die durch Wochen andauernde mittelbare Begegnung mit ihm, die für mein Empfinden die bewegendste war, geschah im Sommer 1943. Ich war Schütze beim Wachbataillon der Kommandantur Berlin. Wegen meiner Kenntnis in Stenographie und Schreibmaschine und – vor allem – auf Weisung des Kommandanten und Obersten Gerichtsherrn von Berlin, des Generals von Hase, eines Onkels von Dietrich Bonhoeffer, war ich der Kanzlei des Gerichtes zugeteilt. Dort besuchte mich in jenen Sommerwochen mehrfach der Gefängnispfarrer von Tegel, Dr. Harald Poelchau, der auch Zutritt zum neben dem Gericht gelegenen Militärgefängnis für Offiziere in der Lehrter Straße hatte; in ihm war Bonhoeffer aus Anlaß von Vernehmungen mer einmal für Stunden tagsüber. Poelchau kam, um – für den altpreußischen Bruderrat – mir über Bonhoeffer zu berichten. Durch ihn habe ich im Auftrag des Rates Bonhoeffer auch die Frage vorgelegt, ob er auf die namentliche Fürbittenliste der Bekennenden Kirche gesetzt werden solle. Wir taten dies in der Regel nur im Einverständnis mit dem Betroffenen selbst oder seinen Angehörigen, da eine solche – den Staat herausfordernde – Publizierung ja auch eine Verschärfung des Verfahrens zur Folge haben konnte. – Bonhoeffer hat mich damals wissen lassen, daß er dies nicht für recht halte; auf die Liste derer, für die die Gemeinden im öffentlichen Gottesdienst unter Nennung ihrer Namen zur Fürbitte aufgerufen würden, gehörten nur solche, die um ihrer Verkündigung und ihres Verhaltens im unmittelbaren kirchlichen Dienst willen gemaßregelt und verhaftet worden seien, nicht die, bei denen der Grund eine im engeren Sinne politische Betätigung sei. Sonst dürfe auch nicht sein Name allein, herausgegriffen aus der Gruppe der mit ihm Verhafteten, den bekennenden Gemeinden bekannt gegeben werden, sondern es müßten dies ebenfalls die Namen der Mitangeklagten! Harald Poelchau hat mir bei dieser Gelegenheit und bei den übrigen Besuchen in jenen Wochen auch erläutert, wie Bonhoeffer sein Verhalten einordne in seine »Ethik«, seine in der »Nachfolge« gegebene Deutung der Bergpredigt. Er bejahe nach wie vor die grundsätzliche Forderung der unbedingten Gewaltlosigkeit. Jesu Wort an Petrus behalte Geltung: »Wer das Schwert zieht, soll durch das Schwert umkommen.« Doch es gebe ausweglose Situationen, in denen Gewalt unvermeidbar werde, um Verderben abzuwehren, Gewalt gegenüber einem einzigen sehr mächtigen Verbrecher. Entschließe sich der Christ, sie anzuwenden, könne er dies nur unter Übernahme von Schuld und in der Bereitschaft, die Folgen solcher Schuld auf sich zu nehmen. Dies müsse er erkennen und anerkennen, darüber beten und – dann handeln.

Wie ernst Bonhoeffer überzeugt war einmal davon, daß sein Mittun in der Verschwörung notwendig war aus Gewissensgründen, aber dann auch davon, daß er für die Folgen der Schuld mit den andern einzustehen habe, zeigt mir ein Bericht, der über den letzten Transport der Häftlingsgruppe, zu der er gehörte, an Flossenbürg vorbei und dann für ihn doch zurück nach Flossenbürg und zur Hinrichtung dort an mein Ohr gedrungen ist. Der dies aus der Nähe miterlebt hat und weitergab, war bewegt davon, daß Bonhoeffer nach Aussonderung der anderen zum Tode Bestimmten, von den Wächtern übersehen, die Möglichkeit gehabt habe, dem Geschick doch noch zu entgehen, aber auf sich aufmerksam gemacht habe, um ihr Los zu teilen. Sollte vordergründig-historisch die Schilderung des Ablaufes eines der letzten Tage im Leben Dietrich Bonhoeffers nicht genau zutreffen, sie enthält innere hintergründig-geschichtliche Wahrheit. Sie zeigt, wie er in kritischer Lage auf Menschen um ihn wirkte, und der, der mir dies Zeugnis eines Dritten übermittelt hat – ich meine, es war Hanns Lilje –, hielt es für glaubwürdig.

Der Nachwirkung Dietrich Bonhoeffers, seinen Schriften und seinem Gedankengut, bin ich auf Reisen im Auftrag der Evangelischen Kirche in Deutschland in Japan begegnet und in den USA, in Lateinamerika und Südkorea, in Südafrika, auch in Schwarzafrika, im Ostblock und überall in Westeuropa. Er ist dort lebendig als der Mahner an die Weltchristenheit – wie schon 1934 in Fanö in Dänemark vor dem Ökumenischen Rat der Kirchen –, der Völkerwelt der Erde eine Weltfriedensordnung und eine gerechte Weltwirtschaftsordnung anzubieten nicht nur durch Appelle, durch die Eingabe von Entwürfen an den Völkerbund, sondern durch beispielhafte Regelungen zwischen den Kirchen der Nationen und Kontinente. Seine Mahnung ist aktuell und hochdringlich. Weil er in fröhlicher Erwartung des Letzten lebte, der Wiederkunft seines ewigen Retters und Herrn, gab er sich mit seinem ganzen Denken und Sein hin an die Erfordernisse des Vorletzten. Er war der gewissen Zuversicht, daß die Verhältnisse im Vorletzten auf der dem Menschen anvertrauten Erde auf das Letzte, die kommende Gottesherrschaft, hin zu verändern seien, verändert werden müßten und *könnten*!

Meine Begegnungen mit ihm haben mich in dieser Hoffnung von Jesus Christus her bestärkt und bestärken mich je neu darin. Die Freude an *dem* Herrn ist unsere Stärke, der die Herrschaft angetreten hat wie im Himmel so auf Erden und der keinen Bereich irdischen Lebens anderen Herren überläßt. Dietrich Bonhoeffer ist dem Sich-erinnernden ein diesem Herrn fröhlich nachfolgender Jünger –, und nun zögere ich zu sagen: gewesen; er *ist* es für uns als einer, der in Jesus Christus, unsern irdischen Augen verborgen, *lebt.*

Unsere Nachbarn im Osten

Als eine Folge des Zweiten Weltkrieges stehen sich heute in Europa politisch, ideologisch und militärisch zwei Blöcke gegenüber. Diese Realität prägt Mehrheiten von Bürgern so, daß sie den lebendigen geschichtlich-geographischen Zusammenhang, der Europa auszeichnet, verdrängen, vergessen, ignorieren.

Den sichtbaren Grenzziehungen entsprechen unsichtbare Scheidelinien des Denkens und Empfindens. Sie trennen, was einmal in einem lebendigen geschichtlichen Zusammenhang gewachsen ist und was auch heute als Organismus einer tiefen, grenzüberschreitenden kulturellen Verbundenheit und Gemeinsamkeit in Ost und West fortbesteht.

Geschichte ist nicht ein statisch-steinerner Bau, erstarrtes, mumifiziertes, gewesenes Leben! Sie läßt sich nicht zerlegen in isolierte zeitliche Quader; ebensowenig lassen sich Aktionsräume oder agierende Gruppen, in denen und mit denen Geschichte sich ereignete, isolieren, aus dem Fluß des Geschehens als unveränderliche, ruhende feste Körper ausfiltern. Geschichte ist ein lebendiger Organismus; wer ihn seziert, tötet ihn. Das heißt: Sogar das Geschehene verändert sich noch, (unter prüfendem Rückblick gewinnen Möglichkeiten, die nicht Wirklichkeit geworden sind, bestimmende Kraft und verändern die Wahrnehmung vergangener Vorgänge, ja, ihr Wesen verändert sich im nachhinein). Totes wird virulent, anstekkend, infiziert oder hilft gesunden. Ich sage dies gegen die aristotelische These von der normativen Kraft allein der Faktum gewordenen Möglichkeit.

Die deutsche Geschichte ist eingebettet in die gesamteuropäische, ja, in die Geschichte der gesamten Völkerfamilie. Aus welchen Beweggründen immer: den schuldbeladenen Abschnitt deutscher Geschichte, der zwölf Jahre und drei Monate gewährt und das kontinentale Europa den Schrecken der Nazi-Herrschaft unterworfen hat, kann man nicht wie ein bösartiges Krebsgeschwür aus dem Organismus der Weltgeschichte herausschneiden. Geschichte einer Nation, auch unserer Nation, wurde und wird – in der Verantwortung vor dem Herrn der Geschichte – im Verhalten eines Volksganzen in Kultur, Wirtschaft, Politik und – durch Gottes anhaltende Antwort darauf. Er antwortet in »Gnade und Gericht«, in zuvorkommender, ein Volk zur Nation erhebender Barmherzigkeit und in Maßnahmen, Ereignissen einer – das durch Schuld gestörte Verhältnis zu Gott – zurechtrückenden Zucht.

Darum gehört es zum verantwortlichen Umgang mit unserer deutschen Geschichte, neu zu sehen, daß wir mit unseren östlichen Nachbarn im letzten Jahrtausend zwar böse Epochen schuldbeladener Konflikte und kriegerischer Konfrontation durchlebt haben, daß jedoch die Zeiträume gegenseitigen Austausches und gemeinsamer kultureller Entwicklung weit überwogen. Das gilt nicht nur im Blick auf Polen und Rußland, sondern vor allem für die intensiven Beziehungen zu Tschechen, Slowaken und Ungarn, auch Rumänen. Für uns Deutsche, in zwei Staaten an der Nahtstelle zwischen Ost und West, sind die Einsicht in diese weitreichende Gemeinsamkeit mit den Nachbarn im Osten und die Aufnahme der Gemeinsamkeit Basis und Lehranweisung für eine spezifische Mitwirkung am Bemühen um eine friedliche Zukunft in Europa.

Die geographische Lage meiner Heimatstadt Landsberg an der Warthe, des heutigen Gorzow in der Volksrepublik Polen, brachte es mit sich, daß ich seit frühen Kindertagen die lebendige Wechselbeziehung zwischen Deutschland und den östlichen Nachbarn erfahren habe. Auf dem Wege von Berlin nach Königsberg oder nach Warschau und Petersburg war Landsberg für viele Künstler, Wissenschaftler, Publizisten, Musiker und Schauspieler ein beliebter Zwischenhalt.

Da mein Onkel Ogoleit und mein Vater – als Buch- und Kunsthändler – die ›Geschäftsführer‹ des Theater- und Konzertvereins des Stadttheaters waren, kamen nicht wenige von ihnen in mein Elternhaus, die Goethesammlung des Onkels zu besichtigen, und danach zu geselligem Beisammensein. Ich habe den regen geistigen Verkehr, die offene Atmosphäre mit diesen übernational empfindenden, hochgebildeten Deutschen noch gut in Erinnerung. Meine frühesten Kontakte mit den polnischen Nachbarn reichen in diese Zeit zurück. Da waren Schulkameraden aus sehr angesehenen polnischen Familien. Da hatten wir – in Vorbereitung auf das Abitur – Hebräisch-Unterricht bei einem vorbildlichen Repräsentanten jüdischer Frömmigkeit und gediegenster Bildung aus Polen, einem Rabbiner, der mich durch Charakter und Klugheit vor jeder Form des Antisemitismus und des Antijudaismus bewahrt hat. Da waren die Ferienaufenthalte und späteren Ernteeinsätze auf den umliegenden Rittergütern, die uns in eine Kolonne stellten mit den polnischen Schnittern, die unter sehr einfachen

Verhältnissen mit ihren kinderreichen Familien im Sommer in den Schnitterkasernen untergebracht waren. Die bunte Tracht der polnischen Saisonarbeiter habe ich noch lebhaft vor Augen; von ihnen habe ich gerlent, wie man eine Garbe richtig stemmt oder wie man am besten schwere Heubündel trägt. Im unmittelbaren Umgang mit all den Erwähnten habe ich die Polen als Menschen kennengelernt, die sehr anders waren als die Vorurteile, die über sie bei uns umliefen: sie seien verschlagene, heuchlerische Katholiken und Bürger eines Landes, in dem Schmutz, Korruption und Unredlichkeit herrschten. Ich erfuhr: sie sind Menschen mit einer eigenen und doch zugleich vollkommen europäischen Kultur, wie das nach dem 1. Weltkrieg im autonomen polnischen Staat – für unser überhebliches nationales Bürgertum überraschend – in Erscheinung trat. Selbst Hermann Göring erkannte das, aus Anlaß seiner offiziellen Besuche bei Joseph Pisuldski, dem damaligen Präsidenten der Republik Polen, in volltönenden Worten des Respekts, im Lob der polnischen Kultur an, wenn auch die Anerkennung der staatlichen Autonomie Polens sich wenig später als diabolisches Betrugsmanöver herausstellen sollte.

Obwohl das auch damals nicht ungefährlich war, wagte es während des ersten Weltkriegs einer meiner Lehrer, uns darüber zu belehren, daß sich im Europa des Mittelalters die Schicht der Gebildeten untereinander sehr viel näherstand als etwa ein polnischer Gebildeter einem polnischen Bauern oder Landarbeiter. Entsprechendes gelte für die europäische *civitas academica* überhaupt, die von Frankreich bis nach Rußland hineinreichte. So standen die polnischen Universitäten in Lublin oder Krakau im unmittelbaren Austausch mit dem niederländischen Leiden, mit der Pariser Sorbonne, mit dem elsässischen Straßburg oder mit deutschen Universitäten, darunter Wittenberg. Die

Scholaren und Gelehrten konnten ungehindert hin- und herreisen – ohne Reisepässe oder staatsbürgerliche Ausweisdokumente. Eine ungehinderte Kommunikation lief über den ganzen Kontinent und bewirkte ein Gefühl geistiger Verbundenheit, deren Spuren wir bei Turgenjew, Gorki, Dostojewski und Tolstoi finden und bei den – späteren – uns zeitgenössischen russischen Schriftstellern, die in der Ära Gorbatschow wieder neu zu Ehren kommen.

Die gemeinsame Geschichte, die reich an gegenseitiger Befruchtung, Anregung und Förderung war, ist mit dem deutschen Überfall auf Polen am 1. IX. 1939 und mit den entsetzlichen Verbrechen an der Zivilbevölkerung während der Besatzung der folgenden sechs Jahre tief gestört, – wie es zunächst schien – zerstört worden. Daran tragen wir Deutschen die Schuld. Daß trotz des grauenvollen Rechtsbruchs und seiner Folgen das gemeinsame kulturell-geistige Erbe neu wirksam geworden ist, schon sofort nach Kriegsende, mag die folgende – wenn auch sehr private – Episode zeigen, die ich im Oktober 1945 erlebt habe.

Nach meiner Entlassung aus der amerikanischen Kriegsgefangenschaft in Italien und der Rückkehr nach Berlin fand ich die Nachricht vor, daß sich meine Eltern noch in Landsberg an der Warthe befänden, also im polnisch verwalteten Teil der ehemaligen Neumark. Nachdem ich noch die erste Nachkriegstagung der Bekenntnis-Synode der Mark Brandenburg – in dem Monat Oktober – im Berliner Johannesstift geleitet hatte und die Beschlüsse ausgefertigt waren, bestieg ich am Abend des 30. Oktober einen russischen Militärzug, um mit ihm nach Landsberg zu gelangen. Ich trug die aller Abzeichen entkleidete feldgraue Uniform und fand in einem der Viehwagen am hinteren Ende des Zuges Platz. Die vorderen Personenwagen waren für russisches Militär reserviert. Mit mir zusammengepfercht saßen in mehreren Viehwagen deutsche Flüchtlinge aus der Neumark, die bei überstürzter Flucht, als die Front näherrückte, ihre Habe zurückgelassen hatten und die sie nun suchen und holen wollten, und eine Anzahl in ihre Heimat zurückkehrender Polen, die zur Zwangsarbeit in Fabriken oder auf Gütern in Westdeutschland gewesen waren und die reichlich Hausrat, Kleidung, Kisten und Koffer bei sich hatten. Kaum hatte der langsam fahrende Zug Ostberlin verlassen, sprangen russische Marodeure, Deserteure auf die Wagen, überfielen uns und versuchten zu plündern. Meine polnischen Mitreisenden hielten ihr Gepäck krampfhaft fest, bis sie mit Messern und Pistolen bedroht wurden. Daneben wurden Frauen vergewaltigt, ohne daß wir Männer, die wir unbewaffnet waren, dagegen etwas tun konnten. Es war eine grauenhafte Fahrtstrecke, bis wir in die Nähe der neuen Grenze zu Polen, dicht nach Küstrin, kamen. In Küstrin wurde der gesamte Zug geräumt. Ich hatte mir vom Ostberliner Magistrat – dank Heinrich Grüber – einen Ausweis ausfertigen lassen, der mit dem Berliner Bären-Wappen gesiegelt war und bestätigte, daß ich Berliner Bürger sei und meine Eltern aus der polnischen Zone abholen wollte. Als der kontrollierende russische Korporal dieses Dokument mit dem Bären-Stempel, einem ja auch russischen staatlichen Symbol, sah, durfte ich als einziger wieder den Viehwagen besteigen und in das polnisch besetzte Gebiet hinein weiterfahren.

Von meinem Vater hatte ich vorher einen Brief erhalten, den flüchtende Landsberger mitgenommen hatten und in dem er mir geschrieben hatte, daß mein Elternhaus und ihre Wohnung abgebrannt war und sie nun in der ehemaligen Hindenburgstraße Zuflucht gefunden hätten. So wußte ich, wo ich die Eltern suchen konnte. Um weiteren Kontrollen am Bahnhof aus dem Weg zu gehen, sprang ich in Höhe der Friedrich-Vorstadt – Christa Wolf hat in ihrem Buch »Kindheitsmuster« diesen Teil Landsbergs sehr genau beschrieben – vom langsam fahrenden Zug und ging von dort aus zu Fuß ins nördliche Landsberg. Gegen sechs Uhr in der Frühe stand ich vor der gesuchten Haustür, sie war unverschlossen; im Treppenhaus, von Etage zu Etage, lauschte ich, ob nicht hinter einer Tür deutsche Laute zu hören seien. Die Wohnungen waren bereits fast ausschließlich mit polnischen Familien belegt. Plötzlich, gegen halbsieben Uhr, vernahm ich hinter der einen Etagentür die Stimme meiner Mutter. Die Freude über das Wiedersehen konnten wir kaum recht auskosten. Landsberg war eine polnische Stadt geworden; meine Eltern, mein Onkel und meine Tante, die beide unverheiratet als Bruder und Schwester einen Haushalt geführt hatten – sie alle vier lebten in der Dreizimmerwohnung, in der ich sie vorfand, zusammen –, wollten Landsberg möglichst schnell verlassen. Sie mußten mit plötzlicher Evakuierung rechnen. Bis dahin waren sie unter dem besonderen Schutz des polnischen Landrats, der die Zivilverwaltung führte, von »Vertreibung« verschont geblieben. Sein Interesse für Kunst hatte ihn in die Buch- und Kunsthandlung meines Vaters und meines Onkels geführt; dort war er der Goethesammlung meines Onkels begegnet und von ihr – in dessen Wohnung – hellauf begeistert. Er barg die wichtigsten Stücke der Sammlung in seinem Landratsamt, dem ehemaligen Gebäude der Freimaurer-Loge, so daß ein Teil dieser international bekannten Privatsammlung gerettet ist. Aus diesem Grund hatte er auch dafür gesorgt, daß die Familien meiner Eltern und ihrer nahen Freunde eine Etagenwohnung und ausreichend Lebensmittel erhielten. An diesen Landrat wandten sich meine Tante und ich, um eine Ausreisebescheinigung für die vier zu erhalten. Wir hofften, dadurch – eben unter seinem besonderen Schutz – in das Gebiet jenseits der Oder, in die damalige ›Ostzone‹, gelangen zu können. Ich konnte ihn nicht persönlich sprechen, erhielt jedoch die von ihm unterschriebene und gesiegelte Bescheinigung. Ich erfuhr am eigenen Geschick, daß in der aus begreiflichen Gründen hochfeindseligen Gesamtatmosphäre das Gefühl kultureller Zusammengehörigkeit tragfähig, ja, rettend sein kann.

Als meine Tante und ich zur Wohnung zurückkamen, war polnisches Militär bei meinen Eltern gewesen und hatte ihnen eröffnet, die vier Personen hätten sich innerhalb von zwei Stunden zum Abtransport fertig zu machen; die Wohnung werde gebraucht. Sie sollten mit einer großen Zahl anderer Deutscher in ein Lager bei Meseritz gebracht und von dort – nach einer Quarantänefrist – in die sowjetische Besatzungszone in ein dortiges ›Aufnahmelager‹ weitertransportiert werden. Wir mußten uns alle auf einen Sammelplatz begeben, wo unser Gepäck kontrolliert wurde, es blieb weitgehend unbeanstandet. Dank der Bescheinigung brauchten wir nicht in der Kolonne der übrigen mitzumarschieren, sondern gelangten gegen Abend zum Hauptbahnhof, lösten gegen polnische Zloty die Fahrkarten und konnten, immer wieder – jetzt von sowjetischen Soldaten – nach Ausweisen gefragt, in einen Güterwagen klettern. Noch während ich die vier alten Leute in den Wagen hochhievte, wurde uns von einem auf dem Bahnsteig Beschäftigten ein Koffer gestohlen. Und kaum waren wir im Wagen, kamen wieder drei oder vier Russen, um uns auf Wertsachen zu untersuchen; sie tasteten die Frauen ab und entdeckten bei meiner Tante in den Rock eingenähte Goldkronen, die sie aus ihrer Zahnprothese herausgenommen hatte, um sie hinüberzuretten. Aber schließlich gelangte der Zug nach Küstrin. Wir wurden dank der Bescheinigung dort nicht in Quarantäne genommen – meine Eltern hätten das sicherlich nicht überlebt – und konnten von dort – noch in derselben Nacht – mit einem russischen Militärzug nach Berlin weiterreisen. Als der Zug ›endlich‹ in Berlin-Lichtenberg hielt, fühlten wir uns – fast aller Habe ledig – ›durch Wunder‹ gerettet. Später war Pastor Fritz von Bodelschwingh bereit, meine Eltern und den Onkel und die Tante in Betheler Heimen aufzunehmen.

Seit den fünfziger Jahren habe ich dank polnischer Freunde im Ökumenischen Rat in Warschau, wegen der durch die »Aktion Sühnezeichen« entstandenen Verbindungen zum Direktorium der Gedenkstätte Auschwitz-Birkenau und unter Förderung polnischer Ministerien die Beziehung in die Heimat meiner Jugend aufrechterhalten und neue Beziehungen in die verschiedenen Landesteile der Volksrepublik Polen knüpfen können. Mitglieder des polnischen ökumenischen Rates haben mich in ihren Privatautos über die ›Kopernikusstraße‹ – vom ehemaligen Ostpreußen bis durch die ehemalige Grenzmark – gefahren; dabei habe ich die lutherischen Konvente besucht, war in Grünberg und Breslau zu Pfarrertreffen und Gemeindeveranstaltungen und mehrfach in Gorzow, dem früheren Landsberg (Warthe). In Krakau lernte ich den damaligen Weihbischof Carol Wojtila, den jetzigen Papst Johannes Paul II., kennen, der im Gegensatz zu Kardinal Wischinski, dem polnischen Primas, offen auch für die Katholiken war, die im Sejim mitarbeiteten. Er empfing uns gemeinsam mit Frankowski-Anhängern, Mitgliedern der Snakgruppe und den Mitarbeitern des katholischen Versöhnungswerks »Pax Christi«. Wir konnten mit ihm ein offenes und intensives Gespräch führen.

Schon bei meinem ersten Besuch in meiner früheren Heimatstadt, eben dem heutigen Gorzow, habe ich in der ehemaligen Friedhofskapelle, die mit Hilfe von Spenden aus West-Berlin zu einem Gotteshaus mit Küsterwohnung ausgebaut worden war, am Gottesdienst teilgenommen und die wenigen deutschen Familien besucht, die dort noch leben. Ich war beeindruckt davon, wie sich die wenigen deutschen Lutheraner in der dortigen Diaspora-Situation zu der lutherisch-polnischen Gemeinde hielten und selbst aus der weiteren Umgebung zu dem monatlichen Gottesdienst in die Friedhofskapelle kamen. Der polnische Pfarrer dieser Gemeinde, der Deutsch wie seine Muttersprache spricht, hatte in Grünberg (Schlesien) seinen Amtssitz und betreute von dort aus die lutherischen polnischen und deutschsprechenden Familien und Kleinstgemeinden bis nach Stettin hinauf. Um Konfirmandenunterricht – in polnischer Sprache – abzuhalten, fuhr er mit seinem Auto die Hauptorte an, in denen sich die Kinder aus den evangelisch-lutherischen Familien zusammenfanden. Seine Gottesdienste hielt er in Abständen auch in deutscher Sprache. Mich hat diese Diaspora-Arbeit sehr bewegt. Überrascht war ich von der freundlichen Aufnahme, die wir bei Polen fanden. Sie lebten in unseren früheren Wohnungen und hatten unseren Besitz übernommen. Sie betonten die schicksalhafte Verbundenheit: So wie wir Deutsche aus unserer Heimat vertrieben seien, so sei es auch ihnen ergangen, die sie aus dem sowjetisch gewordenen östlichen Teil Polens um Minsk – dem heutigen Bjelo-Rußland – stammten. Sie könnten gut nachempfinden, wie uns zumute sei, wenn wir in die ehemalige Heimat kämen. Sie meinten damals, sie würden wohl nicht lange in diesem ihnen zugewiesenen Gebiet bleiben können. Sie sprachen damit eine seinerzeit in Polen weitverbreitete Stimmung aus, daß die nunmehr polnisch besiedelten Gebiete, die ja ursprünglich deutsch gewesen seien, wieder an Deutschland zurückgegeben werden müßten, sobald die DDR politisch an Einfluß gewonnen habe.

An der Stelle meines früheren Elternhauses stand ein kleiner aus Fertigteilen errichteter Neubau. Die hübsche

Fassade des früheren Eckhauses, die mit einer Eule, dem Symbol der Kunst und der Wissenschaft, geschmückt war, existierte nicht mehr. Russische Soldaten hatten die Buch- und Kunsthandlung aus Zorn gegen die Polen und gegen die polnisch-deutsche Kulturverbundenheit abgebrannt, nachdem das Interesse des Landrats an der Goethesammlung ruchbar geworden war. Drei alte Damen, die nach der Räumung durch meine Eltern das Haus bezogen hatten, sind in den Flammen umgekommen. Neben solchen betrübenden Feststellungen erfuhr ich eine überwältigende Gastfreundschaft – auch in den ehemaligen deutschen Pfarrhäusern in und um Landsberg, in denen jetzt polnische Priester leben, und beim katholischen polnischen Bischof, der in einem Villengebäude der früheren Landsberger Jutefabrik residiert.

Mit der im Oktober 1965 vorgelegten »Ostdenkschrift« der EKD wurde ein wichtiger Schritt auf dem Weg zur Aussöhnung mit den östlichen Nachbarn, insbesondere mit Polen, getan. Diese Studie unter dem Titel »Die Lage der Vertriebenen und das Verhältnis des deutschen Volkes zu seinen östlichen Nachbarn«, formuliert vom Vorsitzenden der »Kammer für Öffentliche Verantwortung«, Professor Ludwig Raiser aus Tübingen, und ihrem »Geschäftsführer«, Oberkirchenrat Erwin Wilkens aus Hannover, und von allen Mitgliedern der Kammer intensiv durchgearbeitet, nimmt in überzeugender Konsequenz die Grundaussagen des »Stuttgarter Schuldbekenntnisses« aus dem Jahre 1945 auf. Hatten sich die in Stuttgart versammelten Vertreter der Evangelischen Kirche in der schmerzhaft gewonnenen Erkenntnis aus den Jahren des Kirchenkampfes, daß die christlichen Kirchen schuldig werden, wenn sie ihre öffentliche Verantwortung nicht wahrnehmen, zur Mitverantwortung aller Deutschen für das schreckliche Geschehen von Krieg und Unterdrückung bekannt, dabei aber vornehmlich – vor den Besuchern aus der westlichen Ökumene – zum Westen hin gesprochen, so war nun endlich in nüchterner, unverstellter Geschichtsbetrachtung die konkrete Bitte um Vergebung an die östlichen Nachbarn gerichtet worden. Die ersten Überlegungen zur Ostdenkschrift gingen bis in die Zeit des Berliner Mauerbaus zurück, der zu einer Verschärfung der Spannungen zwischen den Weltmächten und zwischen den beiden deutschen Staaten geführt hatte. Gegen die dadurch verstärkt aufgeflammten – antikommunistischen – Emotionen und die – um so dringender angemeldeten – einseitigen Forderungen eines Rechts auf Heimat für die vertriebenen Deutschen war es nötig, an die Ursachen der Folgen des Zweiten Weltkriegs zu erinnern und diese Folgen in ihren Auswirkungen sorgsam zu analysieren. Die Veröffentlichung der Denkschrift habe ich nach Kräften gefördert. Als Ratsvorsitzender der EKD erhoffte ich von ihr einen Beitrag zur Entspannung allein dadurch, daß die in ihr behandelten Fragen zu öffentlicher Diskussion gestellt wurden. Ich war mir keineswegs sicher, ob sie in Polen, in der DDR oder gar in der Sowjetunion ein positives Echo finden werde. Für die positive Aufnahme im Ost-Block hat wesentlich die Indiskretion einer westdeutschen Zeitung gesorgt: sie veröffentlichte – vor der Freigabe des Textes – Auszüge aus der Denkschrift, in einseitiger Auswahl entstellend und mit provokatorischen Überschriften versehen. In diesem Lichte wurde sie nach ihrer Publikation gelesen oder auch – ungelesen – diskutiert und um sie gestritten. Darüber wuchs doch auch die Einsicht, daß der als Folge des Krieges in neuen Grenzen entstandene polnische Staat auf die ehemals deutschen Gebiete nicht mehr verzichten könne, eine Einsicht, die den Weg zur neuen deutschen Ostpolitik geebnet hat. Sie, die Ostdenkschrift, hat durch das Angebot einer Verständigung und Aussöhnung mit unseren östlichen Nachbarn den Entspannungsprozeß in Europa überhaupt erst eingeleitet. Doch auch nach innen hat die Denkschrift zu einem wesentlichen Bewußtseinswandel in unserem Volk beigetragen, sie hat das Wissen um schuldhaftes Versagen und die Erkenntnis einer besonderen Friedensverantwortung der Deutschen belebt und konkretisiert.

Zwanzig Jahre nach Erscheinen der Ostdenkschrift wurde mir als dem Herausgeber die Ehrendoktorwürde der staatlich-christlichen Akademie in Warschau verliehen. Bei dieser Gelegenheit habe ich vom Wesen der Versöhnungsaufgabe gesagt: »Versöhnung setzt ein ursprüngliches Gemeinschaftsverhältnis voraus. Es darf nicht zu einem bloßen Rechtsverhältnis entartet sein. Ein auf Recht gegründetes Verhalten zwischen Menschen und Völkern bedeutet viel. Gott hat das Recht lieb. Recht ist eine Gabe Gottes, für die wir ihm zu danken haben. Aber Recht ist kein letzter, höchster Wert. Darüber steht, zumal wenn Rechtsanspruch gegen Rechtsanspruch gesetzt wird, wahrhaftige Liebe, ›veritas in caritate‹ (Eph 4,15), von Liebe erfüllte Wahrheit. Von dieser Einsicht und diesem Bemühen wurden wir im Rat der Evangelischen Kirche in Deutschland geleitet, als wir die Denkschrift verfaßten und publizierten... Wir haben das Recht der Vertriebenen und das Lebensrecht des polnischen Volkes in seinen neuen Grenzen einander gegenübergestellt. Wir haben als die Ursache des Unrechts an Polen und Deutschen, das beiden durch große Gebietsabtretungen angetan worden ist, die furchtbare Schuld der Deutschen bekannt durch den Überfall auf Polen 1939 und durch die entsetzlichen Verbrechen an der Zivilbevölkerung während der Besatzung der folgenden sechs Jahre. Wir baten um Vergebung und bitten um Versöhnung, die auf eine tiefere Gemeinschaft zurückgreifen kann, als daß sie durch den grauenvollen Rechtsbruch hätte zerstört werden können. Die Kultur unserer Länder ist geprägt, ja, entstanden aus der Wahrheit, die durch Jesus Christus in die Welt gekommen ist... Versöhnung schafft Gerechtigkeit, eine Gerechtigkeit, die nicht im Widerstreit zwischen Rechtsansprüchen ›von oben her‹ ein Urteil fällt, sondern die ein neues rechtes Verhalten, ein *zurechtgebrachtes* Verhalten miteinander begründet. In großer Dankbarkeit für diese Ehrung, die der Ostdenkschrift gilt, *dem* Akt erbetener Versöhnung, der von Polen angenommen wurde und eine neue Politik zwischen unsern Staaten möglich machte, bete ich zu Gott, daß diese Art versöhnter Gerechtigkeit zwischen unseren Völkern, ihren einzelnen Gliedern und Gruppen und auch den politischen Zusammenschlüssen, zu denen sie gehören, durch die Regierungen und die Bürger unserer Völker wachse.«

Während der Prozeß der Versöhnung mit dem polnischen Volk tatsächlich in Gang gekommen ist, belastet verdrängte Schuld noch immer unser Verhältnis zu den Völkern der Sowjetunion. Verschiedene Faktoren haben in unserem Land dazu beigetragen, daß die Tatsache, daß es deutsche Truppen waren, die im Juni 1941 die Sowjetunion überfallen haben, von vielen Deutschen vergessen oder verdrängt wird. Dazu gehören Erfahrungen eigenen Leides am Ende des Zweiten Weltkrieges und in der Nachkriegszeit, die Auswirkungen der stalinistischen Ära in der Innen- und Außenpolitik der DDR, das Blockdenken in Ost und West und ein tiefsitzender Antikommunismus. Auch hierzu ist nötig, die konkreten Ursachen in ihrer tatsächlichen historischen Reihenfolge zu erkennen und zu werten, soll es zu gegenseitigem Verständnis und zu einer dauerhaften Aussöhnung kommen. Insofern bin ich besonders dankbar, daß der Frankfurter Kirchentag 1987 einen seiner Schwerpunkte in der Frage der Aussöhnung mit den Völkern der Sowjetunion gehabt und erneut Bewegung gegen erstarrtes Denken ausgelöst hat.

Die Abkehr vom herkömmlichen Antikommunismus ist unumgänglich. Bereits die Bezeichnung dieses Phänomens als »*Anti*-Kommun*ismus*« bedeutet eine Negativ-Bewertung in der Potenz. Das Phänomen kennzeichnet sich dadurch als Ideologie, das heißt als eine – dogmatischen Zwang ausübende – Heilslehre, und zugleich als eine ›Folge-Ideologie‹, die sich ihr inhaltliches Gesetz von einer zuvor entstandenen Lehre und Bewegung hat geben lassen; im »Anti« befindet es sich in einem Verhältnis des doppelten Zwanges. Am Zustandekommen des Antikommunismus trägt die Kirche Schuld. Was diese Schuld anlangt, so unterwerfe ich mich dabei einer Definition und Forderung Dietrich Bonhoeffers, die er während des Kirchenkampfs für jede Kritik an *seiner* Bekennenden Kirche zum Maßstab erklärte: Klage ich *die* Kirche *der* oder auch nur *einer* Schuld am Entstehen jenes Phänomens an, so werde ich mir dabei *meiner* Schuld bewußt.

Antikommunismus als Gegen-Ideologie, als eine Bewegung von beachtenswertem Umfang und Einfluß gibt es erst seit 1917, erst nachdem der Marxismus-Leninismus das große russische Reich erobert hatte. Von diesem Zeitpunkt an wurde der Kommunismus, eben in der Gestalt des Bolschewismus, ernstgenommen und gefürchtet. Die Glut des Antikommunismus wird entfacht durch die Angst vor der Macht, die jener nunmehr darstellt und die – von Rußland aus – die bestehenden Machtverhältnisse im eigenen Land, seine Gesellschafts- und Wirtschaftsordnung, ›bedroht‹. Unsere Schuld am Entstehen der Angst-Gegenbewegung gegen den Staatskommunismus im Osten Europas, die Schuld der Kirche und die persönliche Schuld der großen Mehrheit der Christen in Deutschland, besteht darin, daß wir aus Furcht vor dem, was sich jenseits der

Grenzen unseres Landes zutrug, die gesellschaftlichen, wirtschaftlichen und politischen Veränderungen dort pauschal beurteilt, pauschal rein negativ bewertet, auf Differenzierung und ein Bedenken der Ursachen verzichtet haben. Wir haben das Geschehen mit einem – den Blick trübenden – weltanschaulichen Vorzeichen versehen und sind ihm deshalb nicht gerecht geworden.

Wohl ist das Problem einer sachgerechten Gesamtwertung der Vorgänge in Rußland durch Theologie und Kirche in den zwanziger Jahren erörtert worden, und zwar auch mit prominenten Sprechern der Kirchenleitung und der theologischen Wissenschaft; aber vorgetragen wurde die Forderung nach einer differenzierenden Diagnose des Umbruchs und seiner Begleiterscheinungen nur von einer kleinen Gruppe religiöser Sozialisten, die auf emotional bedingte Ablehnung in den Gemeinden und bei den Verantwortlichen der Kirche stießen. Ein Musterbeispiel dafür bieten die Verhandlungen auf dem dritten Deutschen Evangelischen Kirchentag (im Juni 1930 in Nürnberg), der damals etwa die Funktion der heutigen Synode der EKD innehatte.

Im Gedenkjahr des Augsburger Bekenntnisses ging es dabei um eine »russische Kundgebung«. Wie die vorangegangenen Kundgebungen »zur religiösen Not« in Rußland wollte auch diese deutsche kirchliche Kundgebung – gemäß der Absichtserklärung des Sprechers des Berichtsausschusses, des Professors für Neues Testament an der Universität Berlin Adolf Deißmann – *eine* Gefahr »mit Bewußtsein« vermeiden: die Gefahr, sich in die innere Politik, insbesondere in die Wirtschaftspolitik Rußlands einzumischen. Man fürchtete, die Würde und die Stoßkraft eines religiösen Protestes aufs stärkste zu gefährden, wenn sich mit der Schilderung des schweren religiösen Notstandes im Osten eine Verurteilung des Bolschewismus als politisch-wirtschaftliches System verbunden hätte. Der Abgeordnete der religiösen Sozialisten auf dem Kirchentag, Pfarrer Eckert aus Baden, hielt diesem Verständnis von Religion, von Kirche, Theologie und Ökumene entgegen, das Ausblenden der gesellschaftlichen Ursachen *der* Christenverfolgung oder vielmehr, wie er korrigierend es zu formulieren forderte, *einer* Christenverfolgung durch proletarische Gruppen oder sowjetische Orts- und Distriktbehörden verleugne die Schuld der Kirche, die im Dienst des Zarismus die politische Bewegung des Proletariats, seinen Kampf um die Freiheit unterdrückt und die grausamen Verfolgungen der revolutionären Führer mitgemacht habe. In einer neuen Zeit des wachsenden Gefühls einer durch keine politische Grenze abzuschnürenden christlichen Gemeinbürgschaft gelte es zu erkennen, daß die Christenheit bei uns gleichgültig gewesen sei gegenüber dem Wesen und Verhalten der orthodoxen Kirche in Osteuropa und dadurch Mitschuld trage an dem, was sich jenseits der Grenze ereignet habe; vor allem aber müsse unsere Kirche Buße tun und zugeben, daß vieles in *ihrer* Vergangenheit und in ihrer bisherigen Arbeit gewesen sei, was das Proletariat in Deutschland, und nicht nur das Proletariat, von ihr abgestoßen habe.

Wir jungen Pfarrer und Theologiestudenten der zwanziger Jahre, auch wir christlich-sozial orientierten, waren wie unsere theologischen Lehrer befangen durch Tradition und Art der Erziehung; deshalb sahen wir in den Priestern der Orthodoxie und in unseren lutherischen baltischen Brüdern, wenn sie glaubten, sich der Wirtschafts- und Gesellschaftsordnung des sozialistischen Bolschewismus als dem »Vorstoß des Teufels« entgegenstemmen zu müssen, nur die Märtyrer des reinen Evangeliums. Wir bedachten nicht, wie ihr Eintreten für die sogenannte christliche, die bürgerliche, die kapitalistische Ordnung, die sie als

»harmlos und unschuldig« meinten retten zu müssen, von den revolutionären Massen als Gegnerschaft, als Parteinahme für die weißgardistische Gegenrevolution empfunden werden mußte. Wir teilten das Urteil unserer kirchlichen Wortführer, daß Eckerts Auftreten auf dem Deutschen Evangelischen Kirchentag 1930 ein die Kirche schädigender Eklat, eine kommunistische Provokation gewesen sei. Und dies, ohne damals den Wortlaut seiner – zwar leidenschaftlich, aber sachlich ausgewogen votierenden – Stellungnahme zu kennen oder uns zu beschaffen. Dies habe ich in der Schuld meiner Kirche als meinen Anteil, als meine persönliche Schuld am aufkommenden Antikommunismus zu bekennen.

In der Zeit der Verfolgung der Bekennenden Kirche durch die Nationalsozialisten gab es im Verhältnis zu den Kommunisten erstmals gegenläufige Erfahrungen, die ich in einem früheren Kapitel kurz berührt habe. Wenige Wochen vor seinem Tod hat mir der frühere Staatssekretär für Kirchenfragen bei der Regierung der DDR, Hans Seigewasser, den ich nach meiner Ausweisung aus der DDR bis zum Jahr 1973 nicht mehr gesehen hatte, bei einem Empfang für den nordisch-deutschen Kirchenkonvent in Heringsdorf (DDR) erzählt, er sei tags zuvor mit Studenten der Humboldt-Universität und der Universität Halle im ehemaligen Konzentrationslager Sachsenhausen gewesen und habe ihnen die Zelle gezeigt, in der er gelegen habe, dann die Zellen im sogenannten »Zellenblock«, in denen gefoltert worden war, und schließlich den Zellenbau der prominenten Gefangenen, in denen unter anderen der polnische Bischof Bursche, der polnische Theologieprofessor Gastpary und der Dahlemer Pfarrer Martin Niemöller eingesperrt waren. Bei dieser Ortsbesichtigung habe er den Studenten erzählt, wie sich Christen und Kommunisten im KZ gegenseitig gefunden, gestützt und gestärkt hätten.

Die inhaftierten Mitglieder der Bekennenden Kirche hätten ebenso wie die Kommunisten das rote Abzeichen getragen, das den »Politischen« zugeteilt war – im Gegensatz zum lila Abzeichen der Ernsten Bibelforscher und der Adventisten. Die Letztgenannten, mit dem Zeichen der Kirchenfarbe versehen, wurden isoliert, streng isoliert, gehalten. Und zu mir sagte Seigewasser – ähnlich wie bei anderer Gelegenheit Gastpary –, daß sie im Lager das Glockengeläut der abendlichen Fürbitteandachten der Bekennenden Gemeinden – seit dem 2. III. 38, dem Tag der Einlieferung Martin Niemöllers –, bei Westwind aus Sachsenhausen, bei Ostwind aus Friedrichsthal, in dem Wissen gehört hätten, daß auch ihrer »draußen« in der Fürbitte gedacht werde und sie nicht vergessen seien. »Obwohl wir Kommunisten ja nicht an euren Gott glauben«, so Seigewasser, »war es für uns eine ganz große innere Stärkung.«

An solche Erfahrungen haben wir im Umgang mit Kommunisten anzuknüpfen und uns als Christen aus – traditioneller – politischer Bindung zu lösen. Nach dem Zweiten Weltkrieg und den Erfahrungen mit der Gewaltherrschaft der Nationalsozialisten ist diese Aufgabe noch dringender geworden. Wir haben nicht überkommene Wirtschaftsordnungen und Eigentumsverhältnisse als »heilige Werte abendländischen Christentums« zu verteidigen; wir dürfen im durch den Krieg so schrecklich mitgenommenen Rußland nicht das »Reich des Bösen«, das auf der Erdkarte auszulöschende Reich des Bösen, und in seinen Bewohnern *und* Regierenden nicht die Werkzeuge des Satans sehen und bekämpfen. Wir haben zu hören auf die Stimmen der russischen Christen, der Künstler, Wissenschaftler, Schriftsteller und Ingenieure, ehemaliger Soldaten und Partisanen (auch der im Lande opponierenden), die vom Trauma des Krieges, vom nicht abgeschwächten Trauma aus der Kriegserfahrung der Gesamtbevölkerung der Sowjetunion »künden«: sie wollen den Frieden. Sie fürchten nichts mehr als eine neue Aggression von außen; sie sind offen für »Umrüstung« der Waffenindustrie und für – kontrollierte – Sicherheitspartnerschaft!

Insgesamt hat die Sowjetunion im vergangenen Weltkrieg 25 Millionen Menschen verloren. Bei meinen Besuchen nach 1945 besonders in Bjelo-Rußland ist mir dies erschütternd deutlich geworden: Jeder vierte Einwohner dieses dicht besiedelten Gebietes ist damals umgekommen! Was wir Deutsche dort der Zivilbevölkerung angetan haben – 177 zerstörte Dörfer und Städte, eine hohe Zahl von Konzentrationslagern auf engem Gebiet, der erbarmungslose Kampf gegen die Partisanen, und zwar durch Geiselnahme und Geisel-Hinrichtungen –, das ist, als Schreckenserinnerung tief eingeprägt, lebendig. Die älteren Einwohner können nicht vergessen, wie ganze Orte umstellt, angezündet und fliehende Frauen, Kinder, Greise und Säuglinge in die brennende Scheune, den in Flammen stehenden Heuschober zurückgejagt wurden – Einzelheiten, die in der Gedenkstätte Chatyn dokumentiert sind. Die Angst vor einem wiedererstarkenden Deutschland, das hohe Schutzbedürfnis der Menschen dort ist mir begreiflich geworden. Doch neben diesem Trauma ist mir bei Gesprächen mit Betroffenen, mit Widerstandskämpfern und Gliedern der Kirchen eine beschämende Offenheit entgegengebracht worden: Ehemalige Partisanenkommandeure und russische Generäle erklärten uns, von jeder Bitterkeit und allem Haß gegenüber den Deutschen frei zu sein, sie wüßten zu unterscheiden zwischen dem deutschen Volk, dem kulturellen und geschichtlichen Beitrag der deutschen Nation und dem Irrweg der verbrecherischen Epoche der Nationalsozialisten. Es gab keine Familie, die nicht durch den Krieg und die deutsche Besatzungszeit Angehörige verloren hatte. Die beiden Weltkriege erfuhr die Stammbevölkerung Bjelo-Rußlands auf dem Hintergrund der Jahrhunderte währenden Geschichte der Kriege zwischen Litauen und der Ukraine, zwischen Polen und Rußland und Schweden und dem ausgreifenden Deutschland, dem missionierenden Deutschritterorden und dem sächsischen Polenkönig.

Der Vielfalt der ethnischen Herkunft der Bevölkerungsgruppen entsprechen die religiösen Verhältnisse in Weißrußland. Neben einem erheblichen und wahrnehmbaren Prozentsatz an Katholiken – aus der polnischen Zeit – gibt es eine mitgliedsstarke orthodoxe Metropole, deren Metropolit, Erzbischof Philaret (Vachromeew), zugleich Präsident des Außenamtes der Russisch-Orthodoxen Kirche ist; auch die protestantischen Gruppen: Methodisten, Mennoniten und Quäker, sind öffentlich beachtlich. Der junge Dozent, ein Slawist und Germanist, der uns begleitete und übersetzt hat, sagte, sein Vater sei Partisan gewesen; darum befinde sich auf seinem Grab ein Sowjetstern. Auf dem Grab seiner Mutter, wie auf der großen Mehrheit der Grabplatten, sähe man das Kreuzeszeichen, bei ihr das Andreaskreuz als Symbol der orthodoxen Kirche, bei Katholiken und Protestanten das »abendländische« Kreuz. Wie schon erwähnt: der Berliner neutestamentliche Theologe und Ökumeniker Adolf Deißmann hat in den zwanziger Jahren nach der Teilnahme an einer Pilgerfahrt auf der Wolga von der tiefen Religiosität und Frömmigkeit des russischen Volkes berichtet (sie sei nicht geringer geworden nach 1917!). Eben diesen Eindruck habe ich von meinen Besuchen in der Sowjetunion empfangen. Als ich an einem Karfreitag – Ostern fiel in jenem Jahr auf den 1. Mai, einen Staatsfeiertag – nach Moskau kam, erlebte ich anderntags, wie die Kirchen von morgens bis abends überfüllt waren; die Frauen kamen mit dem Ostergebäck und ließen es segnen. Und in der Osternacht selbst waren die für Gottesdienste zugelassenen Kirchengebäude dem Zustrom der Menschen nicht gewachsen. Massen von Jugendlichen und älteren Menschen versuchten von den Vorplätzen aus, die Gottesdienste mitzuverfolgen und mitzufeiern. Ich sah auch in der Kathedrale selbst keineswegs nur Leute aus der älteren Generation, sondern viele junge, die teilweise sogar in der Soldatenuniform zum Gottesdienst gekommen waren. In dieser Nacht war es unmöglich, ein Taxi zu bekommen. Die Mietwagen wurden alle gebraucht, um die zahllosen Familien auf die Friedhöfe zu bringen, wo sie zum Gedenken an die Verstorbenen und im Glauben an den Auferstandenen Osterkerzen anzündeten und miteinander das – am Tage zuvor geweihte – Ostergebäck an den Gräbern verzehrten. Auch dort war wieder viel Jugend dabei und junge Männer in Uniform. Diese Christen sind unsere Brüder und Schwestern, die mit uns im Glauben an den auferstandenen Christus verbunden sind; wir zerschneiden das Band, wenn wir das Klischee von der Sowjetunion als einer atheistischen Nation für uns akzeptieren.

Die Verantwortung der Kirche und des christlichen Denkens umfaßt das gesamte Leben der Menschen, auch das gesamte öffentliche Leben, Politik und Wirtschaft und Kultur. Die Kirchen unseres Landes und wir Christen haben in der hochgespannten Weltsituation der Gegenwart vor jeder negativen Gegenideologie zu warnen. Wir haben – auch als einzelne Glieder unserer Gemeinden – uns sachkundig zu machen über das Denken, die Sorgen und die Hoffnungen im anderen Land. Und wir haben zu werben für eine Vorgabe an Vertrauen gegenüber dem anderen Machtblock. Schon ein Unterlassen alles dessen bedeutet neue schwere Schuld. Die Folgen einer neuen Mitschuld wären um so vieles verhängnisvoller als die der beiden vorangegangenen Weltkriege, wie die gegenwärtigen nuklearen Waffensysteme dem in jenen Kriegen eingesetzten Waffenarsenal überlegen sind. Die Regierenden in Westeuropa dürfen sich nicht durch überkommene Feindbilder und Befangenheit im ideologischen Bereich davon abhalten lassen, die Veränderungen im Sowjetsystem und die Angebote aus Moskau, die zu einem neuen Denken im Atomzeitalter einladen, zu registrieren und Bereitschaft zu einem partnerschaftlichen und von gegenseitigem Respekt getragenen Miteinander zu zeigen.

Ein Weg, auf dem dies geschehen könnte, ist vorgezeichnet. Sowohl die Einsätze und Kontakte der »Aktion Sühnezeichen / Friedensdienste« als auch die bestehenden kirchlichen Partnerschaften über die Grenzen der Machtblöcke hinweg haben viel zu gegenseitiger Verständigung und zu einer gerechten Urteilsbildung beitragen können. Nun entstehen – noch etwas zaghaft – auch Städtepartnerschaften über die innerdeutsche Grenze hinweg und über die West- und Ostgrenzen der beiden deutschen Staaten hinaus. Hier können die Christen und ihre Gemeinden den kommunal Verantwortlichen Modelle anbieten, die eigenen Erfahrungen werbend weitergeben und die bereits bestehenden Partnerschaften intensivieren. Möglichst viele Gruppen und Delegationen sollten Gelegenheit zum Besuch auf der jeweils anderen Seite suchen und erhalten, wobei die Zusammensetzung dieser Reisegruppen möglichst offengehalten, unbesorgt gehandhabt werden sollte. Christen sind nicht eng. Wir scheuen auch »Überwacher« nicht.

Ein nächster Schritt könnte das Eingehen von »Dreiecks- oder Vierecks-Partnerschaften« sein, bei denen Gemeinden aus der BRD und der DDR gemeinsam mit west- und osteuropäischen Gemeinden ein Projekt in der »Dritten Welt« unterstützen. In welcher Form dies geschehen kann, davon war die Rede. Es war in den vergangenen Jahren mehrfach möglich, daß junge Christen aus der DDR die Genehmigung zu einem befristeten Dienst in Südasien oder Ostafrika erhielten, die Kosten für das Projekt übernahmen westliche Gemeinden. Auch die gemeinsame Arbeit junger Freiwilliger aus Ost und West an Sühnezeichen-Projekten in Polen und in der DDR, zumal an geschichtsbezogenen Gedenkstätten, hat ideologische Voreingenommenheit und auch Wunschphantasien über die Verhältnisse in einem unerreichbaren Traumland abgebaut, hat Mauern durchlässig gemacht.

Schließlich scheint mir eine Anregung sehr bedenkenswert, die aus dem fernen Osten zu uns gelangt ist und den Gedanken der Partnerschaft inhaltlich weiterführen kann: Am 20. Januar 1983 haben sich die Bürgermeister von Hiroshima und Nagasaki, den Städten, die durch den Abwurf von Atombomben innerhalb kürzester Zeit zu Ruinenstätten wurden, mit einem Brief »an die Städte der Welt« gewandt, in dem sie um ein Städtebündnis bitten »für die totale Abschaffung von Atomwaffen«. Bis zum 1. Juni 1985, vor der vierzigjährigen Wiederkehr der Tage der vernichtenden Abwürfe, waren aus 32 Ländern 100 Städte dem Bündnis beigetreten, darunter Harrisburg, Minneapolis, San Franzisko aus den USA, Coventry aus Großbritannien, Moskau, Leningrad, Wolgograd aus der Sowjetunion und aus der DDR Berlin (Ost), Dresden, Magdeburg, aus der Bundesrepublik die »Kirchentagsstädte« Frankfurt am Main, Hamburg, Hannover. Für dieses Bündnis könnten sich christliche Gruppen und Gemeinden stark machen und die eigenen Stadtverwaltungen und Gemeinderäte zum Beitritt auffordern. Und die Städte, die sich bereits dieser grenzüberschreitenden Aktion angeschlossen haben, lassen sich gewiß dazu ermuntern, unter Nachbarstädten oder auf Städtetagen und Bürgermeistertreffen – über alle Parteizugehörigkeiten hinweg – für dieses politisch-moralische Bündnis zu werben.

Zur Gesamterörterung des Verhältnisses der Christenheit in den beiden deutschen Staaten zu unsern östlichen Nachbarn ist mir wichtig festzuhalten:

Es bestehen Beziehungen zwischen den europäischen Nationen, die darauf gründen, daß die Völker in ihrer Geistesgeschichte, in ihrer Wirtschaft und Kultur und in ihrer gesellschaftlichen Ordnung geprägt worden sind von einem gemeinsamen Zuspruch und Anspruch des Evangeliums. Sie haben Anspruch und Zuspruch unterschiedlich aufgenommen; konfessionelle Spaltungen haben zu Differenzierungen in nationalem Bewußtsein und Denken beigetragen, wie Klima und Landschaft und Bodenverhältnisse; aber eine Grundgemeinsamkeit ist geblieben, die stärker ist als die Veranlagung der Volks-Charaktere und wesentlich stärker als der Wille jeweiliger Regierungen oder die Form politischer Ordnungen. Die Forderung übergreifender Sicherheitspartnerschaft und des Kulturaustausches wird von den Kirchen der Ökumene erhoben – zu Recht – nicht zuerst mit Argumenten der politischen Vernunft, sondern um des Angebotes des Evangeliums willen – im Gehorsam gegen den Gott, der die Geschichte lenkt!

Die geringsten Brüder

In der heute mittleren Generation, nicht nur in ihr, in breiten Kreisen der deutschen Bevölkerung, die Wohlstand erworben haben und in Sorge sind, von ihrem Wohlstand ein wenig einzubüßen, zeigt sich eine Gesinnung, die mich erschreckt, ja erzürnt. Eben gegen sie richtet sich die dringende Mahnung Jesu: »Ihr könnt nicht Gott dienen und dem Mammon.« (Mt 6,24). Das Sich-Sorgen um die eigene Sicherheit und das Streben nach immer mehr Wachstum, wirtschaftlichem Wachstum, nach persönlich immer größerem Gewinn und die Ablehnung der Verdienenden, freiwillig Verzicht zu üben auf ein wenig vom Einkommen und auf Lebensstandard, ist Götzendienst und wird uns – wenn wir die weltweiten Konsequenzen überdenken – in den Teufelskreis des Todes hineinführen, vor dem Jesu Mahnung warnt. Opfer des Teufelskreises sind zunächst – und dies bereits heute in erschreckendem Ausmaß! – diejenigen, die aus sehr verschiedenen Gründen keine Chance haben – als gleichberechtigte Partner –, mit den wirtschaftlich Starken oder Mächtigen voranzuschreiten. Die ›Religion‹ des Geldes und der Macht geht über sie hinweg: über die Hungernden und Verdurstenden, über die Fremden und die, denen Kleidung und Obdach fehlen, über die Kranken und die Gefangenen. Weltweit manifestiert sich die soziale Ungerechtigkeit in der dramatisch anwachsenden Spannung zwischen den zunehmend reicher werdenden Völkern vorwiegend der nördlichen Hemisphäre und den Völkern, die in den Hunger- und Elendszonen der südlichen Hemisphäre zu Hause sind. Aber auch in unserem eigenen Volk geraten viele in ein Abseits der Hoffnungslosigkeit, der Isolation oder der Armut, weil sie im materialistischen Kräftespiel nicht mithalten können oder in diesem von Konkurrenz beherrschten Geschehen gescheitert, gestrauchelt, ausgeschlossen sind.

Gerade an sie, die zu Opfern geworden sind, an die Leidenden ist der Christ und sind die Kirchen durch Jesu Predigt gewiesen: »Was ihr getan habt einem von diesen meinen geringsten Brüdern, das habt ihr mir getan.« (Mt 25,40) Wir haben die Pflicht, für das Recht des anderen, des Benachteiligten und Bedrängten, entschieden und kompromißlos Partei zu ergreifen gegen alles, was die Würde des anderen, seine Entfaltung und Freiheit und Freude zu leben beeinträchtigt, verletzt. Solche Parteinahme wirkt auf uns selbst zurück und verändert unseren eigenen Lebensstil; sie führt uns auch zwischen alle Fronten: ein entschiedenes Eintreten für die Schwächeren wird mißdeutet oder wider besseres Wissen verunglimpft. Das darf nicht daran hindern, den Verletzer, den Unterdrücker, den, der auf der anderen Seite steht, dennoch »mit ganzem Herzen zu suchen«, ihn weder zu hassen noch zu verfluchen. Niemand darf aufgegeben werden. Jesus zielt in der Bergpredigt auch auf das Gewinnen derer, die Ursache geben für das Leiden seiner geringsten Brüder: »Segnet, die euch fluchen; tut wohl denen, die euch hassen; bittet für die, so euch verfolgen, auf daß ihr Kinder seid eures Vaters im Himmel!« (Mt 5,44 f.) Parteinahme für die Schwächeren schließt die Regel ein: »Liebet eure Feinde; vergeltet nicht Böses mit Bösem, sondern überwindet das Böse durch das Gute«, durch den Guten, Jesum Christum! Ein solches Engagement mag uns bis an den Rand unserer Kräfte fordern; Enttäuschungen werden sich einstellen, wir werden wieder und wieder scheitern; dennoch wird es nicht ohne Wirkung bleiben und den Impuls liebender Hoffnung weitergeben, die aus dem Vertrauen in das kommende Reich Gottes und seiner Gerechtigkeit lebt.

Wie schwierig und aufreibend die Sorge um Jesu geringste Brüder werden kann, ist mir in besonderem Maße – und unter wechselnden Perspektiven – bei der Seelsorge an Gefangenen deutlich geworden. Sie war mir aufgetragen – grundsätzlich durch die Ordination, in Einzelfällen durch das Ersuchen Betroffener. Wie wichtig dies Stück pfarramtlichen Dienstes ist, habe ich in Situationen gelernt, in denen ich persönlich als Gefangener Hilfe und Zuwendung erfahren habe. Seit ich im Jahr 1933 die Pfarrstelle Sachsenhausen übernommen hatte, wurde die Seelsorge an Gefangenen zu einer Aufgabe, die mich auf meinem Lebensweg ständig begleitet und gefordert hat. Wie zuvor in Friesack wurde mir über den Gemeindebezirk hinaus die Seelsorge an den auch um Oranienburg bestehenden Lagern des kirchlichen Arbeitsdienstes übertragen. Eines dieser Lager, auf dem Gelände einer ehemaligen Brauerei, wurde nach Hitlers Machtergreifung geräumt. Nach dem Beispiel der italienischen Faschisten wurde dort ein erstes Konzentrationslager eingerichtet. Als ich davon hörte, versuchte ich, Zutritt in dies »Arbeitslager« zu erlangen. Ich begründete mein Gesuch damit, daß unter den Inhaftierten Glieder unserer Kirche seien. Mein Antrag wurde abgelehnt, doch durch dieses Bemühen entstand ein erster Kontakt zu einigen Familien, deren Angehörige sich im

Konzentrationslager befanden, und damit zum Kreis der unter der Nazi-Herrschaft von Beginn an Entrechteten. Von dem Augenblick an, da ich selbst in Haft kam, erweiterten und verstärkten sich diese Beziehungen.

Was es heißt, als Gefangener von der Umwelt, das ist vom Geschehen »draußen« und denen, die einem nahestehen, isoliert zu sein – zumal in der Einsamkeit der Einzelhaft –, das habe ich in den Tagen eigener Gefangenschaft erfahren. Ich habe dabei zugleich erlebt, was es bedeutet, »draußen« einen starken Rückhalt zu wissen – in meinem Fall damals: neben der eigenen Familie die brüderlich-schwesterliche Gemeinschaft des Pfarrernotbundes und der Bekennenden Gemeinde. Ohne solchen Rückhalt kann kein Gefangener Lebensmut behalten. Ich sage dies generell von allen Inhaftierten. Ob ein Gefangener durch eigenes Fehlverhalten, durch eigene Schuld in die Lage gekommen ist oder unberechtigt durch Mißbrauch staatlicher Gewalt, er soll nie fürchten müssen, die »draußen« hätten ihn aufgegeben. Nicht allein der zu Unrecht Inhaftierte, auch der kriminell Gewordene, auch der politische Gewalttäter muß darauf vertrauen können, daß zumindest die Kirche und die Christen sich um ihn bemühen – ob er nun Christ oder Nichtchrist ist. Auch – und gerade dann, wenn die öffentliche Meinung dagegensteht, ist der Auftrag eindeutig: »Ich bin im Gefängnis gewesen, und ihr seid zu mir gekommen.« (Mt 25,36) Der Kontakt zu den Gefangenen und ihren Angehörigen bleibt eine Aufgabe, von der uns Christen keine Macht der Welt dispensieren kann.

Mich selbst hat diese Aufgabe zu sehr verschiedenen Menschen geführt und mir die Grenzen gezeigt, die dabei zu überschreiten sind. Als Pfarrer in Sachsenhausen hatte ich gemeinsam mit meiner Familie mithören müssen, wie seit 1941 manchmal Nacht für Nacht die für das KZ bestimmten Menschentransporte am Bahnhof aus »Güterwagen« herausgestoßen wurden. Ich erfuhr davon im einzelnen vom Bahnhofsvorsteher und seiner Frau, die zur Bekennenden Gemeinde gehörten. Ich bekam das Tun geschildert derer, die sich in ihren schwarzen Uniformen dazu hergaben, Menschen wie Vieh in Lager zu treiben, Hunde auf sie zu hetzen, sie mit Skorpionenpeitschen totzuschlagen. Später – in den letzten Kriegswochen – bin ich eben diesen dann ganz anders begegnet. Ich war im Januar 1941 zur Infanterie eingezogen worden und hatte – von Januar/Februar 1944 an – den Rückzug der 71. Infanterie- und der 15. Panzer-Division von Gaeta südlich Cassino-Nettuno bis zum Po mitgemacht. Dort war ich in amerikanische Kriegsgefangenschaft geraten und wurde vom US-Armeepfarrer, der ebenfalls Scharf hieß und darum auf mich aufmerksam geworden war, zum Oberpfarrer in einem Lager mit 40000 deutschen Kriegsgefangenen in der Nähe von Pisa bestellt. Der – katholische – US-Armeeoberpfarrer hatte von einem zur Bekennenden Kirche gehörenden deutschen kriegsgefangenen höheren Offizier gehört, daß ich im Pfarrernotbund der Stellvertretende Vorsitzende war. Er beauftragte mich deshalb auch mit der Seelsorge im benachbarten SS-Sonderlager. Bereits während eines Lazarettaufenthaltes in Berlin – ich hatte mich beim Wachbataillon nacheinander mit Gelbsucht, Diphterie und Scharlach infiziert – hatte ich junge SS-Leute persönlich kennengelernt, die anders waren als das Gros der Wachmannschaften in Sachsenhausen. Die dort Fühlung zu mir – dem Pastor – gesucht hatten, kamen aus Österreich und aus Süddeutschland. Sie waren wegen ihrer Körpergröße und wegen ihres Aussehens zum Teil *zwangsweise* zur Waffen-SS eingezogen worden. Unter ihnen ist mir in besonderer Erinnerung der Sohn eines Künstlers aus Hindelang im Allgäu, der von der Madonna des älteren

Holbein und dem Schnitzaltar in der Kirche des benachbarten Bad Oberdorf schwärmte, künstlerisch hochinteressiert und sehr offen für kirchlich-theologische Fragestellungen war; er schilderte mir, wie er zur SS gezogen worden war, wie man ihn dort militärisch-ideologisch geschliffen hatte, und vermittelte mir auch einen Einblick in die innere Verfassung von SS-Kameraden, die sich *freiwillig* zur SS gemeldet hatten und die nun doch unter dem Zwiespalt zwischen Führergläubigkeit und Humanität litten. Mit ihm und einigen anderen wurde ich geradezu befreundet. An diese Gespräche konnte ich bei der Seelsorge im SS-Sonderlager anknüpfen. Am 10. Sonntag nach Trinitatis 1945, dem Israelsonntag der Kirche, hatte ich in diesem Lager den Gottesdienst zu halten. Von 3000 kriegsgefangenen SS-Männern des compound nahmen 2000 am Gottesdienst und an der Abendmahlsfeier des Gottesdienstes teil. An ihn schloß sich ein Predigtnachgespräch im großen Lagerrondell (unter der heißen südlichen Sonne) an. Wir diskutierten zweieinhalb bis drei Stunden über Antisemitismus und über die Heilsbedeutung Israels, des erwählten Gottesvolkes, für Geschick und Verhalten der Völker der Erde. Sie fragten und bedrängten mich hart. Sie waren zum Teil in Sorge, als Angehörige von Sondereinheiten, denen Kriegsverbrechen gegen die sowjetische Zivilbevölkerung angelastet wurden, ausgesondert und an die Sowjetunion ausgeliefert zu werden. Sie hatten sich deshalb ihre Blutgruppennummern vom Oberarm entfernt – dem Sonderkennzeichen der ›edlen‹ SS –, waren aber wegen der vernarbten Wunde dennoch im Verdacht geblieben, SS-Leute zu sein. In dieser für sie innerlich belasteten, gespannten Situation suchten sie Zuspruch aus dem Wort Gottes: Was ist die Absicht Deines Gottes – so es ihn gibt – mit dem allen? Was kann er mit uns vorhaben? Gibt es ein personales Leben nach dem Tod – auch dann, wenn der

Mensch ihn selbst herbeiführt? Ich fühlte in diesen Stunden mit den Fragenden wie einer dieser »Gesetzlosen«, denen sich der Rückschlag des uralten Vergeltungsgesetzes ankündigte, und ich fragte den mich begleitenden Kameraden, einen Berliner Kantoren, der wegen seiner Mitgliedschaft bei der Bekennenden Kirche ein Jahr lang im Konzentrationslager Sachsenhausen gefangen gewesen war und unter SS-Leuten gelitten hatte: »Was hat unsere Kirche an diesen Menschen versäumt, als sie noch Kinder waren?« Und: »Was sind wir Pfarrer der Bekennenden Kirche den ›Soldaten der SS‹ schuldig geblieben?« (Er antwortete, wir hätten an diesen soeben ein Pfingsten erlebt – nicht nur im Blick auf die Zahlenangabe in Apostelgeschichte 2.)

Auch wenn Zeiten und Vorzeichen wechselten, so sind mir diese Fragen – bis heute – geblieben, Fragen nach unserem eigenen Versagen, wenn über das Versagen derer nachzudenken war, die schuldhaft hinter Gitter gekommen waren oder die die Schlüsselgewalt über Gefängnisse innehatten. Fragen, die mich bei meinen regelmäßigen Besuchen der wegen Kriegsverbrechen von internationalen oder ausländischen Gerichten Verurteilten begleitet haben, die in Berliner Haftanstalten einsaßen, ebenso bei dem Bemühen um Seelsorgemöglichkeiten oder Freilassung für Inhaftierte in Gefängnissen der DDR, bei Kontakten – über Erdteile hin – zu Menschen, die wegen ihres Glaubens verfolgt und, wie in Korea, Südafrika oder Lateinamerika, in Folterhaft genommen waren, oder bei meinem Besuch von Angehörigen der Baader-Meinhof-Gruppe, von dem in diesem Zusammenhang zu berichten ist.

Ulrike Meinhof und weitere Angehörige ihrer Gruppe befanden sich im Hungerstreik, es war mit der Möglichkeit zu rechnen, daß ein tödlicher Ausgang des Streiks zu öffentlichen Gewalttätigkeiten führen würde. Da ich bereits in den frühen Phasen der Studentenbewegung bei Demonstrationen um Vermittlung zwischen Senat, Polizei und den Sprechern der Studenten angegangen worden war, und da eine starke – zeitweise bedrohlich anschwellende – Schar von Sympathisanten der R.A.F. (Rote-Armee-Fraktion) die Kirche zum Heiligen Kreuz im Stadtbezirk Kreuzberg besetzt hielt, um gegen die Haftbedingungen der Baader-Meinhof-Häftlinge zu protestieren, war ich sowohl von Angehörigen und Anwälten der Inhaftierten als auch von seiten der Richter und der Berliner Senatsverwaltung aufgefordert worden, mich für ein Gespräch mit den Sprechern der Gruppe, die streikte, zur Verfügung zu stellen. So ließ ich vorfühlen, ob diese bereit wären, mit mir über ihre Lage zu reden. Den Besuch einer Delegation der Kirchenleitung, der ihnen zuvor angeboten worden war, hatten sie abgelehnt. Als sie den Wunsch äußerten, ging ich zu ihnen, vor allem um Ulrike Meinhof selbst anzuhören und um aufgrund des Eindrucks, den ich empfangen würde, dahin und dorthin verhandeln und einwirken zu können.

Für die ursprünglichen Motive der Gruppierung, Motive, die mir aus der Studentenbewegung und aus Verhandlungen mit verschiedenen ihrer Vertreter – unter anderem mit Rudi Dutschke – bekannt waren, hatte ich Verständnis. Nicht die prinzipielle Opposition derer, die sich zur R.A.F. zusammengeschlossen hatten, die prinzipielle Opposition gegen Formen des politischen und gesellschaftlichen Mit- und Gegeneinander in der ›Welt des Kapitalismus‹, sondern die gewalttätigen Methoden, mit denen Ulrike Meinhof und ihre Gesinnungsgenossen zuletzt vorgegangen waren, habe ich verurteilt. Ich verstand, daß sie nach großen anfänglichen Erfolgen ihres ›rein-verbalen‹ Widerstands von dem Augenblick an, als die Studentenbewegung, schwächer geworden, an Zugkraft verlor und an den Hochschulen gerade auch die Lehrstuhlinhaber, auf die sie sich – zu Recht – berufen hatten, sich gegen sie stellten, von einer tiefen Enttäuschung an der Gesellschaft und der Hochschulgemeinschaft erfaßt wurden. Diese Enttäuschung war der Grund für die Hinwendung der Baader-Meinhof-Gruppe zunächst zur Gewaltanwendung gegen Sachen und bald darauf zu den bösen, radikalen und terroristischen Gewaltaktionen auch gegen Personen. Die Schuld an dem, was sich an wirklich Schlimmem zugetragen hatte, lag nicht allein bei denen, die die Grenze zur Gewaltanwendung überschritten hatten; auch diejenigen unter den Verantwortlichen in der Gesellschaft, die die ursprünglichen und berechtigten Motive dieser Opposition ignoriert oder auf gehässigste Weise entstellt und attackiert hatten, trugen dazu bei, daß das Feuer der Gewalt Nahrung fand. Deswegen meinte ich, man müsse sich um diese Häftlinge bemühen und sie davon zu überzeugen suchen, daß die Methode vernichtender Gewalt dem Christen und auch dem Staatsbürger in der Demokratie verboten ist und daß ihre Anwendung schädliche Rückwirkungen für die eigene ›gute Sache‹ hat. Methoden der vernichtenden Gewalt seien nicht nur ethisch verwerflich, sie seien auch einfach dumm. Nach unserem Gespräch, in dem ich ihr sicherlich einiges zugemutet hatte, gab mir Ulrike Meinhof die Hand, was sie sonst bei keinem ihrer Besucher – auch bei Freunden nicht – zu tun pflegte, und sagte zu mir: »Auf Wiedersehen! Aber *wirklich*: Auf Wiedersehen!« Nicht daß ich sie besucht habe – trotz all dessen, was sich an den Besuch anschloß –, sondern daß ich dieser Aufforderung – aus Rücksicht auf die öffentliche Meinung – nicht nachgekommen bin, mache ich mir heute zum Vorwurf.

Der Ablauf meines Besuches in den Haftanstalten Moabit und Lehrter Straße, mein eigenes Verhalten im Gespräch mit Ulrike Meinhof und Verena Becker, die Begleitumstände während meiner Bemühungen um eine Minderung der Gewaltakte auf der einen und der Restriktionen auf der anderen Seite und das Verhalten anderer, die aus Kirche und Strafvollzug in die Vermittlungsversuche miteinbezogen wurden, waren die Ursache einer ungeahnten Verschärfung und Eskalation der öffentlichen Diskussion. Die auf die grauenvolle Ermordung des obersten Berliner Richters Günter von Drenkmann eingeleiteten Ermittlungen der Kriminalpolizei richteten sich – in einer unglücklichen Verkettung – zunächst fast ausschließlich gegen kirchliche Mitarbeiter, gegen die kirchliche – in den Gefängnissen Moabit und Lehrter Straße tätige – Sozialarbeiterin und Pfarrfrau Undine Zühlke, die mich bei meinen Besuchen dort begleitet hatte, und gegen den ins Berliner Predigerseminar übernommenen damaligen Vikar Cornelius Burghardt, der vom Pfarrkonvent Kreuzberg zu den Diskussionen mit den Besetzern der Heilig-Kreuz-Kirche zu Hilfe gerufen worden war. Für mein eigenes Verhalten bei meinen Besuchen nehme ich in Anspruch, daß der Seelsorger eines Gefangenen von diesem Schriftstücke aller Art entgegennehmen darf, ohne daß er sie beim Verlassen der Anstalt der Kontrolle vorzuzeigen hätte – er darf dies nicht einmal! Selbstverständlich darf er empfangene Mitteilungen (auch mündliche!) nicht an Bekannte, Angehörige, Gesinnungsgenossen der Häftlinge draußen weitergeben. Aber schriftliche Beichte der Tat, schriftliche Lebensbeichte, Klagen über seine derzeitige Situation, Wünsche für die Möglichkeit eines Neuanfangs nach beendeter Haft, die dem Betreuer, dem Besucher des Häftlings als seinem Seelsorger in die Hand gegeben werden, sind nur für sein Auge und das keines anderen bestimmt. Die seelsorgerliche Schweigepflicht, das Recht der Zeugnisverweigerung auch vor der Polizei und dem Gericht, ist sehr extensiv auszulegen; sie gilt für jeden, der im kirchlichen Dienst als Seelsorger, Fürsorger, Sozialarbeiter, Gemeindehelfer, Pfarrer oder Diakon einen ständigen oder vorübergehenden Auftrag hat, ja, sie gilt für einen Christen überhaupt, wenn der von einer Schuld Belastete sich ihm in der »Not des Herzens« anvertraut und Rat von ihm erbittet; sie gilt besonders dann, wenn etwa der Rat, sich der Polizei oder den Gerichten mit einem offenen Eingeständnis der Schuld zu stellen, von dem Beichtenden nicht befolgt wird. Ohne durch ihn selbst ausdrücklich von der Schweigepflicht entbunden zu sein, darf der, dem ein anderer sich – beichtend – anvertraut hat, dessen Tat niemandem anzeigen! Er muß bereit sein, für ein solches Verhalten, für ein Durchhalten dieses Grundsatzes selbst Strafe, auch – in Staaten, die dies Beicht-Recht nicht anerkennen – harte Bestrafung auf sich zu nehmen.

Das Durchhalten dieses »Sonderrechtes« ist von entscheidender Bedeutung für das »Sonder-Vertrauen«, das die Kirche als Anstalt, die christliche Kirche ganz allgemein, sich in zwei Jahrtausenden erworben hat. Das Sinnbild für die Verteidigung dieses Rechtes gegenüber jeder Staatsgewalt ist der Märtyrer Johann von Nepomuk aus Prag, der im 14. Jahrhundert standhaft und entschieden königlichem Übergriff auf die Kirche entgegengetreten ist und trotz Gefangennahme und Marter das Beichtgeheimnis nicht preisgab. (Er wurde deswegen in die Moldau gestürzt.) Auf sein Beispiel haben wir in den Vernehmungen und den öffentlichen Diskussionen zur Frage im Jahre 1974 gern verwiesen.

Daß ich Ulrike Meinhof in Stuttgart-Stammheim, sie und die andern dort inhaftierten Mitglieder der R.A.F., nicht noch einmal besucht habe, hatte folgenden Grund: Als der württembergische Landesbischof D. Helmut Claß von dieser meiner Absicht erfuhr, beschwor er mich, im Namen des Stuttgarter Oberkirchenrats, dies nicht zu tun. Wenn ich aus Berlin käme, um die Stammheimer Gefangenen zu besuchen, so würden das die schwäbischen Pietisten als einen demonstrativen Akt ansehen und, da es in Stammheim ja eigene Gefängnisseelsorger gebe, nicht verstehen; er befürchte ein Auseinanderbrechen seiner Kirche. Daraufhin bat ich Paul Oestreicher, einen deutschen Emigranten, der anglikanischer Pfarrer und damals Leiter der europäischen Sektion von »amnesty international« war, diesen Dienst – an meiner Stelle – zu übernehmen. Er hat daraufhin zweimal alle inhaftierten Terroristen in Stammheim und in den anderen Gefängnissen in Westdeutschland besucht. Gleichwohl mache ich mir nach dem Selbstmord der Gefangenen in Stammheim Vorwürfe: Auch wenn ich diesen Schritt nicht hätte verhindern können, so wäre es doch meine Pflicht gewesen – allen Bedenken zum Trotz –, für ein seelsorgerliches Gespräch zur Verfügung zu stehen. In der Rückschau sehe ich darin ein schweres persönliches Versäumnis.

Daß ich ebenso inhaftierte Extremisten der rechten Szene besucht habe und ihnen als Seelsorger und Gesprächspartner begegnet bin, das ist von einem gewissen Teil der Presse bewußt übergangen worden. Über die Auseinandersetzungen, die Kirche und Öffentlichkeit nach meinem Besuch bei Ulrike Meinhof erlebten, ist 1975 vom Rowohlt-Taschenbuchverlag eine Dokumentation unter dem Titel »Pfarrer, die dem Terror dienen?« veröffentlicht worden; in ihr sind die Ereignisse und Hintergründe eingehend beschrieben.

Der Gefangene ist in jedem Fall der Schwächere; er ist vor Rache- und Vernichtungsmaßnahmen, auch vor psychischer Zerstörung zu schützen. Neben der unmittelbaren Seelsorge hat darum die Kirche die Pflicht, darauf hinzuwirken, daß der staatliche Strafvollzug das Wesen und die Würde gefangener Menschen achtet und jede Möglichkeit ausschöpft, ihnen den Weg der »Resozialisierung«

zu bahnen – oder, wenn in bestimmten Fällen nicht von »*Re*-Sozialisierung« gesprochen werden kann, eben einen Weg zur Einübung in die Gemeinschaftsfähigkeit. Strafvollzug ist nur sinnvoll, wenn Arbeitsmöglichkeiten und Ausbildungsprogramme vermittelt werden, die zu qualifizierter und den Begabungen entsprechender Berufstätigkeit hinführen; denn der Gefangene muß mit konkreten Zukunftsaussichten dem Tag seiner Freilassung entgegensehen können. Menschen hinter Gittern dürfen unter keinen Umständen eine Behandlung erfahren, die sie in Depressionen stürzt und verzagen läßt; sie haben ein Recht darauf, mit einem völligen Neuanfang rechnen zu dürfen – und mit Menschen, die ihnen dabei beistehen und dazu Mut machen.

Eine andere Gruppe von Menschen in unserem Land teilt in mancher Hinsicht das Los der Gefangenen. Auch sie ist weithin isoliert in Lagern, sie hat hinter sich zumeist Zeiten der Verfolgung, akuter Lebensgefahr und verwegener Flucht: es ist die Gruppe von Ausländern aus vier Kontinenten, die bei uns um Asyl bitten. »Ich bin ein Fremder gewesen, und ihr habt mich aufgenommen«, so identifiziert sich Jesus mit den »Asylanten« (Mt 25,35). Das Alte Testament, aber auch das Neue Testament, Jesus Christus, denken dabei zuerst an geflüchtete Sklaven aus einem anderen Land. Und Gott fordert: »Liebe ihn wie dich selbst! Sorge dafür, daß der entlaufene Sklave bei dir in deinem Land nicht unterdrückt wird.« Nicht unterdrückt, das heißt, daß er nicht unter den Bedingungen leben muß, wie *die* es waren, denen er sich entzogen hat. Nimm ihm die Sorge vor dem kommenden Tag! Befreie ihn von der Angst und der Ungewißheit über sein Schicksal hier oder gar dort, woher er kam! Gewähre ihm Schutz und hilf ihm zu einem Wohlergehen, wie du es selbst genießt oder dir wünschst! So lautet die Forderung des Wortes Gottes, unabhängig von den Gründen, um deretwillen der Fremde geflohen ist, und unabhängig auch von Belastungen und Gefährdungen, die solche Hilfe an jenem anderen dir zumutet und auferlegt. Deshalb gibt es für das Verhalten der Christen gegenüber denen, die um Asyl bitten, nach meinem Urteil nur eine Leitlinie: Wer kommt, soll Aufnahme finden und Beistand durch unsere Gesellschaft und die Glieder unserer Gemeinde.

Niemand verläßt seine Heimat gern. Diese Grundeinsicht gilt es festzuhalten! Sollten einige wenige aus Abenteuerlust oder Gewinnsucht das Land ihrer Geburt verlassen, so ist der Prozentsatz von diesen unter der Zahl der aus Bedrängnis Fliehenden so gering, daß er nicht ins Gewicht fällt. Kommen sie aber aus Angst vor Bedrängnis durch ihre Regierung oder durch eine mächtige Gruppe in ihrem Land, oder aus der Angst, durch Kriegs- und Bürgerkriegshandlungen getroffen zu werden, oder kommen sie, weil ihre Kinder bitter Hunger leiden, ist es Christenpflicht, unseren Wohlstand, unsere Sicherheit mit ihnen zu teilen. Wir haben nicht zu untersuchen, ob der einzelne, der zu uns flieht, mehr als der Durchschnitt seiner Landsleute in seiner Heimat gefährdet ist und zu leiden hat. Wir haben den, der in Not oder auch nur aus dem subjektiven Empfinden von Not uns sucht, anzunehmen und für ihn einzustehen. Jede Überprüfung der Beweggründe ist Verletzung der Menschenwürde des zu uns Geflüchteten.

Diese Pflicht wird nicht eingeschränkt oder aufgehoben durch Regelungen unseres eigenen Staates. Geraten wir durch die Hilfe an den zu uns geflüchteten Fremdlingen in Widerspruch zu vom Staat erlassenen Gesetzen, dürfen wir die Verletzung staatlicher Ordnung nicht scheuen. Es ist sicher nicht falsch, die Handhabung staatlicher Verwaltung auch mit der »Waffe des Rechts«, der des Grundgesetzes, zu bekämpfen. Aber wo der Appell, die Beschwerde an Verwaltungsgerichte und das Bundesverfassungsgericht ohne Erfolg bleiben, endet die Pflicht der Hilfe nicht: Wir haben zu protestieren gegen Abschiebungen, gegen jede Abschiebung. Wir haben die Pflicht zum öffentlichen Widerspruch gegen Verurteilungen von Asylsuchenden, die gegen die Anordnungen der Ausländerbehörde bei uns bleiben. Wir müssen hinter denen stehen, die als Helfer der sogenannt »illegal« bleibenden Flüchtlinge Strafen zu gewärtigen haben. Gerichtliche Entscheidungen können uns nicht von dem christlich gebotenen Tun entpflichten.

Es ist christlich geboten, von der Abschiebung Bedrohte in unseren Gemeinden aufzunehmen, notfalls auch zu verstecken. Wer dafür bestraft werden sollte, leidet um einer höheren Gerechtigkeit willen und dient der Sache des Rechts. Er hilft dazu, daß die Entscheidungen unserer Parlamente und Behörden öffentlich diskutiert werden; er beeinflußt das öffentliche Bewußtsein, hilft, es zu schärfen, und wird mit anderen gemeinsam Erkenntnis und Verhalten der Regierenden »zum Besseren lenken«. Davon bin ich überzeugt, weil ich ein Grundvertrauen zu unserer Demokratie behalten habe.

Die Äußerung der Evangelischen Kirche in Deutschland zur Frage der Pflicht und der Freiheit des Widerstandes auch im demokratischen Rechtsstaat deckt ein solches Verhalten. Diese Denkschrift unserer Kirche rechnet damit, daß der Christ aus Gründen des Gewissens auch gegen gesetzliche Regelungen handeln muß, die von demokratischer Mehrheit im Staat erlassen und von der Mehrheit der Bevölkerung gebilligt werden. Angesichts jener furchtbaren Schuld, die wir Deutsche mit dem Holocaust und der systematischen Verfolgung und Vernichtung fremder Völker und Rassen auf uns geladen haben, besteht für uns heute eine besondere Verantwortung gegenüber den

»Fremdlingen unter uns«, auf die bei Gedenktagen auch von Regierungsseite gerne hingewiesen wird. Nach den Erfahrungen der jüngsten europäischen Geschichte, im Blick auch auf das Verhalten der Nachbarländer Deutschlands gegenüber aus Deutschland fliehenden Gefährdeten kann nur gefordert werden: Staatliche Regelungen, staatliche Einschränkung und Bedingungen für Asylgewährung dürfen die Kirchen, dürfen den einzelnen Christen nicht binden. Mehr als die Schweiz oder Frankreich, die Niederlande oder Großbritannien hat Deutschland, hat die Bundesrepublik die Grenzen offen zu halten für flüchtende Fremde, und wo sie das nicht tut, haben wir Christen den Regierenden in den Arm zu fallen, haben wir die Regierenden und die Regierten an Gottes Gebot und Gerechtigkeit zu erinnern, wie die Bekennende Kirche es auf der Barmer Synode 1934 gegen den – totalen – Staat proklamiert hat. Der Flüchtling Jesus Christus, schon von Geburt an gefährdet, ist an der Seite der Flüchtenden; er hat Teil an ihrem Schicksal. Er ist auf der Seite derer, die Unbill auf sich nehmen, um Flüchtlingen zu helfen. Daran die zu erinnern, die Regierungsverantwortung tragen, aber auch alle Bürger im Lande, darf die Kirche, dürfen wir Christen nicht aufhören.

Impulse aus dem Fernen Osten

Am 13. August 1961 wurde die Berliner Mauer errichtet, ein – wie sich bald herausstellen sollte – großer Schnitt auch in das »Fleisch« der bis dahin »gesamtdeutschen« Evangelischen Kirche in Deutschland. Unmittelbar nach der gravierenden Innerberliner Grenzziehung beantragten Präses Figur, Generalsuperintendent Führ, Bischof Krummacher und ich ein Gespräch beim Oberbürgermeister von Ost-Berlin, Friedrich Ebert, um mit ihm über die Folgen der Spaltung (insbesondere für die Familien) zu verhandeln. Gleichzeitig hatten wir in einem gemeinsamen Telegramm an Walter Ulbricht gegen die Trennung der Deutschen in unserer Stadt und in unserem Lande protestiert und Möglichkeiten für Familien- und Freundesbegegnungen gefordert. Ich wurde daraufhin am 18. August zu Herrn Ebert geladen.

Der Oberbürgermeister von Ost-Berlin empfing mich nicht allein, sondern in Gegenwart seines Stellvertreters und des Berliner Polizeipräsidenten; dieser war in »großer Uniform«. Ebert machte mir heftige Vorwürfe wegen unseres Telegrammes, das in dieser hochgespannten außenpolitischen Situation eine Gefährdung des Staates bedeute, und bot mir an, ich könne, da mir die Maßnahme der DDR nicht gefalle, ab sofort zu meiner Familie nach West-Berlin übersiedeln. Ich lehnte dies entschieden ab. Das Gespräch endete mit einer schroffen Verwarnung. In ähnlicher Weise wurden die übrigen Unterzeichner des Telegramms von ihren Bezirksrats-Vorsitzenden vorgeladen und gescholten, so auch Bischof Friedrich Wilhelm Krummacher in Rostock.

Am 31. August 1961 geschah dann, was in einem Kommuniqué des Rates der Evangelischen Kirche in Deutschland festgehalten ist: »Am 31. August um 9.30 Uhr erteilte das Präsidium der Volkspolizei die beantragte Durchfahrtserlaubnis für Präses Scharf für die Dauer von drei Monaten (unter der Auflage, je vor 24 Uhr in seine Wohnung im Ostteil der Stadt zurückzukehren), mit dem Bemerken, daß über die Verlängerung der Erlaubnis Ende November neu zu verhandeln sei. Präses D. Scharf begab sich um 12.30 Uhr ohne Behinderung über den vorgeschriebenen Kontrollpunkt nach Westberlin. Als er nach Erledigung seiner Dienstgeschäfte sich um 20 Uhr wieder am gleichen Kontrollpunkt einfand, wurden ihm und seinem Kraftfahrer die Personalausweise und der Durchfahrtsberechtigungsschein ›zur Prüfung‹ abgenommen. Nach etwa 30 Minuten wurde Präses D. Scharf durch zwei Beauftragte in Zivil eröffnet, sein Berechtigungsschein und Personalausweis würden einbehalten. Das Wiederbetreten des ›Demokratischen Berlin‹ sei ihm untersagt. Präses D. Scharf wurde von Fahrer und Wagen getrennt und genötigt, zu Fuß nach Westberlin zurückzukehren.

Als Gründe für diese Maßnahme wurden angegeben:

1. Er habe bei seinem Zuzug nach Ostberlin seinen Westausweis behalten und sich damit nicht eindeutig für ein Bürgerrecht im Ostsektor Berlins entschieden.

2. Er habe sich in dem bekannten Telegramm vom 16. August 1961 an den Staatsratsvorsitzenden und den Oberbürgermeister von Ostberlin für das ungehinderte Zusammenkommen von Familienangehörigen in Berlin eingesetzt. Seine Angehörigen wohnten in Westberlin. (Ihre Übersiedlung nach Ostberlin war mir im Laufe der Jahre dreimal abgelehnt worden!) Es solle ihm die Möglichkeit gegeben werden, bei seinen Angehörigen zu leben.

3. Er sei als der Vorsitzende des Rates der EKD der Leiter einer friedensfeindlichen und illegalen Organisation.

Präses D. Scharf erklärte demgegenüber, er habe 1951 bei seinem Zuzug in Ostberlin seinen Westberliner Ausweis abgegeben und sei seither lediglich im Besitz des Deutschen Personalausweises der DDR. Er habe dies dem Oberbürgermeister Ebert von Ostberlin bereits am 18. August in Gegenwart des Präsidenten der Volkspolizei mitgeteilt.«

Erst mit der Verselbständigung des »Bundes Evangelischer Kirchen in der DDR« im Jahre 1969 und der Beschränkung meiner Amtsführung als Bischof von Berlin-Brandenburg – in dieses Amt war ich 1966 von beiden Berlin-Brandenburger Regionalsynoden gewählt worden – auf die West-Berliner Kirche hat sich die Einstellung der Regierungsverantwortlichen der DDR mir gegenüber geändert. Gleichwohl hat diese »Aussperrung« aus einem Staatsgebiet, dessen loyaler Bürger zu sein ich mich auch dann bemüht hatte, wenn ich als Vertreter der Kirche zu bestimmten Situationen ein notwendiges »Nein« sagen mußte, für mich auch einen positiven Ertrag gebracht: Ich konnte mich der Aufgabe des Ratsvorsitzenden der Evangelischen Kirche in Deutschland, in der ich in den Jahren 1961 bis 1967 stand, jetzt gleichsam hauptamtlich widmen. Da meine Funktionen, die ich in West-Berlin auszuüben hatte, genügend Zeit ließen, habe ich in jenen Jahren gemeinsam mit dem damaligen Präsidenten des Kirchlichen Außenamtes der EKD, D. Adolf Wischmann, zahlreiche Auslandsreisen unternehmen können, die nach Ostasien, nach Südafrika, nach Lateinamerika und in die Vereinigten Staaten führten und unter anderem dem Abschluß von Kirchenverträgen galten. Bei den Reisen nach Lateinamerika haben wir vor allem die Beziehungen zu jenen Kirchen gepflegt, die in Brasilien, Argentinien, Paraguay, Bolivien, Peru und Chile aus deutscher Tradition entstanden sind; dabei lernte ich auch Helmut Frenz, damals noch als lutherischen Pastor in Concepción / Chile kennen, der später als Bischof der lutherisch-chilenischen Kirche von der Militärjunta ausgewiesen und Generalsekretär von »amnesty international« wurde. In den USA gab es Gespräche mit dem Nationalen Kirchenrat u. a. über die Politik des Ökumenischen Rates und den »Sonderfonds« des Antirassismus-Programmes; die in dieser Zeit sich neu konstituierende »Vereinigte Kirche Jesu Christi«, die aus der Tradition der altpreußischen Union und einigen weniger orthodoxen Lutherischen Kirchen entstanden ist, übernahm zu unserer großen Freude und Dankbarkeit die »Barmer Theologische Erklärung« als Bekenntnisgrundlage ihrer Union. Über Eindrücke in Südafrika, dem Land der Apartheid, habe ich bereits berichtet. Ich möchte im folgenden etwas ausführlicher meine Eindrücke im Fernen Osten schildern, vor allem die von Kirche und Theologie des Volkes in Südkorea.

Bereits in Japan war mir das Bestreben der dortigen Christen nach kultureller Eigenständigkeit, das sich in einer sehr entschiedenen Theologie manifestierte und die Theologie der Bekennenden Kirche bejahte, aufgefallen. Ausdruck dieses Denkens war der Umstand, daß sich führende Theologen dort als Symbol für ihre Kirchen nicht mehr das Kreuz, unter dem europäische Kolonisation getrieben worden sei, sondern die aufgehende Sonne, das Zeichen der österlichen Auferstehung, wünschten. Überraschend neu war für mich auch die Rolle, die die Lehre Christi dort spielte: Zwar gehören in Japan nur etwa ein Prozent der Bevölkerung als Mitglieder zu einer der christlichen Kirchen, doch liegt der Anteil der im Parlament vertretenen Christen mit etwa 15 Prozent wesentlich höher. Ein Viertel der Professorenschaft in Japan ist christlich, und die »Nicht-Kirchenbewegung«, eine in Kreisen der Gebildeten weitverbreitete Bibel-Lese-Bewegung, mag an die 60 Prozent der kulturell und intellektuell Interessierten erreicht haben. Auch die neueren synkretistischen Religionen Japans sind in erheblichem Maße von christlicher Tradition beeinflußt und mitbestimmt: diese religiösen Gruppen hatten damals eine außergewöhnlich breite Gefolgschaft in den gehobenen Kreisen der japanischen Bevölkerung. Das lag sicherlich mit daran, daß sich besonders die Anhänger des Zen-Buddhismus der dialektischen Theologie tief verwandt fühlten, so daß Zen-Lehrer ihre Schüler zu Karl Barth nach Basel schickten; diese sollten die Grundlagen der neuen europäischen Theologie »an der Quelle« kennenlernen. Nicht wenige von ihnen kehrten als Christen nach Japan zurück und wurden führende Theologen der japanischen Christenheit. Eberhard Müller, der Gründer und erste Direktor der Evangelischen Akademie Bad Boll – der ersten Einrichtung dieser Art, die es weltweit gab –, hatte von Boll aus den Anstoß zur Eröffnung einer christlichen Akademie in Japan gegeben, die Superintendent Dr. Alfred Schmidt, der vormalige Leiter der evangelischen Akademiearbeit in der DDR, unter dem Patronat des nationalen Kirchenrats in Japan aufbaute.

Von dort aus gelang es Dr. Schmidt, die »Korea Christian Academy« in Seoul (Südkorea) ins Leben zu rufen. Die Evangelische Kirche in Deutschland übernahm dabei wesentliche Starthilfe. Die Gründung dieser christlichen Tagungsstätte, die 1969 bereits 67 Tagungen mit beinahe 2000 Teilnehmern durchführen konnte, war Anlaß für meine erste Korea-Reise: Ich sollte den entsprechenden Kirchenvertrag unterzeichnen und an der konstituierenden Sitzung des Akademie-Gremiums teilnehmen. Welche Bedeutung man von koreanischer staatlicher Seite der Eröffnung dieses kirchlichen Arbeitsfeldes beimaß, ist daraus zu ersehen, daß mir aus diesem Anlaß die Ehrenbürgerrechte der Stadt Seoul verliehen wurden, ein Recht, von dem ich einige Jahre später erfolgreich Gebrauch machen konnte.

Seit diesem ersten Besuch in Korea habe ich den weiteren Weg der Christen und Kirchen dort mit großer Anteilnahme verfolgt und mich intensiv mit der Minjung-Theologie und ihrer Bedeutung für den demokratischen Kampf gerade der Ärmsten und Unterdrückten beschäftigt. Diese »Theologie des Volkes« scheint mir als eigenständige »Befreiungstheologie« nicht nur für den asiatischen Raum, sondern für die weltweite Ökumene von hoher Bedeutung zu sein, gleichsam als ein Lehrstück biblisch begründeter und in den geschichtlich-sozialen Kontext einbezogener aktueller Verkündigung. Ich habe davon in Deutschland berichtet:

In der theologischen Diskussion und in kirchlichen Auseinandersetzungen in Deutschland wird seit einiger Zeit unter Berufung auf die Bindung an Schrift und Bekenntnis gegen die »Theologie der Genitive« oder auch die »Theologie der Attribute« polemisiert: »Theologie der Befreiung«, »Theologie des Volkes«, »Theologie der Hoffnung«, das »Evangelium der Armen«, ja, selbst – von einem anderen Standort aus – »Theologie des Kreuzes«, »Theologie der Rechtfertigung« seien eine Einengung der »vollen Botschaft« vom »Heil für alle«. Verurteilt in ihrem speziellen Anspruch werden auch »narrative Theologie«, »ökumenische« und »kontextuelle Theologie« und vor deren Aufkommen »natürliche Theologie«, auch »Gott-ist-tot-Theologie« – die Reihe läßt sich um einiges verlängern. Ich halte den Spott dieser Kritik für unberechtigt. Er gründet in der Fiktion, als ob es eine absolute Theologie gäbe. Wo *dieser* Anspruch erhoben wurde, hat er Erstarrung bewirkt, hat er das Ende freier theologischer Forschung bedeutet. Jede Theologie hat ihren spezifischen Skopos, ihren Pfeil, ist ausgerichtet in eine bestimmte Situation hinein und gerichtet an Bewußtsein und Denken bestimmter gesellschaftlicher Gruppen in einer bestimmten Epoche. Sie wirbt und warnt. Sie wehrt Abirrung kirchlicher Gemeinschaft ab oder richtet ihr prophetisches Zeugnis gegen eine – Denken und Bewußtsein vergiftende – Ideologie, oder sie versteht sich als eine Einladung an Ferne, an die Ausgestoßenen einer Generation, an Entfremdete, an Hilf- und Hoffnungslose. Dabei sind gelegentlich die Herrschenden und ihre Vergehen, gelegentlich auch die Bedrängten und ihre Versuchungen und Nöte stärker im Blick.

Doch nicht nur die *Bemühung* um Erkenntnis, die Theologie, befindet sich in einem ständigen Prozeß des Werdens, dessen Abschnitte und Perioden zu Recht unterschiedlich gekennzeichnet werden: von einer Theologie der Patristik über den Nominalismus und Realismus des Mittelalters und die reformatorische Theologie zur christologisch bestimmten »Dialektischen Theologie« und zur – gegen sie, gegen einen sogenannten Christomonismus sich wendenden – »theozentrischen Theologie« (auch diesen Pleonasmus der Etikettierung hat es gegeben und gibt es neu!). Nicht nur die Theologie befindet sich in einem ständigen Prozeß des Wandels, auch ihr *Gegenstand*, die Wahrheit selbst, ist Leben, ist lebendige Wahrheit, eben nach christlichem Glaubensverständnis darin, daß sie Person-Wahrheit ist. Wir Christen glauben, daß die Wahrheit, Gott selbst, in den Ablauf der Geschichte in menschlicher Gestalt eingetreten ist als ein Wesen, das entsteht, das wächst und reift, das – der Vollendung entgegen – nicht aufhört zu werden. Dies ist das Besondere der christlichen Wahrheitserkenntnis: Der Prozeß des Werdens der Wahrheit in Jesus Christus ist mit dem Zeugnis von seiner Geburt, seinem Leiden und Sterben und Auferstehen und seiner Himmelfahrt nicht beendet, auch nicht unterbrochen; er nimmt immer neue Formen und Ausdrucksweisen an! Nennt das Neue Testament die Kirche, die Christenheit, seinen Leib, so spricht es dies Glaubensurteil über *die* Wahrheit aus: Sie lebt, sie entwickelt sich, sichtbar für unser Auge und Begreifen, unaufhörlich fort. Sie ist Wahrheit auf dem Wege, »Wahrheit unterwegs« von einem Anfang her, einem im Alten Testament vorbereiteten Anfang her in der Christnacht, einer Vollendung entgegen in der Wiederkunft, und auch der neue Himmel und die neue Erde der zweiten Schöpfung Gottes werden *Leben* sein, werden von einer Fülle zur anderen, von immer neuem Erkennen zu immer neuem Schauen sich bewegen! Ja, so bezeugen die Heiligen Schriften der Judenheit und der Christenheit *die* Wahrheit.

Von dieser Erfahrung biblischer Wahrheit her will ich das mir gestellte Thema angehen. Aus einer solchen Wahrheitserfahrung hat Vincent Cosmao formuliert: »changer le monde, une tâche pour l'église«, die Welt verändern ist eine Aufgabe für die *Kirche!* Und von dieser Grundlage aus definiert Don Pedro aus Venezuela die »Theologie der Befreiung« als für unsere Gegenwart in dreifacher Hinsicht bedeutsame Theologie:

»1. Sie ist dem Leben entnommen, aus dem Leben hergeleitet. Sie analysiert die Lage. Sie ist nicht deduktiv in der

Methode, wie eine absolute Theologie, eine ›Theologie an sich‹ zu arbeiten versucht, sondern induktiv. Sie untersucht Vorgang für Vorgang, Erscheinung um Erscheinung und entdeckt so, was sich vollzieht und wo Hilfe anzusetzen hat.

2. Sie erkennt Jesus Christus innerhalb der menschlichen Wirklichkeit als leidenden Gottesknecht gemäß Jesaja 53. Von daher hat Erzbischof Romero von San Salvador, von Haus aus ganz konservativ eingestellt, die Situation durchlebt und durchlitten. Kurz vor seinem Märtyrertod im Jahre 1980 hat er in Leiden bei seiner Doktorehrung davon gesprochen, daß das Sichstellen der Kirche unter die Armen und Ausgebeuteten und Geknechteten und Gefolterten die Inkarnation Jesu wiedergebe und daß eben dabei die Priesterschaft der Kirche und ihre Gemeinden geistbegabt würden.

3. Die Theologie der Befreiung bereitet die Christenheit über die Erde hin auf die Verfolgungen vor, die in naher Zukunft bevorstehen, und zwar unter jeder denkbaren Machtkonstellation und sogenannten politischen Lösung, ob es Militärdiktatur ist in Uruguay oder Chile, ob es ein rechts-konservatives oder ein linkes Regime sein wird.«

Mit seinen Studenten hat Don Pedro um solcher Zurüstung willen die Apostelgeschichte durchforscht und dabei vierzehn verschiedene Arten von Verfolgung festgestellt. Er findet sie und Abarten von ihnen wieder in der Welt der Gegenwart und *»sieht noch mehr, noch sehr viel grausamere«* sich ankündigen.

Der Umstand, daß es nicht einmal im Blick auf das Neue Testament eine »Theologie an sich« gibt, *die* neutestamentliche Theologie, sondern nur ein vielfältiges Spektrum von Theologien: die johanneische und die paulinische – bei Paulus sogar die des Ersten Thessalonicherbriefes im Unterschied, im Gegensatz zu der des Kolosserbriefes – und auch, bei den auf den gleichen Quellen fußenden Synoptikern, die des Markus, des Lukas, des Matthäus, nach Herkunft und Denkart der Verfasser der Evangelien und nach den Adressaten, an die sich die redigierten Berichte wenden, charakteristisch unterschieden – ich sage: Dieser Umstand ist der Ausgangsgrund der koreanischen Theologie des Minjung. Die Kirchen und Christen in Korea finden sich in ihren Kämpfen unter ihren besonders harten Bedrückungen am klarsten verstanden im Evangelium des Markus. In der Art, wie er vom Volke als von der verlorenen Masse redet, finden sie sich wieder, und Jesu Umgang mit dem »gemeinen Haufen«, seine Anrede an die breite Menge zusammengelaufenen Volkes trifft sie unmittelbar in ihrer Lage. Sie, die Lehrer der Kirchen in Korea, beobachten, wie über den eigenen engeren Kreis bedrängter Christen und ihrer Sprecher hinaus die gute Nachricht von Jesus Christus in der Fassung des Markus die ungebildeten Massen ihres Volkes, die im Elend Vegetierenden, die Verkommenen, die Gejagten, im Frondienst Gehetzten in ihrem geängsteten oder stumpf gewordenen Empfinden erreicht. Markus lebt und schreibt unter den aus der Gesellschaft Ausgestoßenen in der Zeit, als die Jüngergemeinde vorwiegend aus mittellosen Wanderpredigern bestand. Wie ihr Meister bieten sie Hoffnung an und Rettung für die gesetzlos Lebenden ohne Vorbedingung. Sie, wie Er es bei Markus geübt, legen dem Haufen, der sich einfindet, nicht die Last der Reue auf. Sie sehen ihn unkritisch auf Seiner Seite als Seine Freunde. Sie ermahnen ihn nicht, weisen nie zurück, sie locken, trösten, geben Hoffnung. Das Evangelium des Markus, eine eminent denkerische Leistung in der Sichtung der mündlichen Überlieferung, in der Wertung schriftlicher Kurzberichte und Spruchsammlungen, in ihrer redaktionellen Zusammenfassung und Anordnung, bedient sich dennoch – eben für das gemeine

Volk, den *ochlos*, den *vulgus* verfaßt – einer vulgären Ausdrucksweise, eines denkbar einfachen Stils. Sein Interesse hängt an der zahllosen Menge der Unbeschäftigten, der Tagediebe und Dirnen, derer, die infolge ihrer Armut nur von Vergehen, von kleinen und großen Gesetzesübertretungen leben konnten (die Menge der kleinen Angestellten der großverdienenden Steuerpächter gehörte zu ihnen und die Freudenmädchen, die öffentlich bekannten Dirnen in Stadt und Land). Es hat mich überrascht, wie ausschließlich auf sie die Theologie des Minjung bei Kim, Chi-Ha, dem katholischen Märtyrerdichter, und seinem Helden Dschangildam bezogen ist. In der schmutzigsten Senkgrube ist Gott, in der tiefsten, der absoluten Tiefe erfolgt die Realisation, das Gestaltwerden, das Sicheinlösen der Wahrheit. Dort sieht er, der gläubige katholische Christ, das neue Leben anheben. Nicht einmal und nicht zuerst die unterdrückten *Klassen*, die ärmer und ärmer werdenden Bauern, die Arbeiter, die arbeitslos gewordenen Textilarbeiterinnen, nicht die potentiellen Träger und Führer einer sozialen Revolution, sondern die dehumanisierten, unmoralischen Personen sind es bei ihm, die das Königreich des Messias übernehmen werden. So umfassend sind die Predigt und der Vollzug der Befreiung, der Befreiung, die dann allerdings die Revolution der sozialen Struktur einschließt. Kim, Chi-Ha kann es die wichtigste These von Dschangildams Minjungtheologie nennen, daß Gott und Revolution sich vereinigen: Ihr Inhalt sei das Einswerden von Donghak, der koreanischen Bewegung, in der das Volk nach wiederholten Aufständen gegen Unterdrücker im Inneren und von außen in früheren Jahrhunderten zu klarer Eigenerkenntnis und zu Selbstbewußtsein fand und zum Subjekt des Geschehens wurde und in der es, Subjekt werdend, seine Hoffnung über die politische Dimension hinaus auf ein messianisches Königreich richtete – ich wiederhole: Der Inhalt der wichtigsten These der Theologie Dschangildams sei das Einswerden von Donghak und Christentum – und das bedeute das Einswerden der Erneuerung des menschlichen Geistes mit der Revolution der sozialen Struktur zur Gerechtigkeit, das Einswerden von Idee und Praxis, vom Wollen des Guten und seinem Vollbringen, das Einswerden des Gebetes des Individuums mit der Aktion der Massen des Volkes, das Einswerden von Himmel und Erde in ihrer Konsistenz, ihrer schöpfungsgemäßen Folgerichtigkeit, die Gleichstellung von irdischer Nahrung, dem Brot, und himmlischer Nahrung, der Freiheit, und so fort. Einswerden ist nicht Kompromiß, nicht religiös-politischer Synkretismus, nicht eine Vermischung polarer Gegensätzlichkeit, sondern – das versichert er emphatisch – Einswerden muß in der Verschmelzung zu *einem* System erfolgen. Kim, Chi-Ha fand dieses System nicht in marxistischen Gedankengebäuden, sondern im katholischen Glauben. Die Negationen seines Sichverwahrens bezeichnen die Fragen, denen es nachzudenken gilt. Hat die Minjungtheologie, nicht nur die des katholischen Dichters Kim, Chi-Ha, sondern auch die der protestantischen Theologen und Philosophen, der Systematiker unter ihnen, die Gefahren vermieden, die Kim, Chi-Ha wahrgenommen hat und zu vermeiden suchte?

Im deutschen Kirchenkampf der Jahre 1933–1945, in der theologischen Bemühung der Bekennenden Kirche gaben wir zu Beginn die Schuld daran, daß die Institution des Deutschen Evangelischen Kirchenbundes so anfällig war für die Parolen der nationalsozialistischen Ideologie, der von uns so genannten Bindestrich-Theologie, der Theologie, die neben das Evangelium gleichberechtigt eine andere Erkenntnisquelle setzte, so dem Kulturprotestantismus (»Evangelium *und* abendländische Kultur«) oder der Nomos-Theologie Stapels (»Evangelium *und* deutscher

Volksnomos«, so nannte Stapel postulierend den Grundcharakter des deutschen Volkes, das Entwicklungsgesetz seines Wesens). Wir stellten dieser Bindestrich-Theologie die Theologie des *solus* entgegen: »Jesus Christus allein«, »das Wort der Schrift allein« als Erkenntnis*quelle*, »allein aus Gnaden«, »allein im Glauben« als uns Menschen anvertraute *Mittel* der Erkenntnis göttlicher Absicht mit uns, göttlichen Willens an uns. Gerade führende Theologen der Bekennenden Kirche, ihre kirchenpolitischen Sprecher und theologischen Lehrer haben, 1933/34 noch, aus Gründen dieser »Gegentheologie« gemeint, der Kirche politische Theologie, ja politische Stellungnahmen untersagen zu sollen. Im Verlauf der Auseinandersetzung mit dem Absolutheitsanspruch des nationalsozialistischen Staates und mit seinen Praktiken des Terrors und der öffentlichen Lüge erkannten wir, daß der Glaube an das Herrsein Jesu Christi über Himmel und Erde, über die Welt und ihre Geschichte die Trennung von Evangelium und politischem Geschehen nicht zuläßt. Wir entdeckten neu, daß der Gott, der sich den Menschen in der Geschichte eines, seines Volkes und in der geschichtlichen Person seines Sohnes mitgeteilt hat, nicht nur Rettung anbietet *für* den und Gehorsam verlangt *von* dem Menschen als Einzelwesen in Familie und Beruf, sondern daß er für den Ablauf der Völkergeschichte Regeln gezeigt hat auf ihr Ziel hin, Regeln für das Verhalten der Völker im Umgang miteinander, und daß er in diesen Regeln Zusagen gibt an die Völkerwelt, Zusagen der Hoffnung, Verheißungen. Wir entdeckten neu: Nicht die Geschichte offenbart uns Gottes Wesen und Willen, aber der Lichtstrahl des Evangeliums will sie erhellen. Es gilt, ihn in die Geschichte unserer Umwelt, die Geistesgeschichte, die Sozialgeschichte, die Völker- und Kulturgeschichte um die Kirche her hineinzulenken, damit die Welt ihre Not, ihren Bedarf, ihre

Werte, ihre Erwartungen der Kirche zeigen, enthüllen kann. Die Geschichte des Volkes Israel durch die Jahrtausende ist nicht nur Vorgeschichte der Kirche – sie ist dies niemals nur gewesen, sondern hat die Geschichte der Kirche ununterbrochen begleitet und begleitet sie unlöslich bis an das Ende der Tage –, sie ist auch das Paradigma, das Muster, das Gott für die Geschichte jedes Volkes darbietet.

An Seinem Volk zeigt Er, wie Er in Gericht und Gnade Völker, nicht nur einzelne Menschen, Völker und Reiche Sich zubereiten will. Wir bekamen einen neuen Blick für das Verhältnis von Juden und Christen und für das Verhältnis von Juden und Deutschen, für Judenheit, Israel und Deutschland, deutsches Volk in *Seiner* Geschichte.

So meinte ich und meine ich, die Entstehung des deutschen Volkes unter seiner Christianisierung (erst unter der Taufe germanischer Stämme entstand ein deutsches Volk, das sich zu einem christlich-römischen Reich deutscher Nation entwickelte), ich meinte, diese Entstehung des deutschen Volkes als Berufung nach dem Vorbild der Berufung des Geschlechtes Abrahams begreifen zu können, die Reformation mit der Schöpfung einer gemeinsamen deutschen Sprache in Parallele sehen zu können zu der Epoche des Königstums Davids und Salomos, in der das Geschichtswerk des Jahwisten entstand, bis zur Teilung des Reiches unter Rehabeam; dem Dritten Reich als dem Reich des Antichristen hielten wir die Warnungen eines Elija und eines Jeremia entgegen – die Deutschen Christen sahen wir in der Rolle des Chananja. Nicht zu Unrecht, meinten wir, haben andere europäische Völker ihre Rolle in der Völkergeschichte ähnlich gedeutet.

Die Minjungtheologie der koreanischen Christenheit greift darüber, über eine solche Deutung nationaler Geschichte, in einer doppelten Richtung hinaus:

1. Der Exodus unter Mose aus der ägyptischen Sklaverei

und die Kreuzigung Christi als der Akt der Befreiung aus der »Knechtschaft der Schuld« für alle Menschen spiegeln sich für die Minjungtheologie in Ereignissen ihrer völkischen Geschichte schon vor Christi Geburt, ante Christum natum, und schon lange, bevor christliche Botschaft Ostasien erreichte.

2. Volk der Erwählung, *an* dem Gott handelt, *mit* dem er handelt um anderer willen, ist nicht die Nation, nicht *laos* oder *ethnos* der Koreaner, sondern nur das gemeine Volk im Lande, *pleethos, ochlos*, die Menge, der Haufe. Unter wechselnden Herrschaftssystemen im Innern – die einander ablösten in mehrfachem Wechsel: Königtümer, Adelsgeschlechter, Krieger, Handelsherren und ihre Stände und Kasten, auch Priesterkasten – und gegen die Fremdherrschaft von außen – mongolische, chinesische, japanische Tributpflicht oder Okkupation – erhebt sich nicht die Nation, sondern Träger des Widerstands sind die Sklaven, die Ärmsten der Armen, die gänzlich Entrechteten, die unter der Herrschaft von anderen, von Oberschichten der eigenen Regierung wie der der Eindringlinge, Dehumanisierten. Zum Bewußtsein ihrer selbst, zum Erfassen ihrer Rolle als Subjekt der Geschichte gelangen sie erst in der Donghak-Bewegung in christlicher Zeit und vollends in der späten Epoche der Eulsa-Bewegung, als deren konfuzianische Führer aus der Oberklasse von Führern aus der unteren Klasse abgelöst werden. Das Minjungbewußtsein hat sich gefestigt und breitet sich aus. Zum Absprungstein der Selbstbefreiung werden für das Minjungbewußtsein zuletzt in unserem Jahrhundert die 1.-März-Bewegung, genannt nach dem Aufstand gegen die japanische Invasion von 1910 am 1.III.1919, und die 19.-April-Bewegung von 1960 gegen die korrupte Syngman-Rhee-Diktatur.

Von ihnen aus macht sich Minjung, das Volk als gemeines Volk tief unten, die vorangegangene Geschichte durch die Jahrhunderte hin, die Geschichte aller Aufstände, ihrer Erfahrungen und Erkenntnisse, zu eigen. In diesen beiden Bewegungen gewinnt Minjung historisch-politisches Bewußtsein und wird recht eigentlich erst manifest.

Der Rückgriff in die vorchristliche Geschichte *und* die Einschränkung auf das Geschehen mit dem und durch das Volk der Unterschicht bedeutet nicht den Verzicht auf eine Selbstbeobachtung der inneren Phase und der geistigen Entwicklung Koreas, der Literatur, der Kunst, der Philosophie, der nichtchristlichen und vorchristlichen Theologie des Buddhismus, des Konfuzianismus und anderer religiöser Erscheinungen und ihrer Einflüsse auf das Minjung. Das seiner selbst bewußt werdende Minjung gibt in seiner Kunst der Oper, der Pansori, und dem Maskentanz, aber auch in Malerei, Novellistik und Lyrik dem gerechten Unwillen gegen Unterdrückung Ausdruck. Seine Kunst ist künstlerische Sublimierung von »Han« – das ist der gerechte Unwille, der durch Unterdrückung geformt ist. Die Kunst und die Philosophie werden vom Minjung differenziert. Sie sehen die Wahrheit nicht durch das Fenster der Regierenden. Sie stellen die Hindernisse dar, die die Wahrheit, die Wirklichkeit, wie sie ist, verbergen: die Moral der Oberschicht, die das Minjung niederhalten soll: Sexualität, Unwissenheit, Unhöflichkeit, Unanständigkeit. Deren phantasievolle Darstellung ist objektiv und aktiv, ist fähig, die Umstände zu verbessern, sie ermutigt, alle feudalen Privilegien abzuschütteln. Eine reflektierende Kunst und Literatur schlägt die Brücke zwischen Buddhismus und Christentum, zwischen dem 5. Buddha Maitreya, der Hoffnung auf seine Wiederkunft, und dem Glauben an das Tausendjährige Reich in der christlichen Glaubensgeschichte, abgehoben von der nicht weniger überraschenden Entsprechung christlichen Jenseitsglaubens mit der

Verehrung des Amita-Buddha – das Gebet zu ihm öffnet für den Beter nach seinem Tode den Eingang in das buddhistische »Paradies im Westland«. Der offizielle Buddhismus sei mißbraucht worden, um das Volk Entsagung zu lehren und die Nichtigkeit alles Existierenden. Er beschönige die reale Welt dadurch, daß er Gesundheit, Reichtum, Macht als Ergebnis des guten früheren Lebens des Bevorzugten darstelle, ausgebe; das offizielle Judentum und Christentum hätten sich zu ähnlichem Mißbrauch hergegeben. Der Maitreya-Glaube dagegen schenke dem verzweifelten Wunsch des Volkes nach einer neuen Welt die Gewißheit: Die neue Welt wird kommen – morgen oder am Tage danach! Das ist die Botschaft der engagierten Kunst des Minjung. Vermeidet auch sie noch die Gefahr des religiösen Synkretismus und der von Kim, Chi-Ha abgelehnten Vermischung sich ausschließender Gegensätze?

Ich habe im Miterleben der koreanischen Gegenwart, in innerer Anteilnahme an der Geschichte der Leiden christlicher Zeugen und ihrer Gemeinden den Eindruck gewonnen: Die Verankerung der Theologie des Minjung im ältesten Evangelium, in den Berichten, die der persönlichen Geschichte Jesu und seines Jüngerkreises am nächsten sind, ist so eng und fest, daß die weite Öffnung über die Grenzen der Religionen und die bewachten Wälle und Zäune der Kulturen hinweg in der gegenwärtigen geistigen und sozialen Lage der Menschheit für uns westliche Christen, ja, für die gesamte Gemeinschaft der Kirchen der Welt einen überschwenglichen Reichtum an Spiritualität darbietet, einer Spiritualität, die uns in den denkerischen Bemühungen der Delegierten konfessioneller Institutionen aus dem Blick geraten ist, um die zu beten wir aus Vorsicht und Furcht unterlassen haben, weil wir das Abstecken von Grenzmarken zwischen unseren Traditionen für wichtiger hielten. Ich will die Lage im koreanischen

Kirchenkampf gegen ein ideologisch totalitäres Regime nicht verklären. Die kämpfenden Kirchen sind nicht frei von Mißtrauen gegeneinander, nicht frei von taktischem Denken, von opportunistischer Rücksicht auf die Inhaber der äußeren politischen Gewalt; die leitenden Männer und Frauen in kirchlichen Organisationen sehen auch in Korea gelegentlich stärker auf den eigenen als auf den gemeinsamen Weg, den allein wahren Weg zum Leben. Die Bekennende Kirche in Südkorea zeigt *auch* alle Mangelerscheinungen, unter denen wir in der Bekennenden Kirche der Jahre 1933 bis 1945 in Deutschland so bitter gelitten haben; aber wie wir es seinerzeit für eine sehr viel kürzere Frist versucht haben, versucht sie, in den differierenden Gruppierungen, in Schattierungen und Abstufungen von Zeugnis und Dienst und Einsatz, von Erkenntnis und Mut dem Herrn der Kirche, der der Herr der Welt ist, gehorsam zu sein, gehorsam füreinander in eben dieser Gewißheit: Er ist der Herr aller Welt, der Herr ihrer Geschichte von Beginn an bis zu ihrem Ende.

Wie wir in der kirchlichen Wirklichkeit des abendländischen etablierten Christentums die personale Beziehung in die Umwelt der Natur, die personale Beziehung, wie sie ein Franz von Assisi, ein Jakob Böhme übte, lehrte und lebte, zum Schaden der Menschheit verloren haben, wie wir sie – hoffentlich aufmerksam genug und nicht zu spät! – von der »schwarzen Theologie« eines Bischof Dr. Manas Buthelezi, eines Bischof Tutu, des Märtyrer-Pastors Steve Biko und eines – ebenfalls um seines christlichen Zeugnisses willen ermordeten – Dr. Martin Luther King neu lernen können, die Liebe zur »Schwester Natur«, den Geschwistern Gestirne im Weltall, die Liebe zum »Bruder Tier« und zur »Schwester Pflanze« – unsere Bemühungen um saubere Luft und um zu entgiftende Erde würden dadurch einen anderen Grund und eine qualitativ andere Intensität gewinnen –, ich sage: Wie wir dies schwarzer Theologie entnehmen können, so könnten wir der Funktion des »Bösen«, der Funktion der Gegenmacht des grauenvollen Bösen, seiner Funktion zur *Förderung* des Heilsplans Gottes für Seine *ganze* Schöpfung in der Minjungtheologie der koreanischen Christen wieder gewahr werden. Eine intellektualisierte, systematische Theologie gerade der reformatorischen Kirchen hat die Dämonologie, die zentrale Frage, die mit ihr nach Wesen und Wirken der »Mächte, Herrschaften und Gewalten« gestellt wird, abgedrängt in die Lyrik und das Epos. Conrad Ferdinand Meyer durfte dichten: »Gottes Befehl sich Diener ausersah; die Engel jauchzten, die Dämonen knirschten: Ja!« Er konnte Hutten über Luther in »Huttens letzte Tage« sagen lassen: »Sein Geist ist zweier Zeiten Schlachtgebiet; mich wundert's nicht, daß er Dämonen sieht«; aber Universitätstheologie, auch die Dialektische Theologie Karl Barths, nahm sich der Frage nicht an. Sie spottete der Dämonen. Sie sah im Verweis auf sie – während des Dritten Reiches – den Fluchtweg aus der ethischen Verantwortung (er konnte dies durchaus sein!). Dschangildams Theologie vom »Han«, dem »Han der Geister«, greift über den Bereich des Ethischen, auch des Sozial-Revolutionären weit hinaus: Der Han des Minjung ist mehr als der berechtigte Protest, der durch Unterdrückung Gestalt gefunden hat; er ist Häufung, Summe des Schreckens, die endlosen Haß anfeuern will zu Massaker, unaufhörlicher Rache und Zerstörung. Dadurch wird Han zur separierenden Kraft, die den Teufelskreis, den lasterhaften Zirkel, sprengt. Er wird sublimiert zur Macht des Geistes, zur Macht eines höheren, *guten* Geistes. Der Minjungtheologe erhebt sich, wird erhoben zum Priester des Han; als Priester des Han, der Zusammenfassung der Schrecken und Laster, die aus Unterdrückung wachsen, verwandelt er – vielmehr wird er zum Werkzeug der Verwandlung –, verwandelt Gott durch ihn, Trost bietend allen, die Eskalation der Gewalt, ihren Teufelskreis, in eine geradlinige, rückführende Bewegung. An die Stelle des statisch-traditionellen Theologumenons der Sühne tritt die Gegenbewegung heraus aus der Gefangenschaft, aus der Dunkelheit des »Verbergens« zurück in das Licht freien Lebens, eines Lebens als Bürger, Bauer, Fischer, Arbeiter, seines Lohnes sicher und wert, als ein Wanderer auf weißem Weg voran, ungehindert, der keines Verstoßes gegen »die zehn Angebote Gottes« bedarf, um »mit den Seinen leben zu können« – unter den mitlebenden menschlichen Wandergenossen *und* den Ihren.

Die Minjungtheologie, die »Han« aufgenommen, einbezogen hat, fordert eine Kirche, die Asyl ist und Heiligtum für die Radikalen, die Kämpfer in der Dunkelheit, für alle progressiven Gedanken, eine Kirche, die auch die Träger des Bösen nicht aufgibt, die sie im Dienste sieht, *auch* sie, *gerade* sie, die gute Nachricht von der Befreiung überallhin zu bringen »mit wildem, stürmischem Winde«. Die Pansori – die volkstümliche Oper – von Dschangildam als dem Jesus von 1970, schildert, daß er als lasterhafter Krimineller, Sohn, Enkel, Urenkel von Prostituierten und Schlächtern und Kriegern enthauptet wird, drei Tage nach seinem Tod wieder zum Leben kommt, dem Verräter das Haupt abschneidet und seinen eigenen Kopf auf dessen Rumpf den Platz einnehmen läßt, so daß der Kopf der heiligen Wahrheit auf dem Körper des lasterhaften Bösen sitzt. Sie macht darin folgerichtig ernst mit der Darstellung der Rolle des Gottesknechts nach Jesaja 53: Er trägt die Zeichen der Schuld, die Wirkungen aller menschlichen Sünde an seinem entstellten Leibe in abschreckender Häßlichkeit. Und sie, die Pansori, wendet das paulinische Zeugnis von Kolosser 2,10 aus der Aussage über Jesus, den Messias, zu einer Auskunft auch über die, die Gott ihm zu eigen gegeben hat: Sein Leib ist nicht nur die Gemeinde der begnadeten Sünder, die Menschen, für die er starb, sondern er ist das Haupt auch der widergöttlichen Mächte. Auch sie sind sein Leib, sie – die Herrschaften und Mächte und Gewalten, die Gott durch seinen Kreuzestod entlarvt und zur Schau gestellt hat. Die Symbolik gibt dem Glauben Ausdruck, daß am Ende auch das Allerböseste gerettet wird. Jesu Höllenfahrt wird nach diesem Glaubensverständnis aus einem einmaligen Ereignis der Geschichte zu einem ewig gegenwärtigen Geschehen, aus dem Angebot an die vor Jesu Tod verstorbenen Menschen der vergangenen Geschlechter zu einem Akt der Rettung durch die Zeiten hindurch für Menschheit und Kosmos – wie Seine Geburt, Sein Herniederkommen in die Krippe, Seine Kreuzigung und Seine Himmelfahrt, eben auch Seine Himmelfahrt, Zeichen Seiner ständigen Herrschaft sind, die kein Wesen und keinen Raum ausläßt. Das Evangelium gewinnt, anschaulich, im Denken unserer Zeit seine kosmische Dimension zurück, nicht spekulativ, sondern konkret sozioökonomisch-historisch und individuell-universal. (Ende meines damaligen Berichtes)

Der Kampf der koreanischen Christen, der Kirchen, ja, der Kampf des gesamten Volkes hat in den letzten Jahren an Breite und Dynamik gewonnen. Manches deutet darauf, daß der internationale Druck zunimmt und die Inhaber der Macht dazu nötigt, den Weg zur Rückkehr in demokratische Verhältnisse freizumachen. Eine der Symbolfiguren des Widerstands gegen das Militärregime ist Kim, Dae-Jung, der 1971 bei den letzten freien Wahlen in Südkorea beinahe die Mehrheit erreichte, dann jedoch ins japanische Exil gehen mußte. 1973 wurde er vom südkoreanischen Geheimdienst aus seinem Hotel entführt, nach Seoul gebracht und jahrelang gefangengehalten. Nach dem Ende des Regimes von Park, Chung-Hee 1979 bereiteten demokratische Kreise – an ihrer Spitze der freigelassene Kim, Dae-Jung – den Weg ihres Landes in die Demokratie vor. Nach der blutigen Niederschlagung des Aufstands von Kwangju 1980 griff das Militär erneut nach der Macht. Unter Präsident Chun, Do-Whan kam Kim, Dae-Jung wiederum ins Gefängnis und wurde zum Tode verurteilt und nur aufgrund starken internationalen Protests wieder freigelassen. Als ich 1979 wieder nach Korea reiste, gelang es mir – eben als Ehrenbürger der koreanischen Hauptstadt –, mit den zuständigen Ministern zu verhandeln und nicht nur für die inzwischen inhaftierten Mitarbeiter der christlichen Akademie in Seoul Erleichterungen durchzusetzen, sondern auch mit dem zu diesem Zeitpunkt unter Bann stehenden Kim, Dae-Jung vor dessen Haus zusammenzutreffen und – unter Bewachung – mit ihm zu sprechen. Der Rat der Evangelischen Kirche in Deutschland, aus dem ich in jenem Jahr ausgeschieden war, hatte mich beauftragt, in Verhandlungen mit Regierungsstellen die Fortführung der Akademiearbeit in Seoul zu erwirken und mich für die gefangenen Akademie-Mitglieder einzusetzen. Unter anderem waren der Direktor, mehrere Studienleiter und Akademie-Mitarbeiter, so eine Sekretärin, in Polizeigewahrsam genommen und teilweise sehr hart gefoltert worden. In einem Gespräch mit dem Justiz-, dem Polizei- und dem Propaganda-Minister hatte ich gefordert, zumindest den Hauptgefangenen, einen Studienleiter, aufsuchen zu dürfen. Dieser Forderung entsprachen die Regierungsstellen erst, als sie mich auf dem Rückflug nach Deutschland wußten – ein Vorgehen, saß nach Ansicht des deutschen Botschafters als verklausulierter Akt asiatischer Höflichkeit zu interpretieren sei: die Machthaber in Seoul würden erwarten, daß ich nun erklärte, nach Berlin zurückgekehrt, den angebotenen Gesprächstermin nicht wahrnehmen zu können. Daß ich die koreanische Regierung beim Wort nahm, anstatt mich den diplomatisch-höflichen Spielregeln zu unterwerfen, daß ich doch sofort wieder nach Korea zurückgeflogen bin, brachte nicht nur die koreanische Regierung in Verlegenheit; auch der deutsche Botschafter war erschrocken und mit meiner Handlungsweise nicht ohne weiteres einverstanden. Gleichwohl unterstützte er meine Forderung nachdrücklich. Auf die Rücknahme der Erlaubnis zum Gefangenenbesuch, die ihm während meines erneuten Fluges nach Seoul eröffnet wurde (die Erlaubnis sei irrtümlich von einer untergeordneten Stelle verfügt worden), reagierte er sehr entschieden, dies werde von der deutschen Bundesregierung nicht hingenommen werden. Es blieb bei der Erlaubnis. Der Botschafter stellte mir einen Dolmetscher für das Gespräch bei dem Gefangenen zur Verfügung, einen Südkoreaner. Für den Besuch im Polizeipräsidium hatte ich eigens den Lutherrock und ein großes Kreuz, das ich von Bischof Dibelius geschenkt bekommen hatte, angelegt, um als Kirchenvertreter und Seelsorger kenntlich zu sein und anerkannt zu werden. Begleitet wurde ich zudem vom Kulturattaché der deutschen Botschaft, der mich nur bis zur Pforte des Präsidiums hatte bringen sollen; er urteilte über das herrschende System im Lande härter als der Botschafter. Nachdem er ohne Beanstandung den Kontrollposten mit uns passiert hatte, nahm er unbefangen – ganz betont als Vertreter der bundesdeutschen Botschaft – an dem Gespräch teil. Der Studienleiter wurde aus einer Zelle, in die er erst am Tag zuvor verlegt worden war, zu uns ins Amtszimmer des Polizeipräsidenten heraufgeführt. Das Gespräch fand statt in Gegenwart des Polizeipräsidenten und des Leitenden Staatsanwaltes – ein Umstand, der meinen Dolmetscher in nicht geringe Furcht versetzte, weil er harte Konsequenzen oder Repressionen für den Fall befürchtete, daß er zu korrekt zwischen mir und dem Gefangenen dolmetschte. Die Geprächszeit war auf eine Viertelstunde begrenzt worden, doch konnten wir dann fast eine Stunde lang miteinander sprechen, ohne daß der Staatsanwalt eingriff. Den Gefangenen präsentierte man mir – übrigens – herausgeputzt wie zu einer Hochzeit in koreanischer Festtracht – wohl um die Folgen der Folterungen, die er in seinem Hauptgefängnis erlitten hatte, zu verdecken. In dem in der besonderen Konstellation doch recht offenen Gespräch erfuhr ich, was den Gefangenen bewegte und beunruhigte (der Dolmetscher übersetzte gerade Andeutungen auf meine Fragen hin sehr »sprechend«). Ich konnte ihm Mut zusprechen und ihm zusagen, daß wir uns von Deutschland aus für ihn einsetzen würden. Als er wieder abgeführt wurde, konnte ich ihn unter dem Zeichen des Segens entlassen. Kurze Zeit später ist er begnadigt und freigelassen worden. Inzwischen ist er auch wieder in der Akademie engagiert tätig. Heute sind es unzählig viele, die teilweise wegen purer Verdächtigungen, teilweise wegen ihres öffentlichen Einsatzes für Demokratie und Gerechtigkeit in vergleichbare Situationen kommen und auf die Anteilnahme der Christenheit und der Weltöffentlichkeit angewiesen sind. Solange wir die Namen von Häftlingen in Erfahrung bringen und ihre Namen in Fürbittlisten unsern Kirchen und Gemeinden weitergeben oder – wie es die Praxis von »amnesty international« ist – Briefaktionen für sie Monat für Monat durchführen, in denen wir für ihre Freilassung bei den Machthabern eintreten – wahrlich nicht nur in Südkorea, sondern überall auf der Welt –, ist das ein Schutz für die Betroffenen. Für die Gemeinden, die sich dieser Pflicht annehmen, bedeutet es inneren Gewinn. Ich habe dies kürzlich so gesagt:

Die Erfahrung der koreanischen Christen und Kirchen in ihrem heftiger und breiter gewordenen Kampf und der Ausdruck, die Artikulation dieser Erfahrung in der Theologie des Minjung, des *ochlos*, des Volkes, der Volksmenge bei Markus, beschenken die Christenheit, soweit sie teilnimmt an deren Leiden, mit Reichtum des Geistes, mit einer Fülle geistlicher Gaben, mit Erkenntnis, mit Intuition der Hilfe, mit der Eingebung zweckmäßiger, wirksamer Arten des Beistandes und der Hilfe, mit glühendem Glaubensmut, mit dem Mut, Glauben zu wagen, und mit der Hoffnung, mit der Gewißheit: »Der Haß wird nicht das letzte Wort behalten. Gott hat die Welt und die Menschen aus Liebe erschaffen.« Mit den letzten Sätzen habe ich Helder Camara zitiert. Ich zitiere ihn, Dom Helder Camara, den brasilianischen Erzbischof, weiter aus seiner »Messe für das Jahrhundert«. Er kann rufen: »Freue dich, liebes Jahrhundert: Wir werden das Mögliche und Unmögliche tun, damit du dem 21. Jahrhundert die siegreiche Flamme einer Welt ohne Unterdrückte und ohne Unterdrücker, damit du ihm eine Welt von Brüdern weiterreichen kannst! ... Die Hoffnung liegt in der Entdeckung der Minoritäten ... Sie existieren. Sie sind da. Es genügt, die Augen zu öffnen, um sie zu sehen. Der Tag ist nicht mehr fern, an dem man, ohne sie zu vereinheitlichen, alle die verschiedenen Minoritäten vereinen kann ... An dem Tage, an dem die Minoritäten der ganzen Welt sich zum Bau einer gerechteren, humaneren Welt zusammenschließen, wird ihre geistige Strömung die Institutionen durchbrechen. Vorrangige Ziele werden wahrgenommen werden. Man wird Sicherung nicht mehr auf Abwehr, auf Drohung mit Vernichtung gründen. Man wird entdecken, daß leidenschaftliche Liebe stärker ist – für ein Leben in Freiheit und Gerechtigkeit – als die Verwendungsarten der Kernkraft.« Er fährt dann fort – und das ist die allgemeingültige Beschreibung, die auch auf die koreanische Situation zutrifft: »Bei den Unterdrückten wirst du Spaltung, Uneinigkeit, Mißtrauen und Konflikte in Überfülle finden. Die Unterdrücker sind geschickt im Säen von Zwietracht unter den Unterdrückten. Nicht von ungefähr bat Christus in der letzten Stunde seines Lebens um Einigkeit für die Seinen. Jahrhundert, rege an, lehre, überzeuge: ›Bei den Minoritäten, die sich zusammenfinden, liegt die Kraft, durch die Gott die Welt verändern und gewinnen will.‹ Gott bedient sich der Minderheiten zum Sieg, zum Heil für Seine ganze Welt.« Helder Camara sagt: *»Lehre, überzeuge!«*

Eben dies *lehrt* das Leiden und der Kampf der kleinen christlichen Gruppen an den Hochschulen und in den Städten und Dörfern Koreas. Im Sinne Camaras: *Ich bin überzeugt.*

Leben in der einen Welt – Verhängnis und Hoffnung des Fortschritts

Fortschritt ist für das Denken des Menschen in der Neuzeit – das ist: seit Giordano Bruno lebte, wirkte und Aufsehen erregte und das Wissen und Urteil, das Denken vor allem der großen deutschen Philosophen und Dichter beeinflußte – nicht die Feststellung bestimmter Entwicklungen geblieben, sondern ist Weltanschauung, ist religiöser Glaube geworden. Als er sich bildete – noch bis in die Mitte des 17. Jahrhunderts –, hat der Fortschrittsglaube die Gemüter der Christen in allen Konfessionen tief beunruhigt. Die Vorstellung des Grenzenlosen, unbegrenzt sich ausdehnender Welten erzeugte Angst, beraubte die in begrenzter Welt sich geborgen fühlenden Erdbewohner der schützenden Decke und Wände. Im 19. Jahrhundert bei zunehmenden wissenschaftlichen Entdeckungen und wachsenden technischen Erfindungen schlug der Schrekken um in Triumphgefühl. Fortschrittsglaube wurde zur säkular-optimistischen Religion, ja zum prägenden Existenzbewußtsein der Moderne, durchgängig bei Reich und Arm, Gebildet und Ungebildet, bei Herrschenden und Beherrschten: Uns Menschen ist alles möglich! Was wir wollen und brauchen, ist für uns machbar – in der Wirtschaft, im gesellschaftlichen Miteinander, in der Politik, vor allem in der Technik, auch in der Biologie, letztlich sogar im Gesundheitswesen!

Wenn jüngste Ereignisse und Entwicklungen den Glauben an unbegrenztes Wachstum und Fortschreiten gefährden, in Frage stellen, erweckt nunmehr der Zweifel an der Berechtigung des Fortschritts-Optimismus für die In-ihn-Eingewöhnten Sorge, abwehrende Furcht: Der tragende Boden alles Existierenden gerät ins Wanken; denn die Aussicht auf unbegrenztes Wachsen – sie ist tragender Grund – erlaubte, die bedrohenden Probleme und Nöte der Gegenwart in Zukunft hinein zu vertagen. Man kann sich von der Beschäftigung mit ihrer Lösung um der vordergründigen Vorzüge des gerade Bestehenden willen dispensieren. Fortschrittsglauben verführt zur Flucht vor der Gegenwart in die Zukunft, zur Flucht aus der bedrängenden Angst der sich vor uns türmenden gegenwärtigen Schwierigkeiten in ein Morgen der später Lebenden. Statt sie, die Schwierigkeiten, anzupacken, hinterlassen wir sie den kommenden Generationen – leidlich guten Gefühls. Denn die Enkel werden besser ausgestattet sein, als wir es sind, sagt uns der Glaube an Fortschritt und stetig steigendes Wachstum. Er redet uns dies ein.

Ist er zur Gefahr geworden, der Fortschritt, der Glaube an den Fortschritt? Sollen wir uns mühen, ihn zu annullieren? Können wir in ihm gar eine Episode des Irrtums von der kurzen Frist von 150 bis 400 Jahren in der Geistesgeschichte, der 100000jährigen Geschichte der Menschheit sehen? Diese Frage stellt – unausgesprochen – die erste Hälfte unseres Themas. Seine zweite Hälfte legt nahe zu differenzieren. Sie tut dies ausgesprochen. Das Gesamtthema möchte ich deshalb behandeln, indem ich »Verhängnis« und »Hoffnung« trenne und Warnung und Ermunterung herauszuschälen versuche unter der Geschichtsauffassung der Bibel und ihrer Lehre von der Stellung des Menschen im All.

Daß es zum Fortschrittsglauben kommen, ja, daß eine Naturbeherrschung durch den Menschen bis zum gegenwärtigen Stande der Technik erfolgen konnte, hat seine Ursache in der Lehre von der Schöpfung und im Geschichtsverständnis der Bibel, nur darin! Die Antike dachte zyklisch: Der Ablauf des Weltgeschehens kehrt in den Anfang zurück. Auch die nicht-biblischen heidnischen Religionen lehren die ständige Wiederkehr aller Dinge im Kreislauf des Werdens und Vergehens und neuen Werdens bis zur Rückkehr ins Nichts. Darin sind die Religionen hoher Kultur und die Naturreligionen eins. Allein die Bibel kennt den Gott, der einen Anfang setzte und die Weltgeschichte ausrichtet auf ein Ziel, kennt eine Entwicklung, ein Voranschreiten des Geschehens nach göttlichem Plan; und allein die Bibel macht den Menschen zum Herrn über die ganze übrige Schöpfung, »sie zu verwalten«. Die Bibel befreit den Menschen dadurch aus der Herrschaft der übermächtigen Naturgewalten, der sinnlos tobenden! Außerhalb des Bereiches Buchreligion der »Bibel« konnte das distanzierte Verhältnis zwischen Mensch und Natur nicht entstehen, durch das die Natur aus der irrationalen Übergewalt zum Objekt der Forschung wurde und in dem die Entwicklung von Wissenschaft und Technik gründet.

Doch eben, wenn wir uns dieser Sonderstellung des Christentums, Judentums und – im Anhang – des Islams bewußt werden, mögen wir die Verantwortung erkennen, die eben auf uns sich richtet für die Ergebnisse, die der technische Fortschritt und die fortschreitende wissenschaftliche Forschung gebracht haben, und – für das Lebens- und Weltgefühl, das sie prägten. Das Gefühl

»schlechthinniger Abhängigkeit« von einer höheren Macht ist gewichen. Damit ist auch das Bewußtsein geschwunden, ihr Rechenschaft zu schulden, ja, überhaupt irgendeiner Instanz Rechenschaft, Auskunft schuldig zu sein über Motiv und Wirkung unseres Forschens und Tuns. Das Lebensgefühl des technisch-wissenschaftlichen Zeitalters ist säkular-areligiöser Fortschrittsglaube. Zu seinem Wesen, zum Wesen des modernen Fortschrittsbegriffes gehört der unendliche Zeithorizont und ein bloßes Prinzip der Dynamik. Fortschritt ist, neuzeitlich verstanden, nicht Zu-schreiten auf ein Ziel, sondern ist, lediglich bezogen auf das Bestehende, orientiert am Bestehenden, ein Sich-Entfernen, ein Weiter-schreiten – in welche Richtung auch immer – über das hinaus, von dem hinweg, was ist. Wird dabei Verbesserung angestrebt, ist es handwerkliche, technisch-methodische Verbesserung. Dafür werden auch die naturwissenschaftlichen Forschungen am extrem Kleinen und am extrem Großen, die Atomphysik und die Astrophysik, in den Dienst genommen. Dieser Fortschrittsbegriff ist Entartung des Geschichtsverständnisses der Bibel. Der Glaube an ihn und das Lebensgefühl, das er schuf, haben die Metaphysik verloren, sind dem Bedenken eines göttlichen Heilsplanes entlaufen. Sie verzichten auf ein Hinüber-Sinnen und Hinüber-Hoffen in eine Welt, die alles Vorstellen übersteigt. Sie richten sich ein im Vorstellbaren, das sie ausdehnen, das ihnen dehnbar erscheint ins Uferlose. Die Konsequenz solchen Empfindens, wenn es sich gedanklich ausdrückt, auszudrücken unternimmt, ist der Nihilismus. Fernöstliche Religiosität und Weisheit nehmen dies wahr am abendländischen Fortschrittsdenken, verachten es und kehren sich ab vom Abendland. Ihr Verzicht aber auf ein zielgerichtetes Erkennen des Verlaufes der Menschheitsgeschichte und des Naturgeschehens verschließt sich vor dem Angebot des Schöpfers der Welt und des Herrn der Geschichte, dem Angebot, das seinen Heilswillen in der Person-Wahrheit Jesu Christi offenbart. Ihr Verzicht läßt sie steckenbleiben im außerbiblischen Heidentum eines vorwissenschaftlichen Denkens.

Die Ethik der Bergpredigt Jesu und das Zukunftsbild seiner endzeitlichen Reden geben die Maßstäbe in die Hand, zu unterscheiden zwischen den Verbesserungen, die Wissenschaft und Technik brachten und bringen, und Verschlechterungen, die an den Verbesserungen hängen. Da jeder Gewinn im Technischen auch mit Verlust im Menschlichen verbunden sein kann, brauchen wir eindeutige, klärende Maßstäbe. Einige seien genannt: 1. Jeder Mensch ist Gottes gleich geliebtes Kind. Geburt weist nicht ein in gottgewollte, tief trennende, bevorzugte oder dienende Rassen, Klassen, Kasten. (Der Hinduismus kennt davon 3000 Kasten und Unterkasten! Unter denen stehen noch die Kastenlosen und unter diesen wiederum die vogelfreien Ureinwohner. Umgang mit einem Angehörigen einer niederen Kaste macht unrein. Man kann mit ihm nicht zu Tisch sitzen. Schon sein Schatten verunreinigt.) 2. Maßstab: Vergilt nicht Böses mit Bösem! Überwinde das Böse durch Gutes! Rache, Blutrache ist Eingriff in Gottes alleiniges Recht. Auch staatliche Vergeltung ist – zu verwerfende – Rache. Sich-Sichern durch Gewalt ist Lästerung Gottes. 3. Komm jedem andern mit Ehrerbietung zuvor! Nimm dich des Geringsten, des Verachteten an! Widerstehe denen, die die Schwachen ausbeuten! Rette den Fremden! Stelle dich vor ihn, nimm ihn auf und verbirg ihn, wenn ihm Schaden droht! 4. Laß nicht Gewinn deinen Gott sein! Freue dich der guten Gaben Gottes, aber »habe sie, als hättest du sie nicht«! Sei jederzeit bereit, auf sie zu verzichten, wenn es um das Recht des Mitmenschen geht!

Die Reihe läßt sich vermehren. Sie gewinnt in ihren Gliedern unterschiedliche Relevanz je nach den Zeitumständen, in denen die Kirche, die Gemeinde sich vorfindet. Sie gilt auf Zukunft hin. Sie gilt um des Kommenden willen. Der Fortschrittsbegriff der Neuzeit hat die Hoffnung auf Gottes Reich hinieden, das Kommende, und die Hoffnung auf den Kommenden, auf den Wiederkommenden, auf seine neue Welt, in der Himmel und Erde eins sein werden, zu einem vergessenen, gänzlich verschwundenen Glaubensartikel werden lassen. Die endzeitlichen Reden Jesu richten unsere Erwartung auf seine Wiederkunft, nach der wir uns sehnen, auf die wir uns freuen dürfen, als auf das Ziel der Geschichte! Die Schrecken, die den Ablauf des Geschehens begleiten oder kennzeichnen, sind Warnungen. Wir erkennen in ihnen Folgen der ins Ungeheure gesteigerten Naturbeherrschung durch den Menschen, Folgen seines Mißtuns. Die unerhörte Steigerung der Herrschaft über die Natur und ihre Elemente hat auch eine unerhörte Steigerung gebracht der Möglichkeiten zu zerstören und zu vernichten; ja, dem entstandenen Typus der Naturbeherrschung liegt die Zerstörung näher als die Erhaltung. Das Projekt des Tötens ist einfacher zu erstellen als das des Gesundens. Das sollen die angesagten Schrekken der letzten Zeiten vorführen, in der Urbedeutung des Wortes »vor-führen«, damit wir einhalten auf dem beschrittenen Weg des Fortschreitens und die Richtung wechseln, die Richtung und den Beweggrund ändern!

Freunde, dies bedeutet: wir müssen um eines freundlicheren Ablaufes künftiger Epochen willen Grenzen, auf die wir stoßen, achten und wiederum Grenzen, andere Grenzen, die wir selbst uns gesetzt haben, über-schreiten, durchbrechen. Wir sind *eine* Welt; »wir leben in der einen Welt«, das heißt: wir haben erkannt, daß wir eine Gesamtgemeinschaft sind, deren Glieder füreinander haften. Die Völker, Rassen, Stämme und Nationen sind haftbar zu machen für das Ergehen je der anderen Rasse, des anderen

Volkes und für das Geschick der Gesamtheit. Kein Volk und kein Machtblock kann aus der Haftung ausbrechen. Auch das einzelne Glied eines Volkes, das Individuum, kann sich dem Gesamtgeschick nicht entziehen. Es gibt nicht die Rettung des einzelnen in Seelenfrieden, in eine jenseitige Seligkeit. Es gibt auch nicht die Vertröstung auf eine kommende Welt, losgelöst, herausgeschält aus der Verantwortung für das Hier und Jetzt.

Jeder einzelne Erdenbürger, allein dadurch, daß es ihn gibt, und je nachdem, *wie* er sich gibt, wirkt eben *daran* mit, ob Gegenwart sich verändert, auch *daran*, daß Bestehendes ungut beharrt oder daß es sich entwickelt, *fort*-schreitet und wohin es, wenn es denn teilhat am Fortschritt, den Weg nimmt: ob es ziellos dahintreibt oder dem Kommen der Herrschaft Gottes entgegenzieht, sich ziehen, entgegenziehen läßt. Der einzelne an seinem Platz und von seinem Platz aus wirkt ein auf das öffentliche Denken, das Gemeinbewußtsein in seinem Lande – und auch weit über das eigene Land hinaus – mit dem, was er tut und dem, was er unterläßt, was *sie* tut, was *sie* unterläßt. Ihr Tun und Lassen ist oft wichtiger als sein Lassen und Tun! Ich denke dabei auf unserer eng gewordenen Erde, ausgeleuchtet durch die Massenmedien, wenn sie Unglück und Erfolg mitteilen, vor allem wenn sie vom Elend in fremden Landen berichten, ich denke dabei etwa an die Tigrefrauen aus Äthiopien, die der Fernsehschirm zeigte: selbst verhungernd mit erschlafften Brüsten in den Armen ihr von Ödemen gezeichnetes, entstelltes, wimmerndes, sterbendes Kleinkind. Ihr Bild, wie sie trägt, was ihr aufliegt, ja, allein ihr Bild, daß es solche Not gibt im technischen Zeitalter der Hochleistungen, wirkt ein auf unser Bewußtsein. Direkter noch kann ein Bericht über Menschen aus Indonesien oder den Urwäldern Lateinamerikas, kann deren Religiosität, ihr – religiöser – Umgang mit der Natur als mit gleichgeachteten Wesen, mit Lebewesen, auch den tot und starr wirkenden und dennoch personhaft empfundenen Wesen: Baum und Tier und Blume und Gestein – für uns Lehrmeister werden für *unsern* Umgang mit der Natur, für unser Naturempfinden zurück zur Ursprünglichkeit! Die außerordentliche Steigerung an Wissen durch Wissenschaft und an Können durch Technik hat den einzelnen natürliche Kenntnis verlernen lassen und hat Verödung unmittelbarer Wissensformen bewirkt. Hiergegen brauchen wir die Hilfe der sogenannten Primitiven!

Auf die eingangs gestellte Frage eine Antwort zu suchen: »Kann oder soll der erreichte technische Fortschritt annulliert werden?« hilft die Folgerung aus dem Dargelegten. »Nein, er kann es nicht, er darf es nicht einmal!« Aber wir müssen ihn zähmen. Wir müssen ihm die Grenze des Gebotes Jesu entgegensetzen: Dient er Gott oder dem Götzen Mammon? Dem Mammon, das ist: dem Gewinn, dem Wachstum als solchem? Ja, ich meine, wir müssen das Tabu des Wachstums, die Schutzgrenze, die der Fortschritt um sich gelegt hat, durchbrechen und jenseits ihrer eine neue Art Technik entwickeln; wir müssen die Technik orientieren am universalen Humanum. Sie darf kein Eigenrecht der Existenz beanspruchen. Sie muß in Dienst genommen werden für das Gesamt-natürlich-Menschliche. Sie darf nur Hilfe zur Verbesserung menschlichen Lebens sein.

Wir stehen am Ende des zweiten Jahrtausends nach Christi Geburt. Für die christliche Hoffnung ist der Übergang aus einem Jahrtausend – sichtbar – Zeit des Advent. Wir vernehmen seinen Zuspruch und seine Anweisung besonders klar. »Advent« will uns helfen, den Ablauf der Weltgeschichte und in ihr den Fortschritt von Wissenschaft und Technik einzuordnen, zu werten, zu lenken. Wir sollen den Ablauf der Geschichte und in ihr den »Fortschritt« auf *den* ausrichten, der sein »Kommen« zugesagt hat, auf den in der Geschichte und in unserer Gegenwart Lebendigen. Der Glaubensartikel, der unsere Zukunft an ihn bindet, das Bekenntnis zu dem, der da kommt, nennt ihn den Lebendigen, den, der da *ist*. Nur wenn wir auf ihn hoffen als auf den Wiederkommenden, wenn wir ihn erwarten, ihn, der uns Gott bekannt gemacht hat, ist er unter uns gegenwärtig. Wir können ihn nur annehmen als den Retter der Welt, wenn wir uns nicht darauf beschränken, ihn als historische Größe zu achten. Beschäftigen wir uns mit ihm nur als mit einem Großen der Vergangenheit und sähen wir in ihm auch den Größten in der vergangenen Geschichte der Menschheit, so verkennen, verpassen wir seine entscheidende Bedeutung, dann bleibt er für die Gegenwart der vor den Toren Jerusalems Begrabene, ein Toter.

Erwarten wir ihn als den Kommenden, als den, der den Lauf der Geschichte, alles Geschehens, zurechtbringen, vollenden wird, dann ist er der Rettende auch in unserer Zeit. Der Artikel von der Wiederkunft Christi im sonntäglichen Credo leitet über zum dritten Artikel, zum Glauben an den Heiligen Geist. Ihm, dem Heiligen Geist, dürfen wir den Fortschritt anvertrauen, dann verliert der Fortschritt die Drohung des Verhängnisses, dann wird Fortschritt ausgerichtet auf Hoffnung, er wird Wegbereiter der guten »gewissen Zuversicht des, das wir hoffen« dürfen!

Ich fasse zusammen: Im Blick auf Erkenntnisgehalt von Fortschritten in der Wahrheit gilt: Große Erfolge wissenschaftlichen Fortschrittes widersprechen seinen früheren großen Erfolgen. Bedeutender wissenschaftlicher Fortschritt ergänzt nicht Wissen, sondern widerlegt das bisherige System. Für diese Definition und Behauptung berufe ich mich auf Professor Gernot *Böhme*-Darmstadt, zuvor Max-Planck-Institut Starnberg. Seiner Aussage über die

Wissenschaft stelle ich an die Seite des Zeugnis des Glaubens: Die lebendige Wahrheit des Evangeliums, beschrieben durch das Wirken des Heiligen Geistes, zeigt der veränderten Umwelt eine neue Form der bleibend gültigen »alten« Wahrheit. Lebendige Wahrheit des Evangeliums ist fortschreitende Erkenntnis und – verbessertes Tun der je neu erkannten Wahrheit!

Kirche in der Welt

Christsein, Leben mit und aus dem Wort Jesu, »Nachfolge« ist ein Weg, der nicht von Individualisten und Einzelgängern gefunden wird, so sehr der Ruf in die Entscheidung, der Anruf des Gewissens, die Anstiftung zum Glauben personalen Charakter hat. Gerade die »Erben« der Reformation, wir evangelischen Christen, sind in der Gefahr, die von den Reformatoren wiederentdeckte Würde des einzelnen Menschen, seines Glaubens, seines Gewissens und seiner Verantwortung vor Gott und den Menschen zu verwechseln mit selbstgewisser Individualität und religiöser Privatheit. Spielarten der Verwechslung finden sich überall dort, wo der Glauben – oder auch Unglauben – zur reinen Herzensangelegenheit erklärt und Fragen nach den sozialen oder politischen Bezügen des Wortes Gottes in Mißkredit gebracht werden.

Christsein vollzieht sich in einem Miteinander, im Miteinander der Gemeinde Jesu Christi, in der Kirche, die vom lebendigen Wort Gottes her Anspruch, Zuspruch und Widerspruch erfährt, in der weltweiten Christenheit, die miteinander in Glaube, Liebe und Hoffnung dem kommenden Reich Gottes entgegengeht und -lebt. Dieses Miteinander, die soziale Gestalt und Gestaltung unseres Glaubens, ist von entscheidender Bedeutung: auf sich gestellt, vermag niemand sich davor zu schützen, in Schlaf und in Wunschträume zu fallen. Nur ein Miteinander in der Gemeinde befähigt zu leisten, was Gott von einer Christin, einem Christen erwartet und wozu er uns helfen will. Wir sind angewiesen auf Gefährten, die uns wachrütteln; und andere sind es, die vielleicht uns nötig haben, damit wir für sie wachsam sind. Das erwachte Auge sieht gefährliche Entwicklungen und nimmt wahr, was zu tun ist, um sie abzuwenden. Der Blick schärft sich und wird erweckt, furchtlos und unbestechlich, wenn er seine Richtpunkte entnimmt aus der Heiligen Schrift, wenn das gemeinsame Bemühen um Gottes Wort diejenigen zusammenschließt, die dort Rückhalt gefunden haben, und diejenigen, die ihn eben dort suchen. Mit der Heiligen Schrift kann auch die kleine Schar der Christen aufrecht stehen und sich nicht beugen, vor Drohungen oder unter Verleumdung nicht zurückweichen. In der Gemeinschaft des Worts erfährt sie Stärkung, Zutrauen und Zuversicht, vernimmt sie, was Gott seinen Menschenkindern Gutes getan hat und tut und zusagt für ihre Zukunft, erhält sie Freiheit aus dem Geist Jesu. Die »heilige christliche Kirche« ist nach dem dritten Artikel unseres Credo der Ort, an dem sich Gottes Sohn uns offenbart. Dort ist er gegenwärtig. Wo Jesus nicht ist, fehlt auch der Geist. Und auch das andere gilt: Wo der Geist fehlt, der Geist der Gemeinschaft der Heiligen, der Geist der Vergebung, der Geist des Lebens, da sucht man Jesum vergeblich, da bleibt die Antwort aus auf die bedrängenden Fragen, da verstehen wir die alte »Frohe Nachricht« nicht als Botschaft an unsere Zeit, da bleiben wir gefangen in Gedanken der Sorge und des Wahns. Ohne den Geist Jesu sind wir der Fremdherrschaft wechselnder

Gewalten und Verlockungen ausgeliefert. Nur die an ihn Gebundenen werden frei von Furcht und Sucht und auch von sich selbst, frei für andere, Glieder einer »Kirche für andere« (Bonhoeffer).

Es gibt genug Anlässe, um Kritik an der Kirche zu üben, berechtigte Kritik, wenn die Kirche sich vom lebendigen Wort Gottes entfernt und eigene »Sicherheitsinteressen« oder das Interesse der politisch Mächtigen zum Maßstab ihres Handelns macht, auch sehr viel unberechtigte, ja, ungerechte Kritik, wenn von ihr Perfektion verlangt oder anstelle des Evangeliums von Jesus Christus die öffentliche Meinung als *norma normans* betrachtet wird. Wir Christen selbst sollten vor aller Eigenkritik an der Kirche uns ihres Wertes für unser persönliches Christsein erinnern. Wie Dietrich Bonhoeffer es in seinen Mahnbriefen an seine Kandidaten gefordert hat: »Wir verdanken unser Christsein der Kirche. Sie ist es, die die Botschaft von Jesus Christus, die frohe Botschaft Gottes, an uns weitergegeben hat.« Ohne den Ausdruck solcher Dankbarkeit, ohne den Grundton der Freude über die Zugehörigkeit zu dieser Kirche, dient die Kritik nicht der ständigen Erneuerung des kirchlichen Lebens in der *ecclesia semper reformanda*; allein dies Ziel rechtfertigt Kritik an ihr, dem »Leibe Jesu«. In der Regel richtet sich die Kritik gegen die institutionelle Kirche, vor allem gegen ihre Leitung, gegen Entscheidungen von Synoden und Kollegien: sie versage an Punkten, wo man sich von ihr unterscheidet. Wer Grund zu solcher Unzufriedenheit zu haben meint, der muß den Vorwurf zunächst an sich selbst richten – und zwar verstärkt an sich selbst richten! – und dann seinen eigenen Beitrag, sein eigenes Mitarbeiten und Engagement *in* dieser Kirche darauf ausrichten, daß hier Änderungen eingeleitet werden und bessere Lösungen zustandekommen. Nicht in der Distanz zur Kirche, sondern durch Mitwirkung und aktive Teilnahme am kirchlichen Leben werden Zustände, die zu kritisieren sind, überwunden und notwendige Veränderungen erreicht. Eben darum verteidige ich den Rat und die Synode der Evangelischen Kirche in Deutschland in ihren verschiedenen Phasen und Entscheidungen gegen distanzierte Kritik. Ich meine, daß sehr viel mehr an ihnen zu loben als zu tadeln ist.

Ich habe bereits geschildert, wie aus dem zu kritisierenden Zustand der Kirche zu Beginn der Nazi-Zeit ein Einsatz *in* der und *für* die Kirche wurde und wie wir kritischen jungen Pastoren in der brüderlich geleiteten Bekennenden Kirche ein beglückendes Miteinander und eine neue Gestalt der Gemeinschaft um das Wort erfuhren. An dieses Erbe, hoffte ich nach 1945, würden wir beim Neuaufbau der Evangelischen Kirche in Deutschland anknüpfen können, um im Unterschied zum demokratischen Parlamentarismus und in deutlicher Abkehr vom autoritären Episkopalismus eine wirklich synodale Kirche zustande zu bringen. Genau dies waren die Fragen, die zu Auseinandersetzungen bereits in den ersten Sitzungen des Ordnungsausschusses der Evangelischen Kirche in Berlin-Brandenburg führten, der von der Synode und der Kirchenleitung gebildet worden war. Otto Dibelius, im Kirchenkampf als Generalsuperintendent der Kurmark abgesetzt, hatte 1945 als der einzige verbliebene unter den vier Berliner Generalsuperintendenten sein Amt wieder aufgenommen; er ließ sich von Anfang an »Bischof« nennen. Die »Selbsternennung« begründete er mit dem Hinweis auf die Besatzungsmächte: sie könnten mit einem »Generalsuperintendenten« nichts anfangen, die Russen würden diesen Titel womöglich für einen militärischen Rang halten, und sowohl in der Ökumene als auch im politischen Ausland sei der Bischofstitel als Bezeichnung für das geistliche Amt der Leitung geläufig. »Ich lasse mich halt so nennen!« Ein

Großteil der Pfarrerschaft, vor allem diejenigen, die sich während des Kirchenkampfs »neutral« verhalten hatten, redeten Dibelius bereitwillig und gerne als Bischof an, ebenso weitaus die meisten Gemeindemitglieder. Während Erich Andler und mir diese Anrede erspart blieb, weil Dibelius uns im Bruderrat der Bekennenden Kirche das Du brüderlicher Verbundenheit angeboten hatte, nannte mein Freund Heinrich Vogel ihn konsequent weiter »Herr Generalsuperintendent«, was Dibelius mit »Schmunzeln« erduldete. Genau hier lag der Kern unserer Auseinandersetzungen! Um einer Überbewertung des Bischofsamts vorzubeugen, unterbreitete Heinrich Vogel im Ordnungsausschuß den Vorschlag, es solle künftig sieben Bischöfe in der Kirche von Berlin-Brandenburg geben: die vier Generalsuperintendenten und die beiden Pröpste sollten ebenfalls den Bischofstitel führen, so daß hierarchische Mißverständnisse ausgeschlossen würden; Dibelius als Dienstältester sollte dann der *primus inter pares* sein. Doch Dibelius wandte sich mit großer Entschiedenheit gegen eine solche Lösung. Auch ein anderer Vorschlag stieß bei ihm auf wenig Gegenliebe: Weil wir großes Interesse an der Rückkehr Martin Niemöllers in die Berlin-Brandenburger Kirche hatten, schlugen wir – in Fortführung der Aufgliederung, die wir in der Bekennenden Kirche vorgenommen hatten – vor, für Berlin und für Brandenburg je ein eigenes Bischofsamt zu schaffen. Dibelius sollte Vorsitzender der Kirchenleitung, Abteilung Berlin, Niemöller Vorsitzender der Kirchenleitung, Abteilung Brandenburg, mit dem Sitz in Potsdam werden. Doch Dibelius stellte die Vertrauensfrage: Wenn wir Niemöller zurückholten, würde er gehen. Auch Niemöller mochte sich mit diesem Vorschlag nicht anfreunden, obwohl er noch ohne »kirchenleitendes« Amt, d. h. nicht im Amt des Leiters einer Gliedkirche war. Er war lediglich Präsident des Kirchlichen Außenamts neben

Asmussen, der Präsident der Kirchenkanzlei war. Diese Beauftragungen waren in Treysa erfolgt, im August 1945. Eben dort wurden Landesbischof Wurm aus Württemberg Vorsitzender des ersten – vorläufigen – Rates der EKiD und Niemöller sein Stellvertreter. Als Wurm und ich während einer kurzen Erholung 1950 in Locarno zusammentrafen, erzählte er uns Gästen der »casa«, daß er sich als Ratsvorsitzender vorgekommen sei wie zwischen einem Eisberg und einem Vulkan: neben ihm, dem Vorsitzenden, habe auf der rechten Seite der bayrische Landesbischof Hans Meiser als Vorsitzender des Lutherischen Rates in unerschütterlicher, kühler Festigkeit und zur Linken Martin Niemöller, ein feuerspeiender Vesuv, gesessen. Gleichwohl ist es Wurm gelungen, die beiden gegensätzlichen Charaktere beieinander zu halten. 1947 wurde Niemöller Kirchenpräsident von Hessen und Nassau.

Als es 1949 in Bethel bei Bielefeld zur synodalen Neuwahl des Rates der Evangelischen Kirche in Deutschland – aufgrund der 1948 in Eisenach verabschiedeten Grundordnung der EKiD – kam, scheiterte infolge des Einsatzes der Lutheraner Niemöllers Kandidatur – auch die Lutheraner Meiser und Lilje kamen nicht zum Zuge –, und der Ratsvorsitz ging an Otto Dibelius. Niemöller hat diese Personalentscheidung, die zugleich eine inhaltliche Entscheidung zugunsten episkopaler Tendenzen war und in seinen Augen das Erbe der bruderrätlich geleiteten Bekennenden Kirche in Frage stellte, tief verwundet. Darauf geht seine Bemerkung zurück, daß das, was ihm die Kirche nach 1945 angetan habe, ihn viel tiefer verletzt habe als all das, was er vorher unter dem Nationalsozialismus habe erleiden müssen. Wir sollten dieses Wort nicht auf die Goldwaage legen, doch es charakterisiert die Enttäuschung, die sich nicht allein bei Niemöller, sondern bei vielen, die sich von dem Aufbruch der Bekennenden Kirche größere Nachwirkungen für die Neuordnung der Evangelischen Kirche versprochen hatten, niedergeschlagen hat. Nachdem er im Oktober 1947 vom Kirchentag von Nassau, Hessen und Frankfurt/Main zum Kirchenpräsidenten der neukonstituierten und konfessionell vereinigten hessen-nassauischen Kirche berufen worden war, hat Niemöller in »seiner« Landeskirche bruderrätliche Leitung – zeichenhaft – dadurch zu regeln und zu sichern gesucht, daß er verfassungsrechtlich ein leitendes geistliches Amt einrichten ließ, das nicht von einem Bischof, sondern gemeinsam von den Pröpsten und dem Kirchenpräsidenten versehen wurde. Er selbst hat in dieser Funktion dennoch einen autoritären Leitungsstil geübt. Das haben mir seine Pröpste, die mit ihm im kirchenleitenden Amt zusammengearbeitet haben, voll Verständnis für seine überragende Persönlichkeit gelegentlich gestanden.

Neben der Tendenz, Bischofsämter autoritativ herauszustellen, bildeten sich unmittelbar nach dem Krieg zwei weitere Strömungen innerhalb der evangelischen Kirche, die Einfluß suchten. Von der liturgischen Bewegung der Berneuchener, der Michaelsbruderschaft her wurden Fragen der Liturgie und der gottesdienstlichen Form beim Neubau der Kirche Vorrang verliehen; vor allem der oldenburgische Landesbischof Wilhelm Stählin vertrat und prägte diese Bestrebungen. Daneben wollten Vertreter eines betonten Konfessionalismus die gemeinsame Gesamtkirche aufgliedern in Lutheraner und Reformierte. Landesbischof Meiser wünschte sich eine Ablösung der Verwaltungsunion Preußens. Er entwickelte eine Kirchenverbindung der Evangelischen Christenheit in Deutschland, die zu bestehen habe in einem lutherischen Dom, neben ihm einer reformierten »Kapelle« und im Hintergrund einem konsensus-unierten »Gemeindesaal«. Niemöller war in all diesen Fragen hoch engagiert, reiste durch die Landeskirchen von Konvent zu Konvent und widersprach diesen – im Grunde restaurativen und einer Erneuerung der Kirche entgegenstehenden – Absichten unter den Themen gegen den Episkopalismus, den Liturgismus und den Konfessionalismus. Diejenigen, die auf ihre Erfahrungen in der bruderrätlich geleiteten Kirche zurückblickten, waren sich außerdem darin einig, daß es keine Wiederkehr kirchlicher Bürokratie geben dürfe, also keine Konsistorien und Landeskirchenämter alter Art.

Ganz erfolglos ist dieser Streit nicht geblieben: Es gelang, den wiederaufkeimenden Konfessionalismus abzuwehren – zunächst im Artikel IV der EKD-Grundordnung, die 1948 in Eisenach verabschiedet wurde: der Artikel IV läßt eine bedingt offene Abendmahlsgemeinschaft zwischen Reformierten und Lutheranern zu und hat damit einen ersten Schritt zur Überwindung jenes alten Konfliktes geleistet, der zwischen Luther und Zwingli beim Marburger Religionsgespräch die Trennung der von der Reformation ergriffenen Christen in unterschiedliche Konfessionen bewirkte. Endgültig überwunden wurde die konfessionelle Grenzziehung mit der Verabschiedung der »Leuenberger Konkordie reformatorischer Kirchen in Europa« im Jahre 1973, so daß wir heute eine vollgültige Abendmahlsgemeinschaft, d. i. die Interkommunion und die Interzelebration zwischen Reformierten und Lutheranern haben, wie sie von den konsensus-unierten Kirchen seit zwei Jahrhunderten vorweggenommen worden war. Die für Nichttheologen ohnehin kaum mehr verständliche Trennung der evangelischen Kirchen entsprechend ihrer Lehren vom Abendmahl ist damit endlich aufgehoben. Auch eine einseitige Ausrichtung des gottesdienstlichen Lebens im Sinne einer betont meditativ-liturgischen Prägung, wie sie Stählin gefordert hatte, konnte vermieden werden. Doch der »Episkopalismus« hat sich weithin durchsetzen können und ebenso der entscheidende Einfluß der Bürokratien in den Landeskirchenämtern und Konsistorien, also der Einfluß derer, die tagtäglich hauptberuflich die kirchenleitenden Geschäfte auszuführen haben. Insofern waren die Vorgänge, die sich ganz zu Anfang im Ordnungsausschuß der Berlin-Brandenburgischen Kirche abgespielt hatten und zu einer Bestätigung der bischöflichen Vorstellungen von Otto Dibelius führten, symptomatisch für die restaurativen Aspekte des Neuaufbaus der Evangelischen Kirche in Deutschland überhaupt. Immerhin: die Grundordnung der EKD läßt die Möglichkeit eines echt synodalen Aufbaus und einer bruderrätlich zu leitenden Kirche. Deshalb ermahne ich bis auf den Tag die Gemeinden, diese Möglichkeit der Grundordnung auch wahrzunehmen und – mit den lateinamerikanischen Befreiungstheologen zu reden: – »Feuer von unten zu entfachen«, d. i. Druck »nach oben« auszuüben. Leitung der Gemeinde von der »Basis« her ist nicht nur eine theoretische, sondern eine rechtlich vorgesehene, ja vorgeschriebene Option, die durch die Einberufung von Gemeindeversammlungen, durch Bildung von Gemeindebeiräten und Zusammenarbeit in der dienenden Gemeinde mit Leben erfüllt werden will. Leider hat sich ein Großteil unserer Gemeindemitglieder zu sehr mit dem überkommenen System einer Betreuungskirche arrangiert und ist selbst so autoritätsgebunden, daß sie die vorhandenen Chancen eines lebendigen Miteinanders von »Basis« und »Leitung« nicht nutzen. Diese Entwicklung ist dadurch begünstigt worden, daß die Nichttheologen, besonders die hauptberuflich anderweitig Geforderten, in der Zeit nach dem Krieg und in den Jahren des Wiederaufbaus nicht die Zeit fanden, in den Alltag ihrer Kirchengemeinden die nötige Kraft zu investieren. Deshalb kommt den zahlreichen kleinen und engagierten Gruppen, die sich im letzten Jahrzehnt in den

Gemeinden als Bibelkreise, als Aktions- und Initiativgruppen, als Vorbereitungskurse für Gottesdienste oder als engagierte Dienstgruppen gebildet haben, aber die auch übergemeindlich und zuweilen in Spannung zu den Gemeinden entstanden sind, eine eminent wichtige und für den künftigen Weg der Kirche maßgebende Bedeutung zu. Sie, die sich nicht damit abfinden, daß Kirche da ist als Institution und sie betreut, die mehr von ihr erwarten und bereit sind, in ihr und häufig an ihren Randbereichen, zur Welt hin offen, mitzuarbeiten, sie, die sich von dem unter der Dornenkrone gewiesen wissen zu den Leidenden, Entrechteten und Unterdrückten und bei ihm Orientierung suchen, sie stiften produktive Unruhe und bringen unsere Kirche in Bewegung, sie gehen gegen das an, was nicht sein soll, blockieren alltägliche Abläufe, wo diese Schäden stiften. Sie tun dies auch dann, wenn sie bei neuen Erfahrungen oder neuer Einsicht die zuvor gewonnenen Positionen als unzulänglich oder gefährlich – selbstkritisch – aufgeben! Sie wirken der Resignation entgegen. Sie können die Ohnmacht der Passivität und Einsamkeit in eine fröhliche, zuversichtliche und stählern elastische »schwache Kraft«, in eine tätige »Ohn-Macht«, in gemeinsame Aktion der Ohnmächtigen verwandeln.

Gerade dort, wo nach meiner Ansicht heute Kirchenleitung in globaler Verantwortung wahrgenommen wird, im Ökumenischen Rat der Kirchen, sucht man neben dem geregelten Gespräch mit den einzelnen Mitgliedskirchen den lebendigen Austausch mit diesen engagierten und tatkräftig sich einsetzenden Gruppen, bringt die überall auf der Welt vorhandenen Initiativen miteinander in Verbindung und knüpft ein ökumenisches Netz, das eine Gestalt von Kirche für die Welt vorbereiten hilft, die entsprechend der Berufung durch den Auferstandenen »Bewegung in die Welt hinein« wird. Um dieses Verständnisses von Kirche willen wirkt der Ökumenische Rat für einen konziliaren Prozeß, der in einer verbindlichen Weltversammlung der Kirchen für Frieden, Gerechtigkeit und Bewahrung der Schöpfung münden soll. Das Besondere an der Einladung zur Mitarbeit in dem konziliaren Prozeß ist der Umstand, daß sie nicht allein an die institutionellen Mitgliedskirchen ergangen ist, sondern eben alle Gruppierungen und Initiativen miteinbezogen hat, die sich mühen, am Modell der Hoffnung für die menschheitliche Gemeinschaft der Zukunft zu bauen. Die Erklärungen und Verlautbarungen des Ökumenischen Rates werden sich in dem Maße durchsetzen, in dem sie, von unten her, durch das Handeln klarer entschiedener Gruppen gedeckt werden. Die Kirche lebt in den Gemeinden und baut sich auf aus den Gemeinden. Von dieser Einsicht läßt sich der Ökumenische Rat leiten, wenn er den unmittelbaren Kontakt zu denen sucht, die ihr Dasein als »Fremdlinge« in der gesellschaftlichen Umwelt, in Wirtschaft und Politik, als Aufgabe begreifen.

Daß auch die verfassungsmäßigen Organe institutioneller Großkirchen diese Aufgabe intensiv wahrnehmen können, ohne ihre innere Einheit zu gefährden, ja, daß sie sie sogar unter komplizierteren Bedingungen, als die unseren es sind, mutig und zuversichtlich angehen können, das zeigen die guten, klaren Beschlüsse, die von den Synoden und Kirchenleitungen der DDR zu Fragen der Abrüstung, zu Umweltschutz und Beachtung der Menschenrechte, zur eigenständigen Friedensarbeit der Kirchen und *in* den Kirchen gefaßt worden sind. Ein Beispiel dafür ist die Ansprache des Thüringer Landesbischofs D. Leich bei einer Gedenkfeier an die Befreiung des Konzentrationslagers Buchenwald. Er forderte aus diesem Anlaß die Beachtung der Menschenrechte für jeden einzelnen im Streit zwischen staatlichen Funktionären, die für die Sicherung des Friedens militärische Rüstung für nötig halten, und pazifistischen Gruppen in der Bevölkerung, die den Friedensdienst ohne Waffen verfassungsrechtlich gesichert wünschen und sich dementsprechend verhalten (bis hin zur Totalverweigerung auch des derzeitigen »Ersatz«-Dienstes!). Dies verstehen die Kirchenbehörden in der DDR unter einer eigenständigen Friedensarbeit der Kirchen. Ihre Beschlüsse haben auch für uns in der Bundesrepublik hohen Wert, weil sie eindeutiger und entschiedener ausfallen als manche Worte der Kirchenleitungen bei uns, obwohl sie ihrem Staat gegenüber damit mehr riskieren. Das Gewicht der Erklärungen hängt dort wie hier davon ab, wie sie in den Gemeinden aufgenommen und praktiziert werden. Was in den Arbeitskreisen der Gemeinden geschieht, was dort besprochen, geplant und in die Tat umgesetzt wird, das verändert das Denken der Menschen, unter denen wir leben. Und Gesinnung, die entschlossen an der Basis vertreten wird, die Anhänger gewinnt und sich ausbreitet, bleibt nicht ohne Einfluß auf die Regierenden, auf die Vertreter des eigenen Staates und durch sie hinauf in die Etagen, in denen die Entscheidungen der Supermächte fallen, das sind in der westlichen Welt auch die Räume der Verantwortlichen der internationalen Wirtschaftskonzerne.

Bischof Tutu, der Generalsekretär des nationalen Kirchenrates der schwarzen Kirchen in der Republik Südafrika und Friedensnobelpreisträger, hat kürzlich zu Bürgern, zu Christen aus der Bundesrepublik gesagt: »Unser Leiden unter dem System der Apartheid vermehrt sich oder verringert sich je nachdem, wie der einzelne von euch in Deutschland sich ihm gegenüber verhält.« Er maß dabei den symbolischen Akten des Früchteboykottes, des Boykottes der Produkte überhaupt aus Südafrika, der Kündigung von Konten bei Banken, die mit Südafrika Geschäftsverbindungen halten, auch der Zahlung von Spenden an den Sonderfonds des Antirassismus-Programmes beim Ökumenischen Rat der Kirchen, den offenen Briefen an Firmen, die in Südafrika Filialen unterhalten und die die Job-Reservation für die Weißen praktizieren, entscheidende Bedeutung zu. Das veränderte Verhalten etwa amerikanischer Großkonzerne und Banken gegenüber Südafrika zeigt, daß das deutliche und klare boykottierende Handeln der Basisbewegungen mehr Wandel bewirkt als verbale Proteste von Staatsregierungen. Solche Vorgänge gilt es zu bedenken und fruchtbar zu machen; sie überwinden lähmende Resignation und machen Mut, sie helfen Nachfolge Jesu in konkreten Gemeinschaftsaufgaben zu begreifen. Die sich dazu zusammenfinden, sind – in der Tat – die Gruppen und Gemeinschaften, die im Verlauf der Kirchengeschichte trotz ihrer Irrtümer und ihres Versagens die Welt verändert, die Menschheit vorangebracht und Lichtspuren des kommenden Gottesreiches ausgelegt haben. Ich habe es schon mehrfach gesagt: der Erfolg der So-Engagierten hat seinen Grund darin, daß sie sich in der eigenen Gruppe einüben in einen neuen, offenen und unbefangenen Umgang mit Anders-Urteilenden, daß sie sich planmäßig informieren – in Arbeitsteilung – über die anstehenden großen Sachfragen und daß sie die Grundlagen des eigenen Denkens, des eigenen Urteils überprüfen an der Heiligen Schrift – im Gespräch mit solchen, die die Heilige Schrift lieben, und solchen, die ihr ferne sind. Das geschieht, wie ich im ersten Kapitel zu zeigen mich bemüht habe, als Studium der Schrift unter Gebet, unter gemeinsamem Gebet. Aus ihr erfahren wir Antwort für jede denkbare Situation unserer Zeit.

Das Zusammenwirken der »Kirche von unten« und des Ökumenischen Rates der Kirchen ist mir so wichtig, nicht von ungefähr. Die Erfahrungen, die ich bei der Zusammenarbeit mit dem Ökumenischen Rat und bei der Mitarbeit in seinen Gremien, vor allem im Zentralausschuß, gewinnen konnte, haben mich gelehrt, daß der Ökumenische Rat realiter Kirchenleitung ist und ausübt und daß die ökumenischen Vollversammlungen – ich erinnere an die weitreichenden Beschlüsse von Uppsala 1968, Nairobi 1975 und Vancouver 1983 – als echte Synoden kirchenleitenden Dienst geleistet haben. »Die Vollversammlung, vertreten durch ihren Ausschuß für Programmrichtlinien, erkannte, daß die Zeit vor uns davon bestimmt sein muß, daß wir mehr und mehr auf Christus hin wachsen und damit zu Einheit, Gerechtigkeit und Frieden, einer lebendigen und zusammenhängenden Theologie, neuen Dimensionen unseres Selbstverständnisses als Kirchen und einer Gemeinschaft als Bekennende und Lernende finden.« Im gleichen Geist hat die Botschaft der Vollversammlung in ein gemeinsames Leben gerufen und dazu, unsere Verpflichtung zu Einheit, Mission und Evangelisation, Gerechtigkeit und Frieden zu erneuern. Leben in Christus bedeute wirklich Verpflichtung ihm gegenüber und gegenüber Gottes Absicht für die Menschheit und die Schöpfung. Es bedeute, in ihm zu wachsen, der das Haupt des Leibes, der Kirche ist, in seine Fülle hinein, die alles mit Leben füllt. Wenn der Vorgänger von Emilio Castro im Amt des Generalsekretärs des Weltkirchenrats, Philip Potter, am Ende seiner Tätigkeit mit solchen Worten den Abschlußbericht der Vollversammlung an die Weltchristenheit gibt, dann tut er das im Namen einer Institution, von der er weiß, daß sie Kirchenleitung ist. Die Arbeitszweige des Ökumenischen Rates erfüllen alle Kriterien echter Kirchenleitung: Mit der Kommission für internationale Angelegenheiten (CCIA) verfügt der Ökumenische Rat über eine »Kammer für öffentliche Verantwortung«; er besitzt Organe für soziale Hilfe, für Bildung und kulturellen Austausch, für Ordnung und Kirchenverfassung, für Lehre und Bekenntnis, für die Fragen von Amt, Gemeinde, Sakrament, Konfession und Kirchengemeinschaft. So hat der Weltkirchenrat die wesentlichen Organe von »Kirche« im engeren Sinne nach dem Muster – seit Calvin – des »prophetischen« Amts, des »königlichen« – der Fürsorge – und des seelsorgerlichen, »hohenpriesterlichen« Hirtenamts der Kirche ausgebildet. Seine ständige Leitung – Generalsekretariat und Exekutivkomitee – muß es nur wagen, ihr Amt nun auch den einzelnen Gliedkirchen gegenüber zur Geltung zu bringen. Die Kirchen in Deutschland machen der Gesamtökumene Mut dazu, sie wirken in ihr mit und sprechen sich für sie, für ihre Unentbehrlichkeit (sie ist nicht mehr wegzudenken!) aus. Woran es bei uns fehlt, ist meines Erachtens, daß die Weisungen der »Kirchenleitung Ökumene«, an der unsere Kinder teilhaben, im eigenen Raum nicht präzise befolgt werden. Die einzelnen Mitgliedskirchen, ihre Kirchenleitungen und die Konfessionsgruppen lassen sich durch die Ökumene in ihren Einzelentscheidungen in der Praxis vor Ort nicht so bestimmen, daß sie das, was beispielsweise in Vancouver unter ihrer Beteiligung und Mitwirkung beschlossen worden ist, auch gegenüber dem eigenen Volk und seiner Regierung vertreten. Sie beschließen Verpflichtungen und Erklärungen der ökumenischen Vollversammlungen mit, um dann zu Hause zu sagen: »Vancouver ist Vancouver; hier sind wir in Berlin, in Hamburg oder in Hannover, hier stellen sich die Dinge anders dar.« Unsere Landeskirchen hätten die Pflicht, für das in der Ökumene Erarbeitete daheim entschieden einzutreten, die Beschlüsse, auch wenn sie, wie in den Fällen des Antirassismusprogramms, des Antimilitarismusprogramms oder in den Beschlüssen zu Fragen weltweiter sozialer Gerechtigkeit eine Bewußtseinsveränderung, Buße und Umkehr erfordern, in die Tat umzusetzen, das heißt: sie gegenüber der Öffentlichkeit und in den Gemeinden zu vertreten. Unsere Kirchenleitungen werden sich dazu um so eher entschließen, je stärker die Basis Feuer von unten entfacht. Die Forderung nach ökumenisch verantworteter Praxis stellt hohe Anforderungen sowohl an diejenigen, die auf der Ebene der Ökumene und der konfessionellen Weltbünde hauptamtlich tätig sind – sie leisten dort wirklich Erhebliches –, als auch an die Pfarrer und Ältesten in den lokalen Gemeinden. Diese, die Letzterwähnten, dürfen sich nicht damit begnügen, sich mit ihrer Arbeit und Sorge um die einzelnen Gemeindeglieder gleichsam in ein Ghetto einzuschließen; sie sollen sich und ihre Gemeinden theologisch, politisch und sozial an dem, was sich zuträgt, beteiligen und die globalen Verpflichtungen lokal einsichtig machen. Und jene, eben die in den ökumenischen Funktionen, müssen Zeit und Kraft auch dafür investieren, daß der Zusammenhang zur Basis und zu den eigenen Kirchen erhalten und gefördert wird. Die Ökumene fordert uns, sie ist angewiesen auf unsere Bereitschaft, Überkommenes im eigenen Bezirk kirchlichen Lebens zu überwinden; aber sie beschenkt uns auch, sie gibt Teil an der Fülle und Weite der vielen und verschiedenen Gaben, die uns in der Weltchristenheit – bei den fernen Brüdern und Schwestern – begegnen.

Das Kapitel »Kirche in der Welt« und damit das 10. und letzte Kapitel des Lebensberichtes möchte ich mit einer Zusammenfassung schließen ähnlich dem letzten Abschnitt des Ordinationsvorhaltes, auf den ich bei meiner Ordination vom damaligen Generalsuperintendenten D. Vits, dem Schwiegervater von Heinrich Grüber, verpflichtet worden bin und den ich – als Ordinierender – in der Zeit des Kirchenkampfes und danach wieder und wieder Gruppen von Ordinanden verlesen habe. Der 6. Abschnitt des Vorhaltes setzt ein: »In Summa:« und fährt danach fort: »Wir ermahnen euch vor Gott, euch mit allen Kräften Leibes und der Seele dem heiligen Amte zu widmen und euer ganzes Leben so zu gestalten, wie ihr hoffen dürft, es dermaleinst vor dem Richtstuhl Jesu Christi zu verantworten.«

Im Rückblick auf mein »ganzes Leben«, gemeint ist das Leben in all seinen Sparten – persönlich, familiär, kirchlich-dienstlich –, würde ich heute nicht wagen, ein Versprechen in diesem Wortlaut zu geben, aus doppeltem Grunde nicht: erstens kann ich nicht hoffen, so wie ich es geführt habe, es vor dem Richtstuhl Jesu zu verantworten. Weite Partien des Denkens und Tuns waren nicht »allein dem heiligen Amte« gewidmet. Vielen einzelnen und der Kirche als ganzer bin ich schuldig geblieben, was sie hätten erwarten können. Und das nicht nur irrend-unbewußt, sondern auch bei klarem Wissen dessen, was geboten war – es verweigernd oder scheuend! Vor dem Richter Jesus kann ich nur hoffen auf den an unsere Stelle getretenen Jesus, den Christ. Und zweitens habe nicht ich mein Leben in seinen entscheidenden Momenten »gestaltet«, ich bin es – hierhin und dorthin – vorwärtsgestoßen worden. Schon die Wahl des Theologiestudiums in der Obersekunda – mit der Entscheidung für den fakultativen Hebräischen Unterricht statt des Englischen – war beeinflußt vom Vater, stärker noch Folge der »weltanschaulichen Dispute« mit jüdischen Kameraden und einem – besonderen – katholischen Schulfreund. In die studentische Korporation, den »Verein Deutscher Studenten«, wurde ich durch einen jüngeren Freund meines Vaters, Assessor am Landratsamt in Landsberg/Warthe, den späteren Berater des Berliner Bruderrates der BK und danach Berliner Konsistorialrat Kurt Siehe, vermittelt, und in meine erste Pfarrstelle in Friesack (Mark) kam ich durch meinen Patenonkel, den Rathenower Superintendenten Georg Heimerdinger. Zu den Kursen der Apologetischen Zentrale im Spandauer Johannesstift wurde ich durch das Konsistorium eingeladen und geriet dadurch in Verbindung zu den – späteren – »Jungreformatoren« Carl Schweitzer und Walter Künneth und zum Altonaer Pastor Hans Asmussen. Daß ich der Vertrauensmann der »Jungreformatoren« und der Aktion der Kurmärker für den abgesetzten Generalsuperintendenten D. Otto Dibelius wurde, hing nicht zuletzt damit zusammen, daß mein Pfarrort – seit April 1933 – Oranienburg-Sachsenhausen, die schnelle Vorortverbindung nach Berlin hatte. Dieser geographische Grund war für meine Bestellung zum »Präses« des Brandenburger Bruderrates der BK und weitere Beauftragungen innerhalb der Bekennenden Kirche des Reiches wesentlich. Ich wurde gefragt und meinte, »gehorchen«, dem Herrn der Kirche, der durch die Brüder sprach, gehorsam sein zu müssen. Im leitenden Amt nach 1945 – während der Studentenunruhen 1968, bei dem Hungerstreik der »Terroristen« 1974, dem Koreabesuch 1979 – habe ich ähnlich empfunden. In den Berichten darüber habe ich dies jeweils erwähnt und dargetan! »Selbst gestaltet« habe ich mein Leben nicht. Doch dies ist wohl ein Charakteristikum – in besonders starkem Maße – meiner ganzen Generation.

Von Bedeutung sind Wahrnehmungen dieser Art wohl für den Einzelnen. Sie trösten über Mißlungenes und Verfehltes. Wichtiger ist mir, daß wir alle Erfahrung in und mit der Kirche einordnen in die tragende gemeinsame Gewißheit der Christen, der guten Zukunft Jesu Christi entgegenzugehen: Die Wiederkunft Christi ist für den Christen gewisser als das »Wissen«, daß auch morgen die Sonne wieder aufgeht und ein neuer irdischer Tag beginnt. So hat Bonhoeffer die christliche Naherwartung, erwachsen aus dem Kirchenkampf, geschildert. Naherwartung ist – nicht so sehr in einem chronologischen, sondern in einem intensiven Sinn – zu deuten als unmittelbare Existenz des Christseins, des Kirche-Seins, ja, auch des Bürger-Seins in dieser Welt »vor« Jesus Christus. Deshalb kann ich einer kommenden Epoche nicht mit Bangigkeit entgegensehen, sondern eben in »Erwartung« und Sehnsucht. Die eigene letzte Lebensphase wird darin Zeit einer Vorbereitung, die übergeht in die Erfüllung, sie wird das Wegstück, das bereits unter dem Strahl der aufgehenden Sonne des kommenden Reiches steht. Über persönliches Glauben und Vertrauen hinaus schafft Naherwartung eine Zuversicht auch für den gesamten Weg der Menschheit – trotz der Geschehnisse, die Anlaß geben zu Furcht, Resignation und viel tiefer Angst. Die Schrecken der Gegenwart werden, die Naherwartung bestätigend, zu Warnungen und Zeichen, daß Gott sich um seine Schöpfung kümmert, daß er die Schäden, die wir anrichten, wahrnimmt, daß er unser Fehlverhalten in seinen Heilsplan einfügt und gebraucht, uns, seine Menschenkinder zu rufen: Gott hat die Welt, seine Schöpfung, nicht aufgegeben. Trotz aller unserer Irrtümer und Versäumnisse, trotz unserer Schuld des Unterlassens und der böseren grauenvollen Verbrechen bleibt er für seine ganze Schöpfung da und wird sie wiederherstellen. Dabei setzt er uns ein! Er legt uns, wie es schon im Alten Bund heißt, vor den Weg des Lebens und den Weg des Todes, damit wir das Leben wählen. Das Leben wählend, führen wir die neue Erde und den neuen Himmel mit herbei. Die Neuschöpfung kommt nicht als fremdes, jähes Fatum über uns. Gott richtet uns und unser Tun, die Geschichte der Völker, auf sie zu!

Nachwort

Das Buch ist entstanden aus Frage und Antwort. Das mag den gelegentlichen Wechsel von einem Thema zu einem anderen erklären und entschuldigen. Das ist auch die Ursache von Wiederholungen. Gewisse Grunderfahrungen werden in unterschiedlichem Zusammenhang mehrfach erwähnt, um Abläufe und Verhalten zu erläutern. Zeigt eine spätere Schilderung desselben Vorgangs Abweichung oder gar Widerspruch zu der zuvor gegebenen Schilderung, so liegt das nicht – wie bei Lukas, wenn er Paulus dessen Damaskuserlebnis dreimal mit starken Differenzen in den Einzelzügen berichten läßt – an schriftstellerischem Ehrgeiz, sondern an der Schwäche oder der »Käuflichkeit« des subjektiven Erinnerungsvermögens. Wir haben hierbei absichtlich nicht geglättet.

Schwäche und Käuflichkeit der Erinnerung haben mein Mißtrauen gegen Autobiographien – beim Zustandekommen dieses eigenen Lebensberichtes – nur bestätigt. Die Versuchung zur »Selbstrechtfertigung« ist unvermeidbar groß, und sie ist *die* Sünde des Christen – nach reformatorischem Verständnis – vor seinem alleinigen Retter und Rechtfertiger und Herrn.

Es war eine außerordentliche Mühe, die die Brüder Wolfgang *Erk* und Jo *Krummacher* auf die Aufnahme der Gespräche und die Erstellung des Konzeptes verwandt haben. Ich habe den beiden jungen Freunden für ihre Investition von Fleiß und Phantasie sehr, sehr dankbar zu sein. Ich bin es auch und bitte – trotzdem – den Leser um Entschuldigung, wo ich der Verführung der Freunde erlegen bin, und auch für Banalitäten und Breiten, für die der »Zeitzeuge« halt anfällig ist! Der Eindruck, beim einzelnen Thema vom Hundertsten ins Tausendste zu geraten, hat seinen Grund in den Nach- und Rückfragen der zähen Befrager!

Berlin, im August 1987

Kurt Scharf

Kurt Scharf: Zeittafel

21. Oktober 1902	*geboren in Landsberg an der Warthe*
1921–1925	*Studium in Tübingen, Jena und Halle an der Saale*
1925	*Erstes theologisches Examen in Halle*
1926–1927	*Vikariat in Berlin-Dahlem*
1928, Januar	*Zweites theologisches Examen in Berlin*
11. März 1928	*Ordination*
1928–1933	*Pfarrer in Friesack in der Mark*
1933–1946	*Pfarrer in Sachsenhausen bei Oranienburg*
ab 1933	*Kirchenkampf*
	Vertrauensmann der Jungreformatorischen Bewegung für die Kurmark; Mitbegründer und stellvertretender Vorsitzender des Pfarrer-Notbundes (für das Reich)
2. August 1934	*Erste Verhaftung*
1935	*Präses des Bruderrates und der Bekenntnissynode der Bekennenden Kirche in der Mark Brandenburg*
1938	*Vorsitzender der Konferenz der Landesbruderräte in Deutschland*

	Wiederholt in Haft, Schreib- und Redesowie Aufenthaltsverbote für verschiedene Gebiete im Osten Deutschlands und Berlin
1941–1945	*Zur Wehrmacht eingezogen: Zunächst bei der Kommandantur Berlin, dann in Italien; dort amerikanische Kriegsgefangenschaft; Lagerpfarrer*
Herbst 1945	*Entlassung aus der Kriegsgefangenschaft. Brandenburger Bekenntnissynode. Propst und geistlicher Leiter der Abteilung Brandenburg im Konsistorium Berlin-Brandenburg*
1951	*Verlegung des Wohnsitzes nach Ost-Berlin*
1952	*Ehrendoktor der theologischen Fakultät der Humboldt-Universität Berlin*
1957–1960	*Ratsvorsitzender der Evangelischen Kirche der Union*
1961–1967	*Ratsvorsitzender der Evangelischen Kirche in Deutschland*
31. August 1961	*Aussperrung aus Ost-Berlin und der DDR*
Seit 1961	*Zahlreiche Auslandsreisen in der Ökumene: Skandinavien, England, Frankreich, Belgien, Niederlande, Italien, Spanien, Portugal, Griechenland, Türkei. Osteuropa. Indien, Fernost (Japan, Südkorea), Nord- und Lateinamerika, Naher Osten, Iran, Afrika (mehrfach Süd- und Ostafrika)*
1966–1976	*Bischof der Evangelischen Kirche in Berlin-Brandenburg; ab 1972 für den Bereich der Regionalsynode West*
1966	*Ehrendoktor des Eden Seminary St. Louis (USA), Verleihung des Goldenen Kreuzes*

	vom Athos an goldener Kette durch den Ökumenischen Patriarchen von Istanbul. Verleihung des Koptischen Kreuzes von Alexandria
1968–1975	*Mitglied des Zentralausschusses des Ökumenischen Rates der Kirchen*
1963–1969	*Vizepräsident der Vereinigten Weltbibel-Gesellschaften*
1969	*Auszeichnung für hervorragende Verdienste um die Bibelverbreitung durch die United Bible Societies*
1971	*Verleihung der Buber-Rosenzweig-Medaille*
1973	*Kopernikus-Medaille durch die Volksrepublik Polen*
1974	*Kreuz des Hl. Augustin von Canterbury*
1976	*Verleihung der Ernst-Reuter-Plakette in Silber, Berlin*
1977	*Gustav-Heinemann-Bürgerpreis*
1978	*Dr. Leopold-Lucas-Preis der Universität Tübingen*
1979	*Ehrenvorsitzender des Ökumenischen Rates Berlin*
1980–84	*Vorsitzender der »Aktion Sühnezeichen / Friedensdienste«*
Seit etwa 1977	*Mitglied, Beirat und Kuratoriumsmitglied von »Amnesty International«, »Gesellschaft für bedrohte Völker«, »Gustav-Heinemann-Initiative«, »Gesellschaft für christlich-jüdische Zusammenarbeit«*
1985	*Ehrendoktor der Christlichen Akademie der Universität Warschau*

Bibliographische Hinweise

Kurt Scharf, Für ein politisches Gewissen der Kirche. Aus Reden und Schriften 1932–1972. Hrsg. von Wolfgang Erk, Steinkopf-Verlag Stuttgart 1972

Jenseits vom Nullpunkt? Christsein im westlichen Deutschland. Mit einem Geleitwort von Gustav W. Heinemann. Hrsg. von Rudolf Weckerling in Verbindung mit Günter Brakelmann, Wilhelm Dittmann, Reinhard Groscurth, Reinhard Henkys und Ernst Lange, Kreuz Verlag Stuttgart 1972

Heinrich Albertz, Heinrich Böll, Helmut Gollwitzer u. a., »Pfarrer, die dem Terror dienen?« Bischof Scharf und der Berliner Kirchenstreit 1974. Eine Dokumentation, rororo-aktuell Nr. 1885, Rowohlt Taschenbuch Verlag Reinbek b. Hamburg 1975

Kurt Scharf, Brücken und Breschen. Biographische Skizzen. Hrsg. von Wolf-Dieter Zimmermann, Christlicher Zeitschriftenverlag Berlin 1977; Taschenbuchausgabe:

GTB-Siebenstern Nr. 368, Gütersloher Verlagshaus Mohn Gütersloh 1980

Gerhard Fritz, Kurt Scharf (Hrsg.), Krisenherd Korea, RADIUS-Verlag Stuttgart 1980

Der verbotene Friede. Reflexionen zur Bergpredigt aus zwei deutschen Staaten. Titelessay von Ingeborg Drewitz. Kurt Scharf zum 80. Geburtstag
Hrsg. von Wolfgang Erk, RADIUS-Verlag Stuttgart 1982

Heinrich Albertz, Helmut Gollwitzer, Philip Potter, Albrecht Schönherr, Dorothee Sölle u. a., Zumutungen des Friedens. Kurt Scharf zum 80. Geburtstag. Hrsg. von Volkmar Deile, rororo-aktuell Nr. 5032, Rowohlt Taschenbuch Verlag Reinbek b. Hamburg 1982

Kurt Scharf, Streit um die Macht, pendo-Verlag Zürich 1983

Zu den Fotos:

Seite I: Beim Gespräch zu diesem Buch. Im März 1987

Seite III: Abitur 1921. Mit Vater und jüngerem Bruder *Foto: J. Rosner, Landsberg*

Seite VI: Studentenzeit. Tübingen 1922

Seite X oben: Mit Wend Fürst zu Eulenburg (links) und Hasso Freiherr von Bredow als Adjunkt am Alumnat des Arndt-Gymnasiums Berlin-Dahlem 1926/27 *Foto: Stand*

Seite X unten: 1933 in Sachsenhausen mit Frau Renate

Seite XVI oben: Initiatoren des Nordisch-Deutschen Kirchenkonvents (links: Conrad Bonnevie-Svendsen) in den Fünfziger Jahren *Foto: Dr. Günter Gloede, Berlin-Friedrichshagen*

Seite XVI unten: 1962 in Israel gemeinsam mit Propst Heinrich Grüber (links)

Seite XVII: Mit der langjährigen Mitarbeiterin Senta-Maria Klatt *Foto: Hein-Foto*

Seite XVIII: Bischof Friedrich-Wilhelm Krummacher (rechts) mit Oberkonsistorialrat Hans Faißt *Foto: Hein-Foto*

Seite XIX: Mit Geheimrat Bernhard Karnatz und Bischof Otto Dibelius *Foto: Fritz P. Krüger, Berlin-Steglitz*

Seite XX oben: Mit Heinrich Vogel (rechts) und Wilhelm Niesel *Foto: Hein-Foto*

Seite XX unten: Mit dem Ökumenischen Patriarchen

Athenagoras von Konstantinopel und Präsident Adolf Wischmann 1966

Seite XXI oben: Auf einer EKiD-Synodaltagung mit Propst Heinrich Grüber *Foto: Hein-Foto*

Seite XXI unten: 1967 mit Bischof Hermann Kunst und Landesbischof Hanns Lilje (rechts außen)

Seite XXII oben: Mit Professor Dr. Kim, Kyung-Chin bei der Christlichen Akademie Seoul 1979 in Korea

Seite XXII unten: Besuch in der Sowjetunion. Gespräch mit russischen Kriegsveteranen in Minsk 1982

Seite XXIII oben: 1964 mit Bundeskanzler Ludwig Erhard

Seite XXIII unten: 1965 in der Evangelischen Akademie Kyoto. Dialog mit Vertretern anderer Weltreligionen

Seite XXIV: 1982 mit dem bjelorussischen Schriftsteller Wassil Bykau

Seite XXV: Deutscher Evangelischer Kirchentag 1983 in Hannover *Foto: Helmut Hoffmann, Oldenburg / Oldbg.*

Seite XXVI oben: Nairobi 1975 anläßlich der Sitzung des Ökumenischen Rates der Kirchen mit Adolf Wischmann, Richard von Weizsäcker und Benjamin Locher

Seite XXVI unten: 1977 beim Deutschen Evangelischen Kirchentag in Berlin mit Bundeskanzler Willy Brandt

Seite XXVII oben: Mit Metropolit Augostinos und Oberkirchenrat Erwin Wilckens *Foto: Photohaus Jean Bechter, Engelsberg*

Seite XXVII unten: Minsk 1982. Versöhnungsbesuch in der Orthodoxen Metropolie

Seite XXVIII : Internationaler Evangelistenkongreß 1966. Mit Billy Graham und Otto Dibelius *Foto: Walter Wolfram*

Seite XXIX oben: Mit Augoustinos Lambardakis, Metropolit Philareth und Propst Wilhelm Dittmann bei einem ökumenischen Gottesdienst in Berlin

Seite XXIX unten: Beim Abschlußgespräch zu diesem Buch im März 1987 am Hirschsprung in Berlin-Dahlem

Umschlagfoto: Der letzte Tag im Amt: 30. 12. 1976

Personen- und Sachregister

Abbe, E. 37, 42
ABC-Waffen 120
Abendmahlsgemeinschaft 218
Aberglaube 69
Abraham 188
Abrüstung 53, 57ff., 221
Abschreckung 56
Adventisten 43, 152
Äthiopien 207
Afghanistan 52
Afrika 132
Agrapha 17
»Aktion Sühnezeichen / Friedensdienste« 11, 30, 54f., 156
Albertz, H. 87
Albertz, M. 87, 97
Alldeutsche 37, 41
Allversöhnungslehre 19
Altakademikerschaft 97
Altenheime 120
Altes Testament 10, 22ff.
Althaus, P. 96
Altpreußische Union 178, 217f.
Amalek 24
Amerikanischer Bürgerkrieg 33
»amnesty international« 170, 178
Amsterdam 46
Amtsenthebungen 78, 109
Amtshandlungen, kirchliche 105
Analphabetismus 30
Andler, E. 98, 117
Angriffskrieg 49
Annaberg 40
Ansbacher Ratschlag 96
Antikommunismus 145, 147ff.
Anti-Militarismus-Programm 225
Anti-Rassismus-Programm 178, 222f., 225
Antisemitismus 39, 54, 86, 164
Apartheid 23, 222
Apologetische Zentrale 41, 72, 81, 227
Arbeiter 72, 185
Arbeitslosigkeit 71
Argentinien 178
Arier-Paragraph 81
Aristoteles 16, 135
Armbrust 49
Arndt, E. M. 125
v. Arnim-Kröchlendorff, D. 98
v. Arnim-Lützlow, W. 98
Asien 27
Asmussen, H. 81, 96, 216, 228
Astrophysik 204
Asyl 85ff., 100ff., 113, 120, 171ff., 194
Asylrecht 118
Atomenergie 18
Atomphysik 204
Atomwaffen 18, 55ff., 156f.
atomwaffenfreie Zonen 57f.
Auferstehung 179f.
Augsburger Religionsbekenntnis 149

Augustinus 45, 120
Auschwitz 55
Ausländer 61, 83, 115, 120, 172
Ausweisungen 109, 173, 177
Auswendiglernen 9

Baader-Meinhof-Gruppe 165 ff., 228
Babelsberg 129
Bad Boll 179
– Bad Oeynhausen 87
Baden 99 f., 150
Bad Oeynhausen 87
Bären-Wappen 139
Balkan 56
Baptisten 51
Barth, K. 19, 41, 179, 193
Basisgemeinden 27
Basisgruppen 30, 53, 60 ff., 118, 219 ff.
Bauern 72, 185
Bayern 46, 108
Becker, V. 167
Befreiungskriege, deutsche 125
Befreiungstheologie 28, 180 ff.
Behördenbesetzung 121
Beichtgeheimnis 168 f.
Bekennende Kirche
– allgemein 9, 18, 21, 28, 45 f., 66 ff., 81, 89 ff., 110 ff., 162, 228
– Finanzen 78 f.
– Fürbitt-Listen 110, 131
– Gebetsliturgien 91, 112
– Gemeindebewegung 82 ff.
– Jugend-/Studentenarbeit 94 ff.
– Kanzelabkündigungen 67, 77 ff., 88, 90, 110
– Märtyrer 87 f., 124
– Organe / Organisation 83, 99, 114
– Prüfungswesen 95, 128
– Synoden (allg.) 79, 90
– Theologenausbildung / -nachwuchs 45, 96 ff., 109, 123
– Theologie 187
– 1. Vorläufige Kirchenleitung 87, 99
– 2. Vorläufige Kirchenleitung 67, 85 ff.
Bekenntnissynoden
– Altpreußische 77, 110
– Augsburg 96
– Barmen 68, 82, 107, 119, 121, 126, 174, 178
– Breslau 83 f., 107 f.
– Dahlem 126
Bell, G. 101
Bergpredigt 10 ff., 30, 43, 50, 59, 127, 131, 204, 215 f.
Berlin 60 f., 72, 75 ff., 82 ff., 89, 95 ff., 100, 110, 113, 124, 130, 138, 142, 151, 157, 166 ff., 176 ff.
Berliner Mauer 145, 175 ff.
Berliner Mission 29
Berlin-Brandenburgische Kirche 214 ff.
Besatzungsmächte 92, 114 f.
Beschlagnahmungen 78
Besoldungssperre 78
Bethel 142, 216
Beugehaft 79
Bibel 7–31, 71, 83, 119, 127, 179, 182 ff., 187, 203, 212 f., 223
– Ps 22,2–3 22
– Ps 23 26
– Ps 69,23 ff. 24
– Ps 143,12 24
– Jes 53 183, 194
– Jer 2,2 83
– Mt 5–7 10, 59 s. a. Bergpredigt
– Mt 5,44 160 f.
– Mt 6,24 159
– Mt 12,28 65
– Mt 25,35 171
– Mt 25,36 162
– Mt 25,40 160
– Mk 3,26 102
– Joh 17,7 7
– Apg 2 165
– Gal 5,1 74
– Eph 4,15 146
– Kor 2,10 194
– 2Tim 4,2 78
– Offb 2,4 83
Bibelarbeit 10 f.
Bibelstunden 79, 113
Bibelübersetzung 29
Bibelverbreitung 28
Bibliographie 235 f.
Biko, St. 192
Biologie 202
Bischofsamt 214 ff.
v. Bismarck, O. 12, 21
Bjelo-Rußland 143, 153 ff.
Blank-Lubarsch, Fr. 97
Blockaden 120 f.
Block-Denken 147

»Blut und Boden« 77
v. Bodelschwingh, F. 142
v. Bodelschwingh, F. 125
Böhm, H. 86, 99
Böhme, G. 209
Böhme, J. 192
Bolivien 178
Bonhoeffer, D. 45, 101, 109, 111, 123–134, 213, 228
Boykottaktionen 222 f.
Brandenburg (Land) 83, 85, 89, 108
Brandenburg / Havel 44, 117
Brasilien 178
v. Bredow 72
Breit 87
Breslau 83, 96
»Brigade Ehrhardt« 72
Bruderräte 68, 87 s. a. Bekennende Kirche
Bruderrat, preußischer 45, 93
Bruderrat Berlin 90
Bruderrat Brandenburg 90, 228
Brüderkirchen 46
Brüssow 93
Brundstaed 41, 72
Bruno, G. 201
Buchenwald 221
Buddhismus 179, 189 ff.
Bultmann, R. 95 f.
Bundeswehr 47
Bund Evang. Kirchen i. d. DDR 177, 221
Burghardt, C. 168
Bursche 151
Buthelezi, M. 192

Calvin, J. 225
Camara, D. H. 60, 199 f.
Canterbury, Erzbischof 46, 68
Caritas-Verband 100
Castro, E. 224
Chambon, J. 97
»Charta 77« 50
Chatyn 55, 153
Chichester 101
Chile 178, 183
Christlicher Auftrag 64, 120, 155, 162, 172, 205 ff., 211 ff.
Christliche Pfadfinder 98
Chrustschow, N. 51
Chun Do-Whan 196
Claß, H. 169
Cosmao, V. 182
Coventry 55, 157
CSSR 50, 55, 135
CVJM 98

Dämonologie 193
Dänemark 132
David 24, 188
DCSV 94 ff.
Decker 73 f.
Dehn, G. 96, 112
Deißmann, A. 149, 154
Demonstrationen 166
Deserteure 85
Deutschland 50, 115, 137, 153, 188
– Bundesrepublik 115, 156, 173 f., 179
– DDR 11 f., 48, 51, 67, 89, 98, 115 f., 143, 147, 151, 156, 165, 175
»Deutsche Christen« 73 ff., 81 ff., 91, 96 f., 111, 124
Deutsch-Nationale 41, 72
Deutschritter-Orden 154
Deutsche Volks-Partei 41
Diaspora 143, 178
Dibelius, O. 47 f., 73 f., 90, 99 f., 105, 112, 124, 197, 214 ff., 219, 228
»Dicke Berta« 36
Dickenschied 110
Dienstgruppen 220 s. a. Basisgruppen
Diers, M. 73
Dietrich, A. 99
Dietzfelbinger 108
Dirks, W. 103
v. Dobschütz, E. 15 f., 40
Doerne, M. 82
Donghak 185
»Dorfkirchenbewegung« 70 f.
Dostojewski, F. 138
v. Drenkmann, G. 168
Dresden 92, 157
»Dritte Welt« 57, 157, 160
Dschangildam 185 ff.
Dutschke, R. 166

EA 97
Ebeling, G. 13, 97 f.
Ebert, F. 175 ff.
Eckert 150
Eid 43, 89
Einheitslisten 75
Einigungswerk Wurms 93, 108

Eisenach 216
Eisenbahn 139ff., 163
EK(i)D
– Denkschrift »Christsein gestalten« 8
– Einheit 46, 176ff.
– Grundordnung 216ff.
– Neuaufbau 214ff.
– Ostdenkschrift 144
– Rat 114, 144ff., 173, 177ff., 196, 216
– Synoden 46, 213
Emigranten 100
Endzeitreden Jesu 205
Entspannung 50, 57, 145f.
Episkopalismus 214ff.
Erfolg 130
Erk, W. 231
Erkenntnis 9
Ermann, H. 97
»Ernste Bibelforscher« 43
Erwählung 189
Erweckung 82
Eschatologie 190ff.
Ethik 12, 59 s. a. Bergpredigt, Christlicher Auftrag
Europa 134, 137
»Euthanasie« 83, 93
Evangelien 13ff.
Evangelikale 13, 18, 49, 170
Evangelische Akademien 179ff., 196
Evangelische Akademikerschaft 98
»Evangelium und Kirche« 75
Ewigkeit 20, 164
Exegese, biblische 15f., 23
Exodus 188

Fahnen und Flaggen 73, 77
v. Falkenhausen 98
Falkland-Krieg 59
Fanö 132
Faschisten 161
Faustrecht 8
FDJ 98
Fehrbellin 75
Feindbilder 147, 153
Fernsehen 207 s. a. Presse
Fernwaffen 49
Fiedler 86
Figur 175
Finkenwalde 109, 123, 128
Fischer, M. 94ff.
S. Fischer-Verlag 37
Flossenbürg 132
Flüchtlinge 120, 139ff., 171
Folter 88, 151, 163, 198
Forck, B. H. 87, 89
Fortschrittsglaube 201–210
Franziskus v. Assisi 192
Frankfurt/Main 157
Frankfurt/Oder 78
Frankreich/Franzosen 54, 63, 101, 115f., 129, 174
Französische Revolution 116
Französisch Reformierte 97
Freiburg/Breisgau 101
Freicorps 40
Freiheit 116
Freikirche 125
Freimaurer 38
Frenz, H. 178
Freudenberg, A. 101
Frick, W. 85
Fricke, O. 87
Frieden 12ff., 32–65, 146
Friedensbewegung 11, 30, 56, 61
Friedensdienst 50, 222
Friedenskirche 46, 50
Friedrichsthal 76, 152
Friesack 69ff., 161, 228
Frohnau-Hermsdorf 97
Führ 175
Führer-Kult 86, 164
Führung Gottes 227

Gaspary 151f.
Gebet 12, 83, 115, 123, 223
Gefängnis/Gefangene 43f., 61, 64, 120, 160ff., 196ff.
Geistliche Gemeinschaft 123
Geld 159, 208
Gemeinde 112, 211ff., 219f., 226
Gemeindebruderräte 76
Gemeindekirchenräte 76
Genf 101
Genitiv-Theologien 180f.
Genozid 54
Gerechtigkeit 57, 186 s. a. Recht
Gerichte 76, 78f., 86, 111ff., 120f., 166, 173
Gericht Gottes 18f., 227
Germanen-Mission 188
Gesangbuch 9, 102
Geschichte 134f., 187, 202f.

Geschichtsvergessenheit 34
Geschichtswissenschaft 32, 67
Geselligkeit 123
Gestapo 43, 66, 78, 85 f., 88 s. a. Polizei
Gewalt(-Frage) 131, 167 f., 205
Gewaltfreiheit 10, 64, 129
Gewinnstreben 205
Gewissenskonflikte 20
Glaubwürdigkeit 121
Gleichgewichts-Denken 58
Gleichnisse Jesu 15
Globale Verantwortung 206, 226
Glockengeläut 115, 152
Goebbels, J. 107
Göring, H. 78, 90, 137
Goethe, J. W. (Sammlung) 38, 139 f., 144
Göttingen 96
Gogarten, F. 81, 96
Gollwitzer, H. 45, 101
Gorbatschow, M. 11, 52, 118, 138
Gorki, M. 138
Gorzow 136
Gott 229 s. a. Bibel, Jesus Christus
v. Gottberg 98
Gottesdienst 26, 69, 77, 79, 94, 102, 105, 110, 113, 142 f., 152, 154, 164 f., 218
Gottesknecht 183
Grenzsituationen 26
Griechenland 55
Groß, W. 98
Großbritannien / Briten 55, 101, 115, 129, 157, 170, 174
Grüber, H. 72, 85, 100 ff., 117, 139, 226
Grünberg (Schlesien) 143
Grundgesetz 119
Grundrechte 116
Gustav-Adolf-Werk 99 f.

Hadorn, W. 17
Hahn, H. 92
Halle / Saale 26, 37, 40, 108, 151
Hamburg 157
Hannover 109, 144, 157
Harder, G. 75
Harrisburg 157
v. Hase 130
Haß 199
Hausbesetzung 121
Heckel, T. 81
Heidelberg 101
»Heidelberger Thesen« 49
Heiliger Geist 209, 212
Heim, K. 40, 81
Heimerdinger, G. 227
Heinemann, G. 87, 111
Helldorf, W. H. Graf 77
Helsinki-Gruppen 50
Helsinki-Konferenz (KSZE) 11, 51, 57
Heroen 22
Hessen-Nassau 216 ff.
Hierarchie, soziale 42
Hildebrandt, F. 125
Himmler, H. 96
Hindelang 163
v. Hindenburg, P. 77, 124
Hinduismus 205
Hinrichtungen 44, 132, 153
Hiroshima 55, 157
Hirsch, E. 96
Historisch-kritische Methode 15 f.
Hitler, A. 67, 73 f., 79, 86, 91, 106 ff., 124, 129, 161
Hitler-Jugend 94
Hoffnung 60, 161
Holbein 164
Holocaust 54, 82, 173
Honecker, E. 12, 117 ff.
Hugenotten 97
Humanismus 38
Humburg, P. 87
Hunger 56, 160, 172, 207
Hungerstreik 165 ff., 228
v. Hutten, U. 193

Ideologien 148 ff.
Illegaler Widerstand 83 ff.
Individualismus 104, 211
Industrie, deutsche 83 s. a. Wirtschaft
Inflationszeit 71
Initiativgruppen 30, 60 ff., 118, 219 f.
Innere Mission 112
»Intakte Kirchen« 68, 89, 108
Iran-Contras-Affäre 64
Islam 28, 49, 52, 203
Isolationshaft 162
Israel (Staat) 25, 55, 101, 188 s. a. Juden
Italien 138, 161, 163 f.

Jacob, G. 98, 107
Jacobi, G. 75, 81
Jaeger, A. 125
Jahn, E. 82
Jahn, F. 125
Japan 131, 178 f.
Jena 37, 42, 96
Jesus Christus 59, 65, 127, 133, 160 f., 174, 183, 187, 195 s. a. Bergpredigt, Bibel
Johannesevangelium 14 f.
Johannesstift Spandau 41, 72, 81, 138, 227
Josua 22
Juden / Judenverfolgungen 21 f., 25, 37, 54, 67, 74, 83 ff., 100 ff., 113, 136, 164, 188
Juden-Gesetzgebung der Nazis 66, 82, 93, 100 f.
Judentum 14, 203
Jüdisch-Christlicher Dialog 102
Jüngel, E. 13
Jüngstes Gericht 18 ff.
Jugend / junge Generation 27, 34, 60, 70, 117
Jungdeutscher Orden 72 f.
Junge Gemeinde 94 ff., 117
Jungreformator. Bewegung 81, 228

Kandanos 55
Kanon, biblischer 17
Katastrophen 18
Katechismus 9
Katholizismus / Katholiken 53, 100 f., 102, 142, 154, 182, 185
Kerrl, H. 90
Kim, Chi-Ha 185 ff.
Kim Dae-Jung 195
Kindererziehung 10
King, M. L. 192
Kirche 127 ff., 182, 211 ff.
Kirchen, allg. 59
Kirchenausschüsse 87, 90, 95, 108 f.
Kirchenbücher 78
Kirchenfahnen 77
Kirchenhistoriker 32 f., 67
Kirchenkampf 27, 33, 66 ff., 106 ff., 127 ff., 186 f. s. a. Bek. Kirche
Kirchenkassen 78 f.
Kirchenkritik 213 f.
Kirchenleitung / en 54, 104 ff., 109, 120, 217 ff., 225 f.
Kirchenordnung und -verfassung 76, 104 ff., 126 f.
Kirchenparteien 70, 105
Kirchensperrung 78
Kirchensteuer 119
Kirchentage 82, 113, 147, 149
Kirchenväter 17, 181
Kirchenwahlen 74 ff., 106
Kirchliche Hochschulen 96 f.
Kirchliche Jugendarbeit 94 ff.
Kirchlicher Arbeitsdienst 72, 161
»Kirchlich Sozialer Bund« 72, 81
Klatt, S. M. 99 f.
Koch, K. 87
Koch, W. 87
Körperschaft des Öffentlichen Rechts 104 ff., 115
Körte, L. 98
Kommunismus / Kommunisten 28, 47, 87, 113 f., 149 ff.
Konferenz Europäischer Kirchen (KEK) 51
Konfessionalismus 217
Konfirmandenunterricht 8
Konfirmation 36
Konfuzianismus 189
Konvergenzen, politische 50, 53, 118
Konzentrationslager 43, 55, 66, 86, 88 f., 93, 100, 110, 117, 151, 153, 161 f., 221
Konziliarer Prozeß 221
Kopernikus 142
Korea 13, 132, 165, 178, 180 ff., 228
KPdSU 52 s. a. Gorbatschow
Krakau 137
Kranke / Krankenhaus 120, 160
Kreuz(symbol) 14, 154, 178, 197
Krieg 32–65, 152, 172
– »gerechter« 40, 45, 49
– »heiliger« 10, 22
Kriegsdienstverweigerer 43 ff., 222
Kriegsgefangene 83, 163 ff.
Kriegsschuld 54, 138
Kriegstote 36, 153
Kriegsverbrechen 44, 139, 153 f., 164
Kriegsverhütung 49, 59
Kriminalgefangene 162 s. a. Gefangene
Krummacher, F. W. 175 f.
Krummacher, J. 231
Krupp 36
KSZE s. Helsinki

Kube, W. 74
Künneth, W. 81, 91, 228
Küstrin 139
Kultur 8, 137ff.
Kulturaustausch 137ff., 158
Kunst 123, 152, 190
Kunst, H. 48
Kyffhäuser-Verband 39

Lammers, H. H. 85
Landarbeit/er 39, 136f.
Landeskirchenämter 219 s. a. Kirchenleitung
Landsberg/Warthe 35ff., 137ff., 227
Lateinamerika 27, 53, 60, 70, 132, 165, 179
Lebensqualität 159
Lebensrechte 120
Legalität/Legitimität 119
Lehrzucht 104
Leich 221
Leiden (Universität) 137, 183
Leipzig 108
Leningrad 157
Leuenberger Konkordie 218
Liberalismus 42
Lidice 55
Liebe 199
Liebe Gottes 19 s. a. Jesus Christus
Lietzmann, H. 95, 111
Lilje, H. 81, 132, 216
Litauen 154
Liturgische Bewegung 217
Lohse, E. 15
Lublin 137
Luckner 100
Ludendorff, E. 40
Lütgert, W. 26, 81
Lukasevangelium 13f.
Luther, M. 17, 26, 29, 45, 49, 120, 193, 218
Lutheraner 51, 68, 92, 143, 216ff.
»Lutherische Vereinigung« 70

Maas, H. 101
Macht 14, 24, 52, 115, 121, 129, 159, 193, 201ff.
Märchen 71
Magdeburg 86, 157
Majdanek 55
Marahrens, A. 87
Marburg 95
Marburger Religionsgespräch 218
Marktwirtschaft 117
Markusevangelium 13, 184ff.
Marxismus 186 s. a. Kommunismus
Marxismus-Leninismus 148
Massenelend 27, 184ff.
Massenvernichtungsmittel 49, 55ff., 120 s. a. Atomwaffen
Matthäusevangelium 14f.
Max-Planck-Gesellschaft 51f., 209
Medizin/er 112, 202
Meinhof, U. 165ff.
Meinungsfreiheit 116
Meiser, H. 90f., 216f.
Mennoniten 46, 51, 154
Menschenbild 22, 205
Menschenrechte 8, 116, 221
Menschenrechtsbewegung 12, 50
Menschenwürde 120, 172
Meseritz 141
Metaphysik 204
Methodisten 46, 51, 154
Meyer, C. F. 193
Michaelsbruderschaft 217
Militärdiktatur 183
Militärgefangene 43f.
Militärpfarrer 72
Militärseelsorge-Vertrag 46, 48, 64
Minderheiten 59ff., 199
Minneapolis 157
Minjung-Theologie 13, 180ff.
Minsk 143
Mitchell, M. 33
Mittelalter 62f., 137
»Mittwochsgesellschaft« 95, 111
v. Moltke, H. 13, 39
Morgenthau-Plan 114
Moskau 154f., 157
Müller, E. 179
Müller, F. 82, 87, 100
Müller, K. 40
Müller, L. 90ff., 94
München 62
Münchner Abkommen 92
v. Münchhausen, B. 19
Murr, W. 85
Musik 123 s. a. Kultur, Kunst

Nachfolge Christi 127, 211 s. a. Christlicher Auftrag
Nachkriegszeit 26, 93, 114, 138ff., 147, 214, 219

Nachrüstung 58
Nächstenliebe 86, 160f.
Nagasaki 55, 157
Naher Osten 59
Naherwartung 228
Nairobi 224
Nationalismus 64
Nationalsozialismus / Nazis 9, 21, 28, 43ff., 66–103, 106ff., 125, 135, 153, 186
NATO 58
Natur 192, 203ff.
Naturreligionen 27f.
Naturwissenschaften 201ff.
Naumann, F. 38f.
Nepomuk, J. 169
Neues Testament 10, 183 s. a. Bibel
Neumark 138ff.
Nicaragua 28
»Nicht-Arier« 87, 96
Nichtkirchenbewegung 179
Nida, E. A. 29
Niederlande / Holländer 55, 68, 115, 174
Niemöller, M. 47, 75, 79, 82, 87, 89, 91f., 110, 113f., 125, 151, 215ff.
Niemöller, W. 69
Niesel, W. 69, 100, 107
Nihilismus 204
Nordisch-Deutscher Kirchenkonvent 51, 151
Norwegen 55
Notstände 121
Nowawes 129
NSDAP 73ff., 81ff., 92, 111 s. a. Nationalsozialismus
NS-Hochschulbund 94
Nürnberg 149
Nürnberger Gesetze 85

Obdachlosigkeit 160
Ökumene 123, 220ff.
Ökumenischer Rat der Kirchen 46, 53, 178, 220ff.
– Organe 224f.
– Vollversammlungen 46, 224
Ökumenischer Rat Warschau 142
Österreich 113
Oestreicher, P. 170
Offenbarung Johannis 16ff.
Offenbarungsglauben 13, 127f.
Ogoleit, W. 37, 137
Ohnmachtsformel 48f.
Olympische Spiele 1936 83, 88
Optimismus 202
Oradour-Taizé 55
Oranienburg 73, 78, 98, 228
Ordinationsversprechen 226
Orthodoxe Kirchen 51, 150 s. a. Russisch-orthodoxe Kirche
Orthodoxie, protestantische 9
Ostern 154f.
Osteuropa 10f., 28, 50, 67, 83, 132, 134–159 s. a. DDR, Polen, Sowjetunion
Ost-West-Gegensatz / -Verhältnis 28, 47, 50, 53, 57, 116, 134–159

Papst / Päpste 49, 142
Paraguay 178
Paris 36, 129, 137
Park Chung-Hee 195
Parteilichkeit 117, 160ff., 183
Partisanen 153
Partnerschaft 50
Partnerschaftliche Kooperation Kirche / Staat 119
Patronat, kirchliches 71f., 79, 98
Paulsen, A. 81
Paulus, Apostel 12, 74
»Pax Christi« 142
Pazifismus 39ff., 48, 124, 221f.
v. Pechmann, W. 111
Pedro, D. 182
Pérez de Cuellar, X. 53, 60
Peru 178
Petersburg 137
Pfarrer / in 226
Pfarrhaus 113
Pfarrernotbund 82, 91, 106ff., 162
Pfingsten 165
Philaret, Erzbischof 154
Pieck, W. 117
Pisuldski, J. 137
Platon 16
Poelchau, H. 130f.
Polen 40, 50f., 54f., 115, 135ff., 142ff.
Politik und Kirche 119ff., 128, 187, 196
Polizei 77, 100, 103, 119, 168, 176f., 197 s. a. Gestapo
»Positive Union« 70
Potsdam 77f., 89, 98

Potter, Ph. 224
Präses-Amt 90
Prag 169
Praxis, christliche 8 s. a. Christlicher Auftrag, Nachfolge
Predigt 74, 115
Predigtnachgespräch 12
Presse 88, 92, 118, 119, 145, 207
Preußen 125
Professoren 95 ff.
Propheten, biblische 10, 18
»Protestantenverein« 70
Protestantismus 106, 211
Putz 108

Quäker 46, 51, 154

v. Rabenau, E.-F. 75
Rache 205
Rache-Psalmen 22
R. A. F. 166 ff.
Ragaz, L. 41
Raiser, L. 144
v. Ranke, L. 33
Rassismus 23, 54, 74, 83, 112, 125
Reagan, R. 63
Recht 63, 76, 104–122, 146, 172
Rechtsanwälte 111
Rechtssetzung 120
Reformierte 51, 217
Reich Gottes 122, 133, 161, 212
Reichsbruderrat 79 s. a. Bruderrat, Bekennende Kirche
Reichskirchenministerium 88, 90, 95
Reichspogromnacht 112
Religion/en 59 f., 64, 107, 179, 203
Religionsfreiheit 116
Religionsunterricht 8
Resignation, Abkehr von 27, 62, 223
Resozialisierung 170
Riethmüller, O. 81
Rittergutsbesitzer 71 f., 79, 98, 136
Romero, Erzbischof 183
Rosenberg, A. 77, 86, 107
Rostock 176
Rotterdam 55
Rüstung 55
Rüstungsexport 57
Rüstungswachstum 12
Rumänien 136
Russisch-Orthodoxe Kirche 51, 118, 150, 154 f.

SA 74, 86
Sachsen 108
Sachsenhausen 73 ff., 85, 88 f., 151, 161, 165, 228
Salomo 188
Salvador 183
Sandinisten 28
San Franzisko 157
Sauerbruch, F. 95, 111
Saul 24
Schalom 65
Scharf, US-Chaplain 163
Scharf, Eltern und Familie 37 ff., 42, 97, 137 ff., 227
Scharfius, J. 37
Schieder 108
v. Schirach, B. 94
Schlatter, A. 20 f., 40
Schlesien 143
Schmidt 108
Schmidt, A. 179
Schmithals, W. 67
Schneidemühl 85
Schneider, P. 110
Schönherr, A. 93
Schöpfung 192, 203 ff.
Scholder, K. 67, 95
Schreiner, H. 81
Schülerbibelkreise (SBK) 94
Schuld 19, 102, 146, 164 f., 169, 189
Schuldbekenntnis 102, 113 f.
Schule 8, 34
Schulzeit 35 ff.
Schutzhaft 77
Schwarze Theologie 193
»Schwarzes Corps« 92
Schweden 154
Schweitzer, C. 80, 228
Schweiz 41, 68, 100, 174
Schwur 43
SED 117 ff.
Segen 198
Seigewasser, H. 151 f.
Selbstbeschränkung 60, 159
Seoul 179 ff., 196 ff.
Seyler, E. 97
Sicherheitsdenken 50, 56, 205
Sicherheitspartnerschaft 153, 158
Sicherheitssysteme, alternative 59
Sieges-Illusionen 33, 35
Siehe, K. 228
SIPRI 51

Skandinavien 57
v. Soden, H. 95 f.
Soldaten 35 ff., 47, 139 ff., 144, 153, 155
Solidarität 60, 212
Sorbonne 137
Sowjetunion 12, 50 ff., 54 f., 58, 92, 118, 143, 147 ff., 157, 164
Sozialismus, religiöser 39 ff., 149
Sozialwesen 120
Sozietät, württemberg. 46, 93, 108
SPD 41 f., 115
Spiritualität, östliche 191
Sprache 30
SS 79, 88, 92, 163 ff.
Staat-Kirche-Beziehungen 104 ff.
– Bundesrepublik 119 ff.
– DDR 117 ff.
Staatlicher Absolutheitsanspruch 116
Staatliche Eingriffe 74, 78, 105 ff., 125, 169
Staatskirche 104
Staatsvergötzung 125
Stadtmauern 62 f.
Städtepartnerschaften 156
Stählin, W. 80, 217
Stahlhelm 71
Stalin, J. 51
Stalingrad 83
Stalinismus 48, 147
Stapel 186
Starnberg 51
Status Confessionis 105
v. u. z. Stein, K. 125
Steinbauer 108
Stockholm 51
Stoecker, A. 39
Stößinger, H. 98
Strafvollzug 120, 170 f. s. a. Gefangene
Straßburg 137
Straßenverkehr 60
Stresemann, G. 41
Studenten 40 f., 94 ff.
Studentenbewegung 165 f., 228
Studentengemeinde 94 ff., 117, 124
»Der Stürmer« 92
Stuhlmacher, P. 15 f.
Stuttgart 93, 144, 169
Stuttgarter Schuldbekenntnis 114, 144 s. a. Schuld
Stutthof 55
Südafrika 23 ff., 27 f., 132, 165, 178, 222
Sühne 194
Swaziland 29
Syngman-Rhee 189
Synodale Strukturen 219

Taizé 55
Technologie 201 ff.
Terrorismus 166 f.
Tertullian 126
Textkritik 15
Theologie 180 f.
Thüringen 83
Tiere 192
Tillich, E. 87
Tillich, P. 87
Töten 206
Tolstoi, L. N. 138
Totalitarismus 67 ff., 102, 107
Totalverweigerer 222
v. Treitschke, H. 39
Treviranus 41
Treysa 114, 216
Trost 26
»Tschechei-Krise« 92, 112
Tübingen 15, 20, 39 f., 97, 144
Türkei 49
Turgenjew, I. 138
Tutu, D. 192, 222

Überleben 56
Ukraine 154
Ulbricht, W. 117 f., 175
Ulmer Kirchentag 106, 126
Umweltschutz 61, 192, 221
Umweltzerstörung 12
Ungarn 135
Unheilsankündigungen, biblische 18
United Church of Jesus Christ 178
Universitäten 94 ff., 137 f., 166 f. s. a. Studenten
Unterdrückung 184 ff.
Uppsala 224
Uruguay 183
USA / Amerikaner 28, 53 f., 63, 114 f., 132, 157, 163, 178

Vancouver 224
Vaterunser 12
Verantwortung 206 ff. s. a. Christlicher Auftrag

Verborgenheit Gottes 13
Verein Deutscher Studenten (VDSt) 39
Vereinte Nationen 8, 53 ff., 116
Verfolgungen / Verfolgte 66, 85 ff., 105, 113, 150, 161, 183
Vergeltungsverbot 205
Vergewaltigungen 139
Verhaftungen 76 ff., 109 s. a. Gefangene
Versailler Vertrag 40
Verschwörung 132
Versöhnung 31, 55, 145 ff.
Verständigungspolitik 41, 50, 145
Verteidigungskrieg 49
Verträge 63
Verwerfung 19
Verzicht 159
v. Viehban 72
Vietznitz 72
Visser't Hooft, W. A. 46, 50, 68, 101 f.
Vits, E. 226
Völkerbund 132
»Völkischer Beobachter« 92
Vogel, H. 19 f., 47, 96, 98, 125, 130, 215
Volk 184 ff.
Volksarmee 48
Volkskirche 121, 125
Volkskonservative 41
Vorpommern 83, 108
Vulgata 30

Wachstumsideologie 50, 159, 202
Wahrheit 7 ff., 181 f.
Wannsee-Konferenz 85, 100
Warschau 137, 142, 146
Warschauer Pakt 58
Wartburg-Gespräch 118
Watergate 64
Wehrpflicht 78
Weimar 35
Weimarer Republik 69, 104
Weimarer Verfassung 94
Weinberger, C. 63
Weißler, F. 86 ff.
v. Weizsäcker, C. F. 18, 49, 62
Weltbibelgesellschaft 28
Weltbild 201
Weltfriedensordnung 53 ff., 125, 132
Weltkrieg I 33, 35 ff., 137
Weltkrieg II 138, 146
Weltraumwaffen 63
Weltversammlung der Kirchen für Frieden, Gerechtigkeit und Bewahrung der Schöpfung 221
Weltwirtschaftskrise 71
Weltwirtschaftsordnung 53 ff., 125, 132
Wendland, H.-D. 81
Weschke, E. 17
Westarp, Graf 41
Westeuropa 132
Widerstand, kirchlicher 21 f., 66 ff., 102
Widerstandspflicht 120, 172
Wiederbewaffnung der Bundesrepublik 46
Wiederkunft Christi 208 f., 228
Wiesel, E. 19
Wilhelm II., Kaiser 36
Wilkens, E. 144
Wirkungsgeschichte, biblische 13
Wirtschaft 120, 152, 159, 205, 223
Wischinski, Kardinal 142
Wischmann, A. 178
Wissenschaft 203 ff.
Wittenberg 137
Wohlstand 27, 159, 172
Wojtila, C. 142
Wolf, Ch. 139
Wolgograd 157
Wort Gottes 7–31 s. a. Bibel
Württemberg 46, 93, 108, 216
Wurm, Th. 85, 90 ff., 108, 126, 216

Yoder 13 f.

Zeiss, C. 37
Zeittafel 232 ff.
Zensur 118
Zeugen Jehovas 43, 152
Zimmermann, W.-D. 100
Zingst 128
Ziviler Ungehorsam 120 f.
Zühlke, U. 168
Zürich 97
Zukunftsangst 201 ff.
Zuversicht 229
Zwangsarbeiter 83, 93, 139
Zwei-Reiche-Lehre 49, 119 f.
Zwingli, U. 218